行動分析家の倫理

責任ある実践へのガイドライン

ジョン・ベイリー／
メアリー・バーチ 著

日本行動分析学会
行動倫理研究会 訳

二瓶社

Ethics for Behavior Analysts 2nd Expanded Edition
by Jon Bailey & Mary Burch
Copyright © 2011 by Taylor and Francis Group, LLC
All Rights Reserved.
Authorized translation from English language edition published by
Routledge, an imprint of Taylor & Francis Group, LLC.
Japanese translation rights arranged with
TAYLOR & FRANCIS GROUP, LLC.
through Japan UNI Agency, Inc., Tokyo.

目　次

序　文 ·· v
謝　辞 ·· xi
お断り ·· xiii
第2版の変更点 ·· xv

第1部
行動分析学における倫理の背景

第 1 章　本書執筆にいたるまでの経緯 ······································ 3
第 2 章　基本的な倫理原則 ·· 13
第 3 章　行動分析学の独自性とは？ ··· 25
第 4 章　最も頻繁に起こる倫理的問題 ····································· 33
第 5 章　普通の市民と行動分析家の日常的な倫理的課題 ·········· 39

第2部
責任ある行動のための行動分析士資格認定協会の
ガイドラインを理解すること、そしてそれを守ること

第 6 章　行動分析家の責任ある行動（ガイドライン1）··············· 47
第 7 章　クライエントに対する行動分析家の責任（ガイドライン2）······ 67
第 8 章　行動査定（ガイドライン3）··· 101
第 9 章　行動分析家と行動変容プログラム（ガイドライン4）········ 113
第10章　教師やスーパーバイザーとしての行動分析家（ガイドライン5）127
第11章　行動分析家と職場（ガイドライン6）··························· 141
第12章　行動分析学の分野に対する
　　　　　行動分析家の倫理的責任（ガイドライン7）··············· 151
第13章　同僚に対する行動分析家の倫理的責任（ガイドライン8）········ 159
第14章　社会に対する行動分析家の倫理的責任（ガイドライン9）········ 165
第15章　行動分析家と研究（ガイドライン10）·························· 183

第 3 部
倫理的な行動分析家のための専門的スキル

第 16 章　リスク便益分析 …………………………………………………… 221
第 17 章　効果的に倫理メッセージを伝える ……………………………… 237
第 18 章　躓きやすい倫理的問題を
　　　　　専門的なサービスの宣言を利用することで避ける ………… 253

第 4 部
学生への助言、ガイドライン、索引、シナリオ

第 19 章　はじめての仕事で倫理的に振る舞うための実践的助言 ……… 267
付 録 A：行動分析士資格認定協会（BACB）による
　　　　　行動分析家の責任ある行動のためのガイドライン …………… 289
付 録 B：行動分析家の責任ある行動のための
　　　　　行動分析士資格認定協会（BACB）ガイドラインの索引
　　　　　　ジョン・ベイリー作成 ………………………………………… 317
付 録 C：行動分析家のための 50 の倫理シナリオ ……………………… 323
付 録 D：参考文献 …………………………………………………………… 345

引用文献 ……………………………………………………………………… 350
索　　引 ……………………………………………………………………… 353
訳者あとがき ………………………………………………………………… 358

序　文

本書の成り立ちと使用法

　私が倫理的な問題にはじめて関わったのは、心理学の大学院生のときで、1960 年代後半であった。当時、私は、発達にかなりの障害のある若い男性を研究対象にしていた。彼は、アリゾナ州都フェニックスにあった私立施設の小部屋の中の金属製の小屋に監禁されていた。盲目で、聴覚障害があり、歩行すらしない。そして、トイレの訓練も受けていないその「被験者」は、事実上、終日、自傷行動に従事していた。彼は金属の棒に自分の頭をたたき続けた。その音は 25 ヤード離れた場所でも聞こえた。私が、気のめいるような悪臭のする彼の居室に入るたびに、彼は私に挨拶した。来る日も来る日も、私は、彼の個室の傍らに腰をかけて、どのようにしたら慢性的な自傷行動、または SIB（当時は、それを**自己破滅的行動** self-destructive behavior と呼んでいた）を減らすことができるのだろうという問題を修士論文のテーマにするつもりでメモを録っていた。非公式の観察を数セッション行い、彼の診療カルテに目をとおした後で、ある考えが頭に浮かんだ。私は、委員会のメンバーの一人であるリー・メイヤーソン博士と面談することにした。彼は、その施設で行われている研究の指導者であった。「私は、自己破滅的な行動に従事している被験者を観察しており、……」と私は語り始めた。「彼は、その日ずっと、1 分間に 10 〜 15 回も自分の頭をたたいていました。その日のいろいろな時間帯で非公式のデータをとりましたが、何ら一貫したパターンは見られませんでした」と述べた。メイヤーソン博士は、10 分ほど私に語らせ、うなずいたり、ときにパイプをふかしたりした（当時は、どこでも煙草を吸うことができた）。その後、突然、私の話しを遮り、パイプを使って示しながら、私が予想すらしなかった質問を投げかけた。「君は被験者の名前を知っているのか」「この人を観察して、その結果を報告することの承認を得たのか」「誰がこの医療カルテを見ても構わないと言ったのか」「この事例を大学院の他の学生たちと議論したのか」

「授業でこのデータを示したのか」という質問であった。私は、メイヤーソン博士のどの質問にも的確に答えることはできなかった。私は、被験者を一人の人間として考えていなかったのである。そして、彼を私の論文のデータ供給源としてしか見ていなかったのである。「ビリー」という参加者には、プライバシーの権利と匿名性の権利があるということ、さらに、彼は、尊厳と尊敬の念を持って対応される必要があるということ、自分の修士論文の手助けのための単なる被験者ではないということが、私にはわからなかった。今になってわかったことだが、メイヤーソン博士は、倫理的な問題について私に厳しく尋問した、時代の最先端の人であった。彼が呈示した倫理的問題は、その後の10年間、法曹界では実際に取り上げられることはなかった（第1章を参照のこと）。メイヤーソン博士の質問によって、私は、自分が行っていることに実験外の視点（extra-experimental perspective）から注意を向けることに敏感になった。だれかの実験の被験者に私がなった場合、私ならどのように対応してもらいたいと思うだろう？　自分の母や妹にはどのように対応してもらいたいと思うだろう？　と考えるようになった。「親切に、そして思いやりを持って、さらに敬意を払って対応してもらいたい」と、私たちのほとんどは疑うことなく、即答するだろう。したがって、ちょっと立ち止まって自分が行っていることを考えるなら、心理学における倫理、特に行動分析学における倫理を、自分なりに理解することは決して難しくないはずである。

　昨今の学生たちは、私の世代と比べるとかなり有利である。私たちの時代、従わなければならない倫理規約やガイドラインはなかった。そのため私たちは、一方の足を動物実験室に、もう一方の足を現実世界に置いて、強力なオペラント条件づけの原理を効果的な治療に活かす方法を明らかにしようとしていた。リー・メイヤーソン博士に出会うまで、当時の私たちは、何はともあれ倫理が関わっているということを理解していなかったのである。今日、行動分析学を学ぶ大学院生には、頼れる（そして、学ぶことができ、知識に対して説明可能な）応用行動分析学がある。その研究と実践には30年の歴史がある。さらに、今の大学院生には、判例法や判例結果を含めた倫理に関する豊富な資源がある。最後に、私たちの分野のために作成された、完璧に法制化され、十分に研究され、綿密に調べられたガイドライン、責任ある行動のための行動分析士資格認定協会ガイドライン（The Behavior Analyst Certification Board（BACB）for

序　文

Responsible Conduct）がある。過去10年間にわたって、私は、この分野に特有であると思われる多くの倫理的問題を学んだ（第3章を参照のこと）。そして、私たちの注意深い取り組みにまったく理解を示そうとしない学生たちに、どのようにしたら倫理に興味を持ってもらえるか、講義に工夫をこらしてきた。それによってひとつ気付いたことは、確かに今、私たちには素晴らしいガイドラインがあるけれど、それらは若干無味乾燥で、それだけでは、ガイドラインの緊急性と重要性を伝えることはできないということである。ガイドラインを読むのは、コンピュータソフトウエアを読むようなものである。それは明らかに重要ではある。しかし、どちらかと言えば、まずはガイドラインを使うことだろう。

　数年前、私は、ペンシルバニア州でジェリー・シュック博士と半日のワークショップを実施した。資料を用意しているとき、私は、ワークショップ参加者たちがどのような種類の倫理的問題を抱えているのか考えた。シュック博士は、参加者たちに、前もって彼らが仕事場で経験してきた疑問や「シナリオ」を2つ書いて提出させていた。それらの質問を受けたとき、私は、シナリオがあれば、倫理的問題が突如として現実の問題として捉えられることがわかった。私は、正しい回答を行動分析士資格認定協会倫理ガイドライン（BACB Guidelines）にしたがって調べようとした。しかし、それは極めて困難であることがわかった。見当たらないものがあったり、役に立ちそうなガイドラインはあっても有用とは思えないようなものがあったりした。数日徹夜して、私はひとつの方法を開発した。シュック博士と私がカンフェレンスに行くころには、私には、倫理の新しい指導法があった。その方法とは、シナリオを呈示して、ガイドラインの中から関連する部分を学生に見つけさせ、そして、彼らに考えられる倫理的行為を提案させる方法である。この方法によって、学生たちは、ときに一般的な倫理的問題であっても、それをいつでもいくつかの特殊なガイドラインにあてはめて考える事ができる。過去数年間にわたって、この方法を使った経験から、この方法は、倫理にかかわるトピックを実際の生活場面で考えさせ、非常に関連する問題を議論させる上で優れているといえる。

　行動分析学の教育課程における倫理指導のやっかいな問題のひとつは、倫理の規約が文脈から非常に外れていたり、堅苦しい法律の文章で書かれたりしていて、なぜそれらの規約が必要なのか、どのような問題と関連するのか、学生

には理解しにくい場合がしばしばあるということだった。気付いたら、特定のガイドラインをわかりやすい英文に「翻訳」している場合がしばしばあった。あるガイドラインがどれほど重要であるのか、なぜ重要であるのかについて、その歴史的文脈や背景を提供しながら翻訳すると、学生たちの理解のレベルは高まるように思えた。

　したがって本書は、学生たちに、行動分析学における倫理を指導するための、実用的な学生中心のアプローチを私が心がけてきた努力の成果である。ここで紹介されているさまざまな事例は、いずれも著者たちが知っている実例に基づいたものであり、それを法的な誤解や口論にならないように修正を加えたものである。さらに、それぞれの事例に、学生に考えてほしい問題を提供した。その回答を、各章の最後で見ることができるようにした。付録Cでは、授業や宿題として使える50個の練習用のシナリオを記した。もちろん、読者自身のシナリオを、読者が行動分析学的実践を行っているときに体験した例をもとに作ることもできる。私たちが取り上げた例は、もっぱら、自閉、発達障害、教育、組織行動マネジメント（OBM）で経験した例である。

　本書の使用についての最後の言葉 — 本書は、実用的なハンドブックとして意図されたものである。したがって私たちは、本書を、学術的、あるいは理論的な書籍にするつもりはなかった。本書は、かなり包括的であると思っているが、本書だけが用いられるべきではない。むしろ、読者が現在使っている他の教材（第4部の参考文献を参照のこと）の補足として本書を使っていただきたい。倫理を教えている多くの人々は、合衆国憲法を学生たちに読ませたり、「カッコウの巣の上で」の映画を見せたりするのが通例であろう。また、治療には限界があること、記録を保存しなければならないこと、さらに、秘密を厳守することや、関連する他の事柄を取り扱っている州の法律を学生たちに学ばせるだろう。私の経験上、関連する読み物を見つけることは、ある意味で創造的な発掘作業であると思っている。B. F. スキナーやマリー・シドマンのいろいろな書籍や論文、さらには、国際行動分析学会（Association for Behavior Analysis; ABA）の見解を示した文章を学生たちに読ませることは、彼らが、将来直面するであろう倫理的な問題に取り組むための準備として役立つ。第19章の「はじめての仕事で倫理的に振る舞うための実践的助言」では、新たな行動分析士資格認定協会のために、私が最も重要で緊急の課題であると考え

序　文

ている事柄をまとめてみた。本書によって、この最も重要なトピックを指導するための効果的な方法について読者と意見交換ができれば幸いである。

　　　　　　　　　　　　　　　　　　　　　　　　ジョン・ベイリー

謝　　辞

　本書第1版の草稿に対して、洞察に満ちたコメントと校正を支援して下さったクリスタル・エドウッド氏に感謝申し上げる。私たちが開催したワークショップに参加して下さった多くの人々からも沢山のことを学んだ。その方たちからは、実にさまざまなシナリオを提供していただいた。そのいくつかは付録Cに掲載されている。感謝申しあげる。さらに、就学前児童の特殊教育について、ニューヨークのサフォーク郡委員会の専門的技術と倫理小委員会に感謝する。彼らからは、新たなシナリオをいくつか提供していただいた。それらも付録Cに掲載されている。

　さらに、ジェリー・シュック氏に負うところ大である。彼なくして、そして行動分析士資格認定協会なくして、ガイドラインを掲載することはできなかった。さらに、規約改定に携わった専門委員の方々にも感謝したい。特に、行動分析士資格認定協会（BACB）の非常に有能な弁護士のマーガレット（ミスティ）ブルーム氏に深謝申し上げる。

お断り

　本書は、行動分析士資格認定協会、国際行動分析学会、あるいは他の行動分析学関連組織の公的声明文を示したものではない。また本書は、倫理ガイドラインの意味を解説した唯一の書籍として、あるいはガイドラインを特定の状況に応用した書籍として利用できるものではない。行動分析士資格認定協会、スーパーバイザー、あるいは関連する部局は、全ての状況を考慮して、適切と思えるガイドラインを解釈してから、それを応用すべきである。

　本書で示されている事例は、著者たちの都合60年にわたる行動分析学の経験に基づくものである。実際に起こった出来事をほぼ正確に示したものもあれば、2つ以上の出来事を組み合わせたものもある。全ての事例で、そこで述べられた状況を脚色している。登場する人たちも組織も、いずれもプライバシーを守るために偽名を用いた。いくつかの章の終りには、実例あるいは架空の事例として、「事例問題への対応」を示した。それは、事例によって生じた倫理的問題への解決策である。これらの解決策が唯一の解決策であるとは思っていない。むしろ、それぞれの対応は、倫理的解決法のひとつの例として示されている。教師の方々には、御自分の経験から別な解決策を創造するのに本書を利用していただければと思う。最後に、ここで示された対応がきっかけとなって、本来非常にデリケートな問題をどのように扱ったらよいのか、その問題について議論や討論、さらに思慮ある考察を深めていただければ幸いである。

第2版の変更点

『行動分析家の倫理』の初版が出ると、私たちは、国内のいろいろな会合や集まりで倫理のワークショップを行ってほしいと求められるようになった。そして、実践家の方々が日々遭遇している倫理的状況について、じかに知ることができた。それは、ためになったし、教育的でもあった。実践家の人たちが1日中経験している実際のシナリオをワークショップで取り上げることができるように、私たちは、ワークショップ開催前に彼らに「シナリオ調査用紙」を渡して回答を求めるようになった。これらのシナリオによってワークショップでは活発な議論が行われた。これは、実践家の人たちが職場で直面している倫理的な問題を他の人たちに伝える場となった（付録Cと第4章の「最も頻繁に起こる倫理的問題」の多くの新たなシナリオを参照のこと）。

ロールプレイの課題で気付いたことは、ワークショップに参加した人たちは、倫理ガイドラインを理解していても、状況に対処するために必要な言葉と行為を見つけることが難しいということだった。そのため、「効果的に倫理メッセージを伝える」（第17章）という新たな章を設けた。第2版で新たに加えた重要な事柄は、2005年にテキサスABAで提起された事に端を発する。テキサスABAで私たちは、キャシー・チョバネック氏から、親や教師といった人たちから投げかけられる問題の解決に、なぜ行動分析家は専門的なサービスの宣言（Declaration of Professional Services）を利用しないのかと尋ねられた。私たちは、キャシーとともに、行動分析家向けの文書を作成し、それを第2版に新たに加えた（第18章参照）。

大学院の倫理の授業では、学生が実践活動に従事しているときに直面する問題が何であるのかがわかる。さらに倫理に対する彼らのアプローチが素人的であるということにも気付いた。自分自身の倫理観を捨てて、行動分析学の専門的な倫理ガイドラインを用いることが、なかなかできない学生がいた。そこで授業では、次のような劇的な導入から始めることにした。「今日は、あなたたちの市民生活が終わる日です。あなたたちには、この見方をさらに進めて、専

門職の行動分析家の列に加わっていただきたい。そして、私たちが提供する責任ある行動のためのガイドラインを学んで、それを使っていただきたい」このことから第5章の「普通の市民と行動分析家の日常的な倫理的課題」のアイデアが浮かんだ。

　行動分析士資格認定協会（BACB）は、2010年の春に倫理ガイドラインを見直した。ジョン・ベイリー（議長）、ジョーズ・マーティネス・ディアツ、ウェイン・フークア、エリー・カゼミ、シャロン・リーヴ、そしてジェリー・シューク（委員会第1役員）ら資格を持つ者たちによって、専門委員会が設立された。委員会は、倫理ガイドライン全体にわたっていくつかの変更を加え、いくつかの新たな手続きを含めることにした。その中には、リスク便益分析も盛り込んだ。これについては、第16章「リスク便益分析」の中で論じた。

　私は、「行動分析家の倫理と専門家としての問題」という大学院の授業を毎年1セメスターにわたって行っている。セメスター前半は『行動分析家の倫理』を、後半は『専門職の行動分析家の25個の必須スキルと戦略』（Bailey & Burch, 2010）を教材として用いている。はじめて倫理を学ぶ学生たちは、自分たちが振る舞うべき方法の新たな考え方に敏感になることがわかった。その上で、専門家として彼らが身につけなければならないその他のスキルの全てを紹介する。

　『行動分析家の倫理』の第2拡大版が、読者が倫理を学んで人々を指導するときに役立つなら幸いである。

　　　　　　　　　　　　　　　　　　　　　　　　　　　ジョン・ベイリー

第 **1** 部

行動分析学における倫理の背景

第 1 章

本書執筆にいたるまでの経緯

　自分を守ることも防ぐこともできない無実の人々を虐待したり、その人たちにひどい仕打ちをしたりすることほど、ショッキングで身の毛のよだつことはない。動物、子ども、女性、そして高齢者に身体的な虐待をしたり、情動的な嫌がらせ

> 自傷行動、破壊的行動、そして不適切な行動に対して、嫌悪的な結果が手放しで用いられた。

をしたりといったおぞましい事件は、この国では毎日のように起こっている。そして、日刊紙の地域の欄に、しばしば数行にわたるニュースとして報じられる。

　発達に障害のある人も、虐待の犠牲になることがある。障害を持った子どもや成人への、非難されるべきひどい対応として特に問題となるのは、そのような虐待が専門家によって行われる場合である。しかし、これは、1970年代初頭、フロリダでまさに起こった。この虐待によって、行動分析学ならびに障害のある人への対処の歴史は変わった。

　行動分析家の責任ある行動に対する倫理的ガイドラインの進化の物語が始まるのは、1960年代後半であった。当時、「行動修正」が大流行していた。1960年代中頃からはじまって（Krasner & Ullmann, 1965; Neuringer & Michael, 1970; Ullmann & Krasner, 1965）、行動修正の初期の提唱者の中には、行動をすばやく、そしてたやすく劇的に変化させることができると確約するものがいた。終日行われるワークショップに参加したという証明書を持っている人であればだれでも行動を変えられると、彼らは主張した。自称「行動修正家」という人たちは、ホテルの大部屋を借りて訓練セッションを数多く実施した。このワークショップへの登録要件はなかった。話者の資格も問われなかった。基本的な問題点は次のようなものであった。『行動（行動は学習されるものと考えられており、オペラント行動であった）が起こる理由を知る必要はない。知らなければならないのは、単に行動の結果をどのように操作すればよいのか、そ

れだけである。食べ物は、ほとんど全ての人にとって主要な強化子である。望む行動に、食べ物を随伴しさえすればよい。不適切な行動や危険な行動には、弱化子という結果を用いればよい。そうすれば、行動は「減少する」』。行動の「原因」については一切考慮せず、原因と考えられる事柄と効果的な治療との関連性も考慮されなかった。さらに、食べ物を使ったときの副作用（例えば、食べ物アレルギーや体重増加）については一切考慮されなかった。しばしば使われたキャンディーのような食べ物をどのように扱ったらよいのかということも考慮されなかった。実際、チェリオ®、M&Ms®、プレッツェルなど一口サイズのスナック菓子を、「行動の専門家」は、朝、ポケットにいっぱい詰め込んで出かけ、必要に応じて、1日中、それらのお菓子を使っていた（空腹になれば、行動の専門家がお菓子をときどき口にしたかもしれない）。同様に、自傷行動や破壊的行動、そして不適切な行動には、非公式に、場当たり的に、そして自発的に、思うままに嫌悪的な結果が用いられた。スタッフの中には、随伴結果を見つけることに「創造的であれ」と促されたものもいた。その結果、タバスコのようなトウガラシ入りのソースや、薄められていないレモン汁をポケットに忍ばせて職場（「行動ユニット」）に出かけるスタッフもいた。

　1970年代はじめの「行動ユニット」は、ほとんどの場合、発達に遅れのある人たち（軽度から重度の精神遅滞を持っている人や、何らかの身体障害、あるいは行動に問題のある人）の施設であった。それらの施設のほとんどは、300人から1,500人の患者を収容できる旧退役軍人や結核患者（TB）の病院であった。「行動修正家」がやってきて、深刻な行動上の問題に劇的な治療をほどこすまでは、養護ケアが普通であった。ガイドラインもなく、基本的に何の制約もなかったので、この「治療」は、いつのまにか完全な虐待へとすみやかに変わった。

サンランド・マイアミのスキャンダル

　1972年、マイアミのサンランド訓練センターは、フロリダ州を揺るがすほどの虐待調査の「爆心地」となった。1965年に開所されて以来、センターでは職員の異動率が高いことが悩みの種だった。職員の異動率が高いことで人員不足となり、職員の訓練の質も低かった。驚くべきことに、「コテージペアレ

第1章　本書執筆にいたるまでの経緯

ント」として仕事をしていた学生の大半は、学部の学生であった。「施設における虐待の申し立て」を調査した結果、その圧力に屈して、施設長は1962年に辞職した。彼は、「大きなトレーラーから間に合わせで作られた独房」に二人の施設居住者を監禁したようである（McAllister, 1972, p.2）。その後、1971年の4月に、フロリダ精神遅滞局とデイド郡弁護士事務所が、施設虐待について徹底的な調査を開始した。調査によると、「虐待は、めったに起こらなかった散発的な事例である」との申し立て（p.2）に関する6カ月にわたる取り調べの後に、施設長は、虐待にかかわった職員を処罰して、適切な懲戒処分を行ったとのことであった。解雇された職員の一人のE博士は、解雇に対して異議申し立てをした。その後、苦情処理委員会が明らかにした事柄は、「かなり問題のある状況」と考えられることであった。施設トップの管理者たちが、表面上、施設内で虐待が行われていたことを知っていたこと、そして、管理者はそれを容認していたことがわかった。その結果、7人の職員が即刻解雇された。この7人は、施設の最高責任者、コテージライフの所長、心理職員、3人のコテージ監督者、さらにコテージペアレント1名であった。それぞれは、「職権濫用、違法行為、職務怠慢、施設虐待への関与」のかどで処罰された（p.4）。その後、フロリダ州の精神遅滞健康リハビリサービス（the State Health and Rehabilitative Services; HRS）部局長のジャック・マカリスター氏は、9人のメンバーで構成される「施設虐待調査委員会（Resident Abuse Investigating Committee）」という学識経験者による特別会議（Blue Ribbon Panel）を組織した。委員は、精神遅滞の専門家数名と弁護士1名、ソーシャルワーカーとクライエント擁護者のそれぞれ1名、そして2名の行動分析家（ジャック・メイ, Jr博士とトッド・リズレイ博士）であった。70人を超える人たちにインタビューが行われた。その人たちの中には、当時の職員、前任職員、施設居住者、そして居住者の関係者（その中には、サンランド・マイアミで息子を亡くした人も含まれる）。10時間もの長きにわたるインタビューもあった。委員会は、さらに業務記録の原本、内部メモ、個人の日誌や記録なども調べた。

　E博士は、行動修正の専門家と名乗った心理学者のようである。彼は、1971年に施設職員に加わり、"業績優先団体（Achievement Division）"というまさに皮肉な名前のプログラムを3つのコテージで実施した。伝え聞くところによると、このプログラムは、「どちらかといえば、経済分析の統計モデルの難解

な問題」を研究するプログラムだとのことである（McAllister, 1972, p.15）。E博士は、翌年の1年間にわたる「治療」プログラムを作成した。そのプログラムは、虐待そのものであり、あるいは虐待事件へと発展したものであった。中には、次のようなものがあった。皆の前で無理矢理自慰を行わせる（自慰でつかまった居住者に対して行われた）、皆の前で無理矢理同性愛の行為を行わせる（やはり、そのような行為で捕まった人に対して行われた）、石鹸で口の中を無理矢理洗浄させる（嘘をついたり、人を罵倒したり、ともかくしゃべっただけでも、それらの行為に対する罰として行われた）、木製の棒でたたく（逃亡に対して10回の「強打」）などである。また、何度も拘束したりした。24時間以上も拘束された者もいれば、浴槽に2日間も座ったままにさせられた者もいた。拘束は、自傷を防ぐための緊急的な方法として用いられたというよりは、罰として日常的に用いられていた。このような対応が十分ではなかったかのように、次々と、身の毛がよだつような虐待が組織的に行われていた。例えば、男性のクライエントに女性のパンツを無理矢理はかせたり、浴室利用のための退出を認めず、壁に怪我防止用の詰め物が入れられていない不毛な部屋の中に長時間（4時間の場合もあった）にわたって何度も閉じ込めたりした。「私は泥棒です」と書いてある看板を身につけさせて皆の前に無理矢理出させて恥ずかしい思いをさせたり、罰として食べ物を与えなかったり、眠らせなかったりした。また、失禁すると、罰として10分間も失禁で汚れた下着のにおいを無理矢理嗅がされた人もいた。さらに、失禁を繰り返したために、尿が浸み込んだシーツの上に無理矢理寝かされた人もいた（pp.10-11）。

> E博士が、「治療」プログラムを作成した。それは、皆の前で、無理矢理自慰行為や同性愛的行為を行わせたり、石鹸で口の中を無理矢理洗浄させたり、木製の棒でたたいたり、何度も拘束したりといった内容のプログラムであった。

業績優先団体の環境には、プログラムされた活動がまったく含まれていなかった。その結果、ひどく退屈で劣悪で、まったくつまらない環境となった。プライバシーはまったくなく、皆の前で屈辱を味わうような裸同然の環境であった。居住者が自分の苦情を訴えることなど一切できない環境であった（McAllister, 1972, p.13）。脱水症状で死亡した居住者や、サンランド・マイアミのコテージから無益な脱走を試みて近くの入江で溺死した居住者もいた。

第1章 本書執筆にいたるまでの経緯

一見すると、そのような虐待は、欲求不満の怒り狂った無能な職員による加虐的な狂信的な行為に違いないと思えるかもしれない。しかし、調べてみると、そうではなかった。これらのきわめて不快な虐待行為は、E博士が、お決まりの「行動形成装置（behavior shaping devices）」を使った（McAllister,, 1972, p.15）「素晴らしい行動修正プログラム」

> このような身の毛もよだつ虐待行為は、E博士が「とびきり上等な行動修正プログラム」を創り出そうとしたことによるものであった。

を作ろうとして生じたのであった（p.14）。委員会の説明によると、このプログラムは、奇妙で虐待的で効果のない弱化のシステムに……変質してしまったのであった（p.17）。この業績優先団体では、これらの手続きは組織的に用いられ、監督者や専門の職員に黙認されていた。そして、日々の施設日誌にも記録されていた。この手続きは、オープンに使われていただけでなく、少なくともはじめは十分に研究されていた。例えば、高名な行動治療のエキスパートのジェームズ・レント博士によってカンザス州パーソンズではじめて開発されたトークンプログラムが真似られた。業績優先団体のこのような側面からひとつの重要な要因が取り除かれた。それは、居住者一人ひとりの行動をモニターするということであった。むしろ、まったく他の訓練を受けていない職員に、居住者への対応でかなり自由な裁量が与えられるというガイドラインが強調された。3つのガイドラインは、次のとおりであった。（1）「行動の自然な結果」を強調する、（2）指示が一切与えられていない状況で突発する可能性のある問題行動には職員自身が考えて即座に対応する、（3）脅してはならない。居住者に行動の結果を言葉で伝えるのであれば、「全ての随伴性にゆだねなさい」ということになる。

　調査委員会は、業績優先団体で用いられた悲惨で虐待的な手続きが、行動修正の論文や「何か他の最新の治療的方法ないしは教育的方法」に基づくものではないという見解を強調した。虐待が起こったコテージは外部監査をまったく受けていなかった。そのため、「善良だが十分な訓練を受けていない人」が、はじめはこのような手続きを手加減して行おうとしたにもかかわらず、次第にエスカレートして、最終的に異様な対応にまでなってしまった。調査委員会はそのように指摘し続けた。個々の事例は、前に記したように、日々の業務日誌に記載されていた。しかし、それに対して修正はまったく求められなかった。

コテージペアレントは、当然、何となくそれを承認し、おそらく、「もうちょっと極端な」やり方をとってみるということになったのだろう。「このように、はじめはそれほど極端とは言えないような対応がコテージの職員によって自発的に行われていた。それが次第にエスカレートして非常に極端な手続きへと変わっていった。最終的に、特定の居住者にたまたま使った手続きの強さをエスカレートさせて、度重なる問題への対処方法にまでした」(pp.17-18)。職員のこのような「やりすぎ（behavior drift）」は、居住型療養施設ではごく普通に見られる自然な傾向である。サンランド・マイアミの場合、上層部がほとんどまったくそれを管理しなかったため、行動はますます横滑りしたのである。サンランド・マイアミの施設方針には、虐待は禁止ということが明文化されていた。しかし、これが職員に「徹底的に伝達されていた」という証拠はなかった。すでに述べたが、この施設は、職員の慢性的な離職に頭を痛めていた。そのため、職員訓練は、表面的でしかなかった。

調査委員会がさらに問題にしたことは、E博士が受けた教育と資格証明書にかかわることであった。彼はフロリダ大学で博士の学位を取得したばかりで、ジョンズ・ホプキンズ大学で学位取得後の研究を終えたところであった。彼は、自分がこの領域の最も著名な人たちと研究を行っていると主張したが、委員会がその人たちに連絡したところ、彼らは、「自分の研究室に何回かやってきた厚かましい若者としか記憶にない」ということであった。誰一人、彼を自分の学生として認めなかった（McAllister, 1972, p.19）。E博士が1960年代に教育を受けた当時は、この分野は幼児の段階であったということは記憶にとどめておいていただきたい。行動修正に関するかぎり、可能性は無限であった。行動分析学の専門的雑誌、『*The Journal of Applied Behavior Analysis*』が刊行されるようになったのは1968年になってはじめてである。そのため、行動の原理の応用に関する研究は、ほとんど行われていなかった。行動の研究者や実践家のための倫理の規則も一切なかった。

学識経験者による特別委員会（Blue Ribbon Committee）の提言

調査委員会は、フロリダ州で行動修正の名のもとで組織的な虐待が二度と起こらないようにするため、自らがその予防推進責任団体になることを承諾した。

第1章　本書執筆にいたるまでの経緯

この中には、州全体にわたって行われる支援運動プログラムの強力なサポートも含まれていた。プログラムによれば、委員は、告知なく施設を訪問し、施設居住者、養育者、職員、そして関係する市民や重要な人物から情報を集めることが認められる。さらに委員会は、治療が論文に基づいたものであること、「実験的」と考えられるような手続きは一切用いられていないということを確実にするため、全ての行動プログラムに対して専門家たちによる査読を実施することを提言した。実験的なプログラムは、HRS精神遅滞部局のヒトを対象にした実験に対する標準的な審査を受けることになった。委員会の提言には、他に次のようなものがあった。(1)類を見ない弱化は禁ずる、(2)隔離はやめて『望ましい適切な「タイムアウト」技法』を支持する（McAllister, 1972, p.31）。

追跡調査

ほとんどの場合、学識経験者による特別会議（Blue Ribbon Panel）が提出したような報告書は、州の役所の書棚に届けられるだけで、その効果は長続きしない。しかし、フロリダの場合、そうならなかった。フロリダ州精神遅滞児協会（The Florida Association for Retarded Children、現在の名称は、フロリダ精神遅滞市民協会：The Association for Retarded Citizens of Florida）は、人道的な治療を目標にした。そして、最終的には、適切な訓練を受けた専門家のきちんとした監督のもとで、データに基づく行動的治療を厳密なガイドラインを利用しながら進めるという考えを承認した。精神遅滞部局（The Division of Retardation）は、チャールズ・コックス氏の指導のもとで改良版を作成した。その中には、フロリダ州全域の施設の行動修正プログラムに対して州ならびに特定地域の両方に審査委員会を設置することが盛り込まれていた。行動修正に対する州の審査委員会（The Statewide Peer Review Committee for Behavior Modification、略してPRC）は、行動的手続きの使用についてのガイドラインを作成した。後になって、そのガイドラインは、国立精神遅滞市民協会（the National Association for Retarded Citizens）（MR Research, 1976）と、フロリ

> チャールズ・コックス氏は、フロリダ州全域の施設で行われる行動修正プログラムに対して、州と特定地域の両方に専門家による審査委員会を設置するといった改革を行った。

ダ州精神遅滞健康リハビリサービス部局のマニュアル（the Florida Division of Retardation as Health and Rehabilitative Services Manual; HRSM) 160-4 (May et al., 1976) に採用された。州の資金で創設された PRC は、続く数年間にわたって、フロリダ州全域の施設を訪問し、施設職員に対してガイドラインの指導を行ったり、さらに倫理的な治療を勧告したりといった業務に取り組んだ。1980 年頃、PRC は、全ての施設やグループホーム、さらに小規模な居住型施設が互いにネットワークを組んで、フロリダにおける行動分析学に専門家としての何らかの視点を持ってもらう時がきたとの合意に達した。1980 年 9 月に「第 1 回フロリダ精神遅滞行動分析学ワークセッション（First Florida Work Session on Behavior Analysis in Retardation）が開催された。施設経営者、治療専門家、行動分析家、直接ケアスタッフといった 300 人ほどの人々が、オーランドで 2 日間にわたって開催された会議に集まった。この歴史的な会議の場で、公的な州協会を組織するための話し合いがもたれた。フロリダ行動分析学会（the Florida Association for Behavior Analysis, FABA）の第 1 回年次大会が、1981 年にオーランドで再び開催された。基調講演者は、B. F. スキナーだけだった。FABA の設立によって、行動分析学は、フロリダ州だけでなく合衆国の他の州でも転機を迎えた。行動的治療がかなり期待できるようになった。というのも行動分析学の指導者たちが定期的に州の会合に来て、最新の応用行動分析学の研究を紹介してくれたからである。それによって実践家は、当時最も手に負えなかった行動の問題に、合衆国の他の地域の人たちがどのように取り組んでいるのかをじかに知る機会を持てたのである。州政府の行政官や私立の施設経営者は、行動分析学がたんなるその場でしか使えないものではなく、どちらかというと、合法的で効果的、そして人道的な治療に対する取り組みであるということを理解することができた。PRC は、FABA と共同で、精神遅滞部局（the Division of Retardation）が提出した検証プログラムによって行動分析家の資格を認定する手続きを開始した。1988 年に FABA の会員は、FABA 倫理綱領（the FABA Code of Ethics）を採用し、FABA は、それを最初に行った協会となった。

サンランド・マイアミの遺産

　思い返せば、1970年代初頭のサンランド・マイアミで起こった恐るべき虐待は、未完成で統制がとれていなかった行動修正が、専門として尊重される行動分析学へと進化を遂げる上でやむを得ない

> 虐待を受けた発達障害の人々の痛みや苦しみによって、治療の倫理を考慮する必要性は明らかに増した。

出来事だったのかもしれない。虐待がなければ、発達に障害のある人々を行動的手続きの組織的な虐待から守る方法を真剣に考えるための学識経験者による特別会議（Blue Ribbon Panel）は組織されなかっただろう。トップ記事によって、揺籃期にあった治療形態は、厳しく精査されるようになり、ガイドラインと監督を必要とするようになった。虐待を受けた発達障害の人々の痛みや苦しみによって、治療の倫理を考慮する必要性は明らかに増した。行動修正を禁止することは容易であった。しかし、学識経験者による特別会議（Blue Ribbon Panel）は、行動分析学の二人の提唱者（メイ博士とリズリー博士）に説得され、禁止ではなく、治療に対する厳格なガイドラインを設け、地域の市民も含めた監視基盤をつくり、彼らの価値観と常識、良識によって、継続的に行動的治療戦略を評価する方が適切であると判断した。人権と専門家による評価委員会の両方が監視するという考えによって、行動分析学は社会から承認されるようになった。このような活動、州が認める資格制度の発展、州の専門的組織の強化、さらに組織が行った「行動分析家に対する倫理規範（Code of Ethics for Behavior Analysis）」の普及といった事柄によって、虐待が二度と起こらないようにするための制御と管理に必要な項目の全てが整備された。倫理とは、結局のところ、「傷つけてはならない」という命令に他ならない。フロリダの事例でわかったことは、良識ある人々によってひどい虐待が行われる可能性があるということ、そして、適切で包括的な戦略によって、そのような虐待を防ぐことができるということである。倫理は、専門家個人が自分の判断に基づいて責任ある行為に従事することとふつう思われがちだが、フロリダの事例から言えることは、責任ある行為は、他の方法で促すことができるということである。専門家がそのような公の精査を受けて批判されるということは、専門家にとって確かに苦痛でもあるし、困ったことでもあるだろう。しかし、フロ

リダの事例は、それが明らかに正当化されたのである。実際、そのような監視や管理といった明確な形態がない状態で、行動的治療のような強力な手続きが全面的に行われるということは想像しにくい。

　このような監視や管理があったとしても、行動分析家は、治療の決定が適切であるかどうかについて日常的に多くの問題に直面するはずである。何が適切なのか？　何が正しいのか？　自分は、この治療を実施する資格があるのか？　傷つけないなんてできるのだろうか？　データは十分にとれているだろうか？　データを正しく解釈しているだろうか？　クライエントは、治療されなくても良くなるのでは？　本書は、行動分析家が毎日直面する問題に正しく対処するために、責任ある行動のための行動分析士資格認定協会ガイドライン（Behavior Analyst Certification Board（BACB）Guidelines for Responsible Conduct）を説明しようとしたものである。

第 2 章

基本的な倫理原則

　行動分析家は、周囲を思いやり、人々の生活の向上を願う人々がつくる文化を構成する一員である。人々は一連の基本的な倫理的価値観を持つ。その由来を尋ねると、ギリシャ時代にまで遡り、数千年に及ぶ思いやりの伝統にたどりつく（倫理という言葉の語源は、ギリシャ語の**エートス**、つまり道徳的品性である）。倫理学は、ひとつの研究分野として、3つの部門に分かれる。規範倫理学（normative ethics）、メタ倫理学（meta-ethics）、実践倫理学（practical ethics）である。本書の目的は、行動分析学における実践倫理学である。しかし実践倫理学に入る前に、まずわれわれの文化の基盤となる基本的なモラルの原理を論じておく必要がある。これらの基本的な倫理原則は、われわれの日常生活を導くものである。それはわれわれの専門職における実践において、基本的な意思決定を行う際に、重要な役割を演じる。

　1998年、クーチャーとキース・スピーゲル（Koocher & Keith-Spiegel, 1998）はその著書『心理学における倫理』において、サイコロジスト（心理専門家、心理士）のための9つの倫理原則の概要を説明した。これらの原則は、心理学をはじめ、子どもの教育や、動物の訓練など、多くの領域の倫理に応用できる。これらの9つの基本的な倫理原則は、極めて基本的であり、しかもしばしば言語化されることなく見過ごされてきた。そこでわれわれは、ここにそれらをリストアップし、それらが行動分析学にどう関係するかを説明する。

傷つけるなかれ

　「何よりもまず、傷つけるなかれ」。この表現は通常ヒポクラテスの言葉に由来すると考えられる。彼は紀元前4世紀のギリシャの医者である。「傷つけるなかれ」と一般に記されるこの言葉は、「ヒポクラテスの誓い」（医師が実務に

つくとき宣言する倫理綱領）に出てくるとされる。しかしこの問題に関しては、若干の論争がある（Eliot, 1910）。ヒポクラテスは確かにこう述べた。「病気に関しては、2つのことを習慣とせよ。助けよ。さもなければ少なくとも傷つけるなかれ」。「ヒポクラテスの誓い」はこう宣言する。「私は自分の能力と判断に従い、患者に利すると思われる治療方針に従い、有害なもの、人に害を及ぼすものは決して用いない」と。

　行動分析家はもちろん故意に人を傷つけることはしない。しかし微妙な形で人を傷つけてしまうことはありうる。そのことに注意しなければならない。ひとつの明白な事例は、行動分析家が自分の専門領域以外の分野で実践することである。

　青少年を対象とする実践の訓練を受けた行動分析家が、幼稚園で激しいかんしゃくを示す就学前の子どものケースを受理する。行動分析家が感じた最初の印象は、その子が「不服従」であることだった。そこで、かんしゃく行動の消去＋服従の他行動分化強化（DRO）をベースとする行動プログラムを用意する。

　もうひとつの「傷つける」形態は、もっと微妙なケースである。行動分析家が信頼できるデータ収集システムをつくらないため、行動の重要性を見失う場合である。

　認定行動分析士（BCBA）が、グループホームのコンサルテーションを行う。「自己刺激行動」を示すという発達障害の若者を照会され、スタッフにデータ収集をするよう指示し、1日当たりの自己刺激行動の発生件数を数えさせた。2週間後、彼はベースラインデータを点検した。そしてスタッフメンバーに、問題は深刻ではない、1日当たり2、3回起こるだけだ、心配はいらない、と説明した。BCBAが次に訪問したとき、クライエントはその後どうなったかと質問した。クライエントは頭皮に裂傷をつくり、救急室に送致され、6針も縫わなければならなかったと告げられた。このケースを検討した結果、BCBAはその行動の重篤性について問うことを怠り、また介護士に皮膚の評定をするよう指示していなかったことが判明した。

第2章　基本的な倫理原則

　行動分析家は、しばしば、スタッフメンバーとともに仕事をするが、メンバーは人間の行動についての知識をまったく身に付けておらず、倫理的に行動するうえで必要な情報を全て提供しようとは必ずしも思っていないことがある。

　ハーマンは、好戦的な行動を理由として照会されてきた。彼は発達障害者用の収容施設で生活している。職員が毎朝シャワーに行かせようとするとけんかになる。彼はシャワーを浴びたがらず、スタッフを突きのけ押しのけして逃がれようとする。少なくとも二人のスタッフが怪我をし、またシャワーそのものを壊してしまい、訓練担当のインストラクターは2週間も仕事を中断された。「これは明らかに治療を要する攻撃的行動のケースです。危険ですから、日課である朝の入浴を拒否した場合、即時的結果として拘束を課すべきです」とスタッフは要求した。このプログラムが適用されそうになったとき、行動分析家がこの問題はどのくらい長期間起こっていたか質問した。返ってきた答によって、彼の処遇は全く別方向に向かうことになった。ハーマンは以前、夕方の入浴を許されていたことが判明した。夕方の入浴では、一人のエイドが彼の世話をした。エイドは家で彼の母親がしていたように、バスタブに湯を満たし、温度を調節し、好きなタオルを用意してやっていた。このエイドが辞職したため、ハーマンは朝の入浴に切り替えられ、それを激しく嫌悪していた。朝の入浴を強制するプログラムをハーマンに処方しようとすれば処方できないことはなかったが、それは良い結果を導くどころかえって裏目に出ると判断された。このケースに対する倫理的な解決は、別のスタッフを訓練して、ハーマンの入浴を元通り夕方に行うようにすることだった。

自主性を尊重しよう

　人間の自主性を尊重するとはどういうことか。それは、人間の独立性、ないし自給自足（自分のことは自分でする）を促進することである。明らかに、行動分析学の基本的手続きは、まさにそのことを目指して設計される。プロンプティングやシェーピングやチェーニングやフェーディングは、そして条件性強化子を使い、トークン・エコノミーや補綴的環境を活用することも、全てそのねらいは、行動を改善して、人が仲介者に頼らず、自分が自分に強化子を与えることができるようにすることである。言うまでもなく、誰かが実際には人を

自分のコントロール下に置き続けたいと思っていることが明らかな場合は、衝突が起こる可能性がある。行動分析家は、しばしばそういう人物に雇われる。そのため非常に困難な状況が生じる恐れがある。

モリーは、えくぼのかわいい4歳の女児である。言葉に遅れがある。認定行動分析士補の免許を持ったセラピストから毎日1対1のセラピーを受けていた。セラピストはモリーに、日常的な事物を表す基本的サウンドを教え、進歩が見られた。しかし母親は明らかにこの治療に満足せず、セラピストと対立した。モリーは、今では、ミルクや、クッキーや、スナックや、お絵描きや、積み木遊びなどの名称や、その他いくつかの言葉がわかるようになった。そしてこれらの言葉による要求を母親にも般化させ始めた。母親の考えはこうである。モリーには母親が食べさせたいと思うときだけ、スナックを与えるようにしなければならない、と。モリーがこれらの事物を要求する学習をすることによって、子どもの押しが強くなり、何でも要求するようになってしまうのではないかと恐れた。母親はこう言った。「モリーは次には冷蔵庫を開けて自分の飲み物を手に入れられると考えるでしょう」と。

自立性はまた必ずしも予見できないリスクをもたらす。個人がより独立性を強めるようなスキルを獲得することが大切だと考える行動分析家は、そのスキルの獲得が、その個人を危険な状態に陥らしめる恐れがあることを認識しなければならない。

マリーは老人ホームに居住する高齢の患者である。彼女は1日の大部分をベッドで過ごし、ほとんどの活動に参加することを拒否する。施設の目標は、患者たちが可能な限りひとりで歩きまわり、幅広い社会的文化的活動に参加するよう奨励することである。行動分析家はマリーのケースを検討して、実際は助けがあれば歩けるのに、拒否という行為によってそれ以上の強化を入手していると判断した。行動分析家はマリーの強化刺激を突きとめ、それらが次のことを条件として入手できるよう環境を設計した。第1段階では補助付きで歩く、第2段階では理学療法士の承認を得て自力で歩く。このケースは成功したかのように見えた。ところがマリーはそこでたまたま転び、腰の骨を折ってしまった。マリーの家族は、

この事件の責任は行動分析家にあると考えた。家族の一人がこういった。「先生はなぜ現状でよしとされなかったのですか。マリーはひとりでベッドにいる方が好きだったのに。余計な世話を焼かなければ気が済まなかったんですね」

行動分析家はしばしば教育場面やビジネス場面で働く。そこでは学級経営やパフォーマンス・マネジメントの分野でコンサルテーションを行う。これらの場面では自律性という概念が倫理的問題を生み出す可能性がある。例えば教師は、しばしば子どもたちが席に座り、指示（インストラクション）に従ってくれればそれによって強化される。また企業経営者や上司は、従業員がただ「指揮（ディレクション）に従い」、言われた通りにしてほしいと願っているかもしれない。

ローリーはレーシングカーの特殊なイグゾースト・システムを組み立てる小さな機械工場の15人の従業員を監督している。従業員には十分な給料を与えており、彼らはますます複雑化する顧客の要求に対して、創造的に解決策を考え出している。ローリーがパフォーマンス・マネジメント（PM）の研修に参加した。研修が終わった後、発表者の一人に接触して支援を求めた。ローリーは従業員に自分が数年前に書いたマニュアル通りに仕事をしてほしいと言った。「若い連中は自分が何でも知っていると思っています。彼らは全く新しいデザインを考え出して、社長のやり方は時代遅れだと顧客に言っているんです」

他者に利益をもたらせ

ほとんど言うまでもないことであるが、働く場所や状況がどうあれ、行動分析家の第一の役割は、人々に利益をもたらすことである。この原理は行動分析家と他の専門家との間に意見の食い違いをもたらす可能性があり、そしてどんな状況であれ頻繁に「クライエントは誰か？」を確認するよう要求する。

タマラは担任の教師から行動分析家に照会されてきた。タマラの問題は、彼女が教室で頻繁に妨害行動をすることだった。担任のハリス先生は、データシートを提出した。それには2週間までさかのぼる妨害行動の日付と時間と種類が記され

ていた。ハリス先生はタマラに対して、タイムアウト・ブースを作りたいので助けてほしいと要求した。援助を求めてきたのはハリス先生だったが、行動分析家は自分のクライエントはタマラであると直ちに判断した。そして自分の手でデータを集めることにした。そのため学校訪問を何回かしなければならなかった。他のケースに比べて学校はかなり遠方にあった。しかしタマラはこの行動分析家の特別の努力によって救われた。教室におけるタマラの妨害行動が、聴覚上の問題を原因としており、担任が訴えていたような「強情さ」のせいではなかったことが判明したからである。

公正であれ

　この原則は非常に基本的である。それは「ゴールデン・ルール」、すなわち「互恵主義の倫理」（Ethics of Reciprocity）（Ontario Consultants on Religious Tolerance, 2004）から直接派生する。公正であれとはどんな意味か。それはあなたが人から遇されたいと願う通りに人を遇せよという意味である。これは行動分析学において特別な意味を持つ。治療に不愉快な刺激、ないしストレスフルな随伴性を使用する可能性があるからである。この倫理をさらに精緻化すれば、次のような問いになる。「自分の母親や子どもが、同様の状況におかれたとしたら、どう扱われたいと願うだろうか？」。公正な処遇という問いが、行動分析学においてしばしば発せられるのは、特定の行動の原因についての知識はしばしば極めてわずかしか存在せず、そしてしばしば仮定される機能的関係はまだ立証されていないからである。

　上級行動分析士が、コンサルテーションを依頼された。クライエントには執拗な自傷行動があった。腕と顔を引っ掻く行動である。無視を適用してみたが効果はなかった。またかなり徹底したDROとブロッキングを適用してみたが、それも効果がなかった。行動分析士は悩んでこう自問した。「私ならどんな処遇を受けたいだろうか？」。そして自分が同じような行動で治療を受けたことを思い出した。彼はじんましんの診断を受けた。彼のかきむしりは、自傷行動と非常によく似ていた。そして「DROとブロッキング」よりも薬を処方されてよかったと感じた。行動分析士は、クライエントの「SIB（自傷行動）」に関する医学的診断に注意を向ける

ようになった。

正直であれ

　尊敬される専門家は、人々から寄せられる信頼をベースにして、その名声を獲得する。誠実で、信頼できて、正直な人物は、賢明な助言と効果的で倫理的な治療を行ってくれる人であり、安心して任せられ、信頼できる存在として、助けを請われる。クライエントや同僚や管理職に対して正直であり誠実であることは、キャリアとしての成功につながる、長期的な人間関係の基礎を与える。

　Ｂ博士は経験豊富な行動分析士である。彼は家庭や地域社会における生活を困難にさせる重度の行動問題を持つクライエントのための収容施設のコンサルタントである。ある日、Ｂ博士が施設に到着すると、すぐ管理者がやってきて、施設で最も非協力的な一群の一人をうまく処遇して下さりありがとうございましたと感謝の言葉を述べた。Ｂ博士は行動スペシャリストと認定行動分析士補（BCaBA）と話し合い、それから管理者に面会して、自分は功績といえるようなものを成し遂げていないと説明した。実際はまだベースラインを測定しているところであり、処遇計画は実施されていなかったからである。

尊厳を与えよ

　私たちがサービスを提供するクライエントの多くは、自分のことを人に効果的に表現することができない。言葉がないクライエントもいれば、誰かに話を聞いてもらえるよううまく頼めないだけの人もいる。もしも彼らがその願いを人に伝えられなかったり、自分で選択することができなかったりした場合は鬱状態になり、行動問題を引き起こすようになるかもしれない。その時点で行動分析家の出番となる。低い自尊感情という言葉は「行動分析学」の専門用語ではないが、尊厳を与えられない人間についての本質をとらえている言葉である。行動分析家としての仕事は、一人ひとりのそして全てのクライエントが必ず尊厳と尊敬を持って遇されるようにすることである。このことを行動分析学的に言えば、私たちはクライエントが周囲の人々にそのニーズを音声言語やサイン

によって確実に伝えられるように、スキル獲得を目指して取り組むのである。優れた行動分析家はまた、言葉のないクライエントとコミュニケーションすることを学ぶために必要な訓練を全てのスタッフに受けさせるようにしなければならない。クライエントは、毎日さまざまな機会に、自主的に選択できるようにならなければならない。そして食物、衣服、ルームメート、活動、生活条件に関して、自分の好みを優先させることを認められなければならない。尊厳を与えるさらに微妙な方法に、言葉づかいがある。クライエントに対して使う言葉、クライエントについて語る言葉である。例えば、ベルタが治療計画をどう受け止めているかを知りたいと思うならば、スタッフや、家族や、ベルタ自身に質問すればよい。クライエントは正しい名前で友好的に呼ばれ、アイコンタクトと快いスマイルで接しられなければならない。それはあなた自身が自分のビジネス・コミュニティーに属する人々からサービスを受けるとき、あなたが彼らに期待する処遇と同じものである。

トーマスは、言葉のない発達障害の若者である。攻撃行動と時折の自傷行動を理由に照会されてきた。問題行動は、彼が福祉作業所からグループホームに戻ってくる午後に起こるらしかった。彼を寝室から居間に連れ出して、そこでグループ活動をさせたい。そのためにスタッフメンバーが二人がかりでケアしなければならなかった。居間に連れて行く前に、衣服を着せなければならない。下着のまま床に座り、体をゆすりながらヘッドホンで音楽を聴いていたからである。行動分析家は、スタッフや家族や看護士やソーシャルワーカーとともに、かなりの調査と議論を行い、それからトーマスに午後の活動を彼自身に選ばせる必要があるという自分の見解を、やっとのことで受け入れてもらうことができた。彼にはそのグループに参加するかどうかのオプションを毎日与えられなければならない、もし自分の部屋で音楽を聴くというオプションを彼が選んだ場合は、その選択を尊重しなければならない、と。この解決案を実行した結果、彼の攻撃行動と自傷行動は存在しなくなり、行動分析治療プログラムを開発する必要がなくなった。

思いやりと同情心を持って人々を処遇せよ

この倫理原則には、すでに述べた多くの原則が関係している。もしも行動分

析家として、クライエントの自主性を尊重し、彼らに利益をもたらすべく活動し、尊厳を与えるようにプログラム設計をするようにすれば、自ずからクライエントを思いやりと同情心を持って処遇することにつながる。この価値はまた、単にクライエントに選択権を与えるだけではない。対人関係が同情と気遣いを表しているものにならなければならない。

テレンスは朝起きて仕事に行くのが嫌だった。彼はスタッフメンバーと争い、靴を投げつけ、ベッドカバーを引っ張りあげて頭からかぶってしまう。スタッフメンバーの中で一人だけが、そのようなテレンスの反応を報告しなかった。彼女はテレンスを起こす方法を次のように説明した。「私のやり方は、基本的には私の父親に接する方法と同じ方法です。私の父は私たちと同居しています。父はテレンスと同じ薬を飲んでいます。そのせいで朝は頭がボーとしています。それで私は、テレンスのこともある程度我慢するようにしています。私がしていることは、彼の部屋に入って、できるだけ優しい声でこう言うことです。「私の大事なテレンス。そろそろ起きる時間ですよ」と。そしてカーテンを半分くらい開けて部屋を出ていきます。15分くらいたってから部屋に戻って残り半分を開けます。それからテレンスのところに行き、腕をやさしくさすりながら「テレンス、調子はいかが？ もう起きる時間ですよ。新鮮なコーヒーを淹れました。あなたの好きな仕事着も用意しました。数分後に迎えに来ますからね」と言います。それから15分くらいたって再び戻ってきます。そのとき彼が起きていなかったら、目覚まし時計のラジオのスイッチを入れ、「大事なテレンス、さあ起きる時間ですよ、着替えの手伝いをさせてね」といいます。これは余計な手間暇になりますが、私だったらこのようにされたいと思う方法であり、そして私の父親にしている方法ですので、気にはなりません。そしてこのやり方だとうまくいきます。テレンスは私がラジオのスイッチを入れる頃にはベッドを離れて、笑顔を見せながら「私のことをわかってくれてありがとう」と言います。

エクセレンスを追及せよ

行動分析学は急速に発展する分野である。行動分析家はその最新知識と更新されるルールや規制について、常に精通している必要がある。この専門職のエ

クセレンス（優秀さ）とは何だろうか。それはこの分野の最新のリサーチを知っていること、そして自分の行動分析学の実践の中に最も新しい方法手続きを組み入れることである。この分野の主要なジャーナルを購読すること、地方の学会に出席すること、そして国際行動分析学会年次大会（the annual meeting of the Association for Behavior Analysis）に参加すること。これらは当然のことである。自分のゲームの頂上に居続けるためには、自分の分野で提供される特別なワークショップに注意を払っていること、そして近くの大学が提供する大学院ゼミに参加することを考慮に入れる必要がある。行動分析士資格認定協会（BACB）は、認定行動分析士（BCBA）に対して次のことを要求する。毎年現職教育の単位を取ること。BACBが要求する現職教育の時間数は最低要件である。そして行動分析士がエクセレンスを維持したいと願うならば、毎週2〜4時間は、最新のジャーナルや文献を読むことである。

ノラは1990年代半ばに心理学の修士号を取得した。専攻は応用行動分析学だった。それ以来学会に数回参加したが、あまり面白くなかったので、興味は長続きしなかった。その彼女が最近、同僚審査委員会で動揺した。新しく養成されたPhD取得者がノラの提案した治療計画に疑問を呈し始めたからである。ノラは機能査定の新しい基準についての知識に欠けていた。そして自分があまりにも実態を把握していないことに気付いて驚いた。

責任を引き受けよ

行動分析家はクライエントの行動を分析し、標的行動を改善するプログラムを実践するよう提案することについて全面的責任を負う。エクセレンスを追及するためには、自分が診断するために行ったことの全てが確実に最高のスタンダードになるようにしなければならない。同僚や他の専門家に向けて自分の結論を示すことによって、自分の提案した治療が適切であり、正当性の裏づけがあり、考慮する価値のあるものにするための責任を負う。そして自分の治療が失敗した場合、その責任を負わなければならない。非難を受けいれ、誤りを修正し、コンシューマーやその他の利害関係者に対して満足を与えなければならない。行動を分析するよりも言い訳する方が得意な行動分析家は、行動分析学

の専門職に対して、何の利益ももたらさない。自分が取り組んでいる問題についてリサーチする時間を作らず、急いで結論を出そうとする人々は、常に攻撃にさらされる立場に置かれることを思い知ることになる。

　クララは仕事を始めて3カ月経ったばかりである。彼女は仕事をしている学校のひとつで開かれた個別教育計画（IEP）の会合で、深刻な議論の中心に置かれるはめになった。彼女は一人の教師のために子ども向けのトークン・エコノミーを開発した。そのプログラムは子どもが静かに自分の課題に取り組んだら教師がポイントを与えるというものだった。不幸なことにクララはその子ども用のプログラムを書き上げるとき、子どもの書き文字の丁寧さについては、評価基準に書き加えることをしなかった。その結果教師はクララに対して怒りをぶつけてきた。「あなたはモンスターを作り上げたのよ。あの子は自分の仕事を全く気にとめない。紙に殴り書きするだけ。それでばかげたポイントを稼げるの」。クララは、教師が子どもの丁寧な筆跡に対して報酬を与えるようにしようと思えばできたという明らかな事実を指摘する代わりに、自分の責任を認め、教師に謝罪して、プログラムを書き直した。

　行動分析家の倫理訓練は、大学院から始まるわけではない。人の倫理訓練は、学部時代よりもはるか以前にスタートする。発達心理学の専門家なら、人の倫理基準が中学校に進学する頃までに、かなり決定されている、と言うだろう。人々は毎日、個人的な倫理的状況に直面させられる。そしてこの日々の出来事が、専門家としての生活に般化する傾向が認められるはずである。人々の利益よりも自分の個人的利益を優先させ、争いを回避し、自分自身の行動に責任をとろうとしない人は、自分の専門職の倫理基準を即座に考慮することはないだろう。こういう理由があるからこそ、行動分析家のための「責任ある行動の規範」（Code of Responsible Conduct）が開発されたのである。行動分析家は、ここに示した原理を見直し、この規範を丁寧に検討するようにしてほしい。そしてその専門職を向上させ、心理学のこの重要な新しい分野を尊敬される分野にするためには、一連の責任ある行動を採択することが極めて重要であることを、ぜひとも理解していただきたい。

第 3 章

行動分析学の独自性とは？

　多くの点で、行動分析学の実践は、他の支援活動と比べて独特である。他の領域も科学に裏付けられた治療法を標榜しているが、行動分析学は、実際のところ次の一歩を踏み出している唯一の福祉サービスである。そして、治療そのものが科学的方法をとらなければならないとしている。これが可能であるのは、行動分析学の方法が、単一参加者実験計画研究法（single-subject design research）に基づいているからである。この研究法では、個人が自分自身の統制となる（Bailey & Burch, 2002）。この方法論で研究する場合、まず一人ひとりの参加者からベースラインのデータを取り、それから介入が行われる。そして、介入の効果が、一人ひとりの参加者に対して評価される。科学的研究が生み出したこの研究方法が、治療でも使われている。すなわち、それぞれのクライエントは個別に評価され、それぞれのクライエントの必要に応じて、問題とされた行動にたいして、個別の測定が一人ひとりのクライエントに計画される。さらに、治療が終わるまで、介入を実施しながら、介入の評価が絶えず行われる。やっかいな問題は、行動分析学の領域は、非常に広範囲のクライエント（**消費者** consumers と呼ぶ人もいる）を抱えているということである。非常に低機能の人や複数の身体的ハンディキャップを持っている人、さらに発達に遅れのある人から高機能自閉症の子どもや成人にいたるまで、対象の範囲は広い。行動分析学に関する専門雑誌は多く刊行されており、多様な領域の研究が紹介されている。倫理的な行動分析家は、行動分析士資格認定協会（The Behavior Analyst Certification Board, BACB）の倫理ガイドラインで具体化されている「優秀」と期待されるためには、自分の専門領域の最新の進歩についていかなければならない。

　研究方法だけでなく、行動分析学は、治療そのものも科学的でなければならない。行動分析家は、専門職に就いている以上、自分から、学術文献に目を

通して、実験室や他の条件統制のなされた場面で効果があるということがはじめからわかっている手続きだけを用いなければならない。さらに治療を進める過程で、オンライン上で集めたデータに基づいて治療を修正しなければならない。「エビデンスに基づいた治療（evidence-based treatment）」は、最近、心理学や医学のキャッチフレーズになっているが、行動分析学では、40年以上標準的な手続きだった。ある治療手続きがライブラリーに登録されるには、その研究は、素晴らしいといえるような厳しい査読基準を満たさなければならない。最も厳密な基準は、実験的な制御がきちんと行われているということを示していなければならないということだろう。単なる相関ではだめなのである。行動分析の実践家は、治療を考えるときに、このような確固たる基盤に基づく。そして、ある手続きがかならず特定の成果をもたらすはずであるという自信を持つ必要がある。それでも、クライエントに応じて個々の手続きを用いるときには、かなりの判断が求められる。文献を概観しても、治療を行おうとしているクライエントや、クライエントの特徴に適切な介入を見つけることはできないかもしれない。また、たとえ治療が適切であっても、変更しなければならないことがあるかもしれない。例えば、強化子の種類を変えるとか、強化スケジュールを変えるというように。

　行動分析学が独特であるもうひとつの特徴は、治療が、資格を持っている専門家の監督のもと、他者、しばしば専門家を補助する人、によってかなり行われるということである。例えば、認定行動分析士（Board Certified Behavior Analysts, BCBA）は、養育者、親、あるいは教師とともに、子どもの行動の問題を治療する。認定行動分析士は、行動の重症度を決定し、ベースラインのデータを確保し、必要な背景作業を実施して機能査定（functional assessment）を行うことに責任を持つ。行動分析士が行動の制御変数を明らかにしたのであれば、治療計画が立てられ、承認され、そして実施される。この後者の段階で、行動分析家は、「チーム」の他のメンバーに、実施しなければならない手続きを示し、その後で、彼らが、それを信頼できるほど正確に実施できるように注意深く訓練する。この取り組みを実施するには、行動分析家は倫理規

> 「エビデンスに基づいた治療（evidence-based treatment）」は、最近、心理学や医学のキャッチフレーズになっているが、行動分析学では、40年以上標準的な手続きだった。

第3章 行動分析学の独自性とは？

範に従わなければならない。徹底した訓練を行わなかったり、資格のない人にその手続きを取らせたりすることは、本質的に倫理的とは言えない。

> このように、現場で治療を行うということ、そして、取り扱う行動の問題が深刻であるということが相俟って、行動分析学は独特となり、他の臨床心理と異なる特殊な倫理的問題に取り組むことになる。

伝統的に、臨床心理に携わるものは、診療場面で、1対1の関係で治療を実施する。その場合、患者は、自ら選んで治療を受けにくる。治療セッションが終わると、「患者」は、自力で診療所から出て、車を運転して自宅や職場に戻る。それに対して、大部分の行動分析学の治療は、問題となっている行動が実際に起こる場面で行われる。クライエントは、本人ではなく、誰か他の人によって照会される場合が多い。問題の行動は、そのクライエントが、おそらく施設で何らかの管理を受けなければならないほど、深刻な場合がしばしばある。このように、現場で治療を行うということ、そして、取り扱う行動の問題が深刻であるということが相俟って、行動分析学は独特となり、他の臨床心理と異なる特殊な倫理的問題に取り組むことになる。

まず、治療される人は、他者によって照会されるかもしれないので、そのクライエントの権利を侵害しないように、私たちは特に注意しなければならない。照会してきた人、しばしば第三者といわれる人々だが、この人たちは、単なる便宜上の理由で、クライエントを照会したわけではない、ということを確かめる必要がある。例えば、居住型施設では、クライエントが悲鳴をあげるとか、逃げ出すという理由で治療を求め、施設職員がクライエントを照会する場合がある。行動分析家は、金切り声を出すとか、悲鳴をあげるとか、逃げ出そうとするという理由で照会されたクライエントの権利を損なうことがないように注意する必要がある。なぜなら、彼らが何らかの方法で好ましからざる扱いを施設で受けている可能性があるからである。このような場合、金切り声や逃亡を単にやめさせることを意図したプログラムを作成することは倫理的とは言えない。

次に、他の専門家や職員、さらに管理者が見ているところで作業することは、さらなる倫理的なジレンマとなる。押し付けがましい観察システムやデータ収集法でクライエントに烙印を押すことがないように、特に注意する必要がある。そうであっても、データは信頼できる妥当性のあるものでなければならない。

どちらか一方に偏らないようにすることは、倫理的な行動分析家に、日々の業務に困難ではあるがやりがいのある課題を提供する。

最後に、行動分析家は、傷つけられることから自分を守ることができないような傷つきやすい人を相手にしている場合がしばしが見られる。1時間の相談治療が終わって車で帰宅する臨床患者と違って、行動分析家が相手にするクライエントは、話すことも移動することもできない場合がしばしばある。倫理的な行動分析家は、クライエントの権利が、治療の過程で決して侵害されることがないように最善を尽くさなければならない。例えば、発達に遅れがあり、言葉を持たず、移動することもできない、自傷行動（self-injurious behavior; SIB）を発する25歳のクライエントであっても、その人のプライバシーは守られなければならない。その人は、尊厳と尊敬の念で治療を受ける権利、さらに効果的な治療を受ける権利を持っている。自傷行動をやめさせるだけの目的で、その人を拘束したり、隔離したり、薬剤を過剰に投与することはできない。そのようなクライエントの権利を保護しながら、自傷行動の分析を要求することは、無理な注文かもしれない。しかし、行動分析学の倫理規範は、それを求めている。この例の場合、照会のときに自傷行動の低減だけが求められたとしても、行動分析家は、クライエントがそのような問題行動を二度としないようにするために、どの程度の自立をクライエントに与えたらよいのか、それを決めなければならない。前に述べた発達に遅れのある成人は、苦痛で金切り声をあげたのかもしれないし、のどが渇いて、あるいは自分に目を向けてもらう必要があるということを伝えようとして、金切り声をあげたのかもしれない。倫理的な行動分析家に求められることは、考えられるそのような原因を明らかにするために機能分析を実施することである。そして、自分の欲求をスタッフに知らせるためのそれほど危険ではない方法を、クライエントに教えるといった適切な介入を開発することである。金切り声を減らすのに、このような介入の方が、タイムアウトのような弱化操作よりも倫理的に適切であることは明らかである。

行動分析家は、行動が極めて深刻で、事実上おどろくほど複雑である事例に取り組まなければならない場合がしばしばある。私たち行動分析家は、決定論者として、目にする行動には、かならず原因があると考える。そして、機能分析を行うことで、妥当で倫理的な治療についての情報が得られると信じている。

第 3 章　行動分析学の独自性とは？

しかし、治療となると、対処が難しい多種多様な変数があることがわかる。前に述べた自傷行動（SIB）は、その原因が、かなり以前に生じた何らかの内科疾患にあったのかもしれない（例えば、未治療

> 行動分析家は、行動が極めて深刻で、事実上おどろくほど複雑である事例に取り組まなければならない場合がしばしばある。

の慢性化した傷がある）。しかし、自傷行動を起こさせている変数は、職員の注目といった、まったく違う変数である可能性がある。他に複雑な変数として、自傷行動を維持している条件性強化子（conditioned reinforcer）や、複雑な間欠強化スケジュール（complex schedules of intermittent reinforcement）、刻一刻と変化する動機づけにかかわる確立操作（establishing operation）、さらに、自傷行動が自発する機会となっている弁別刺激（discriminative stimulus）やセッティング事象（setting event）などがある。倫理的な行動分析家は、これらの可能性の全てを検討し、どの変数が治療の段階で最も際立っているのか明らかにしなければならない。

　昔から、行動分析学は、行動を修正するときに、行動の結果が果たす役割を重視してきた。これは行動分析学の顕著な特徴である。当初、他の支援専門家のほとんどは、クライエントの態度や感情を変えるために、カウンセリングや「相談治療（talk therapy）」に頼っていた。しかし、「行動修正（behavior modification）」は、行動の結果、しばしば嫌悪的な結果を強調した。さらに、明確な倫理的ガイドライン、専門的ガイドラインがなかったことで、いくつかの悲劇的な事件が起こり、行動分析学に汚名がそそがれ、その汚名を取り除くことは難しかった。行動分析学の倫理的制御の進歩の多くは、この時代からはじまった。

　嫌悪的な結果による行動の制御法は、目下のところ、他のものと比べて「より制約的な」手続きであり、強化の手続きが試みられた後でのみ推奨される。クライエントやその代理人に嫌悪的な手続きを用いなければならない場合、本人たちの承認が必要である。さらに、プログラムに何らかの弱化の手続きが用いられるなら、代替行動（alternative behavior）に対する強化との併用が必要である。明らかに、倫理的な行動分析家は、行動に随伴する結果を用いるとき、自分の仕事を代替行動の強化に向かわせる。クライエントは効果的な治療を受ける権利があるということと、正の強化（positive reinforcement）を取り続

けるということのバランスをとる必要がある。

　最後に、行動分析家の雇用方法も独特である。現在のところ、私たちの多くは、州の関係部局や私設相談会社に雇われている。したがって、雇用者は第三者である。行動分析家への支払いが患者によって直接行われる場合は、虐待を防止したり、消費者の欲求に応えるようなサービスを保証したり、さらに、サンランド・マイアミの事例で見られたような被害を防いだりするための対抗コントロール（counter control）は十分にあるだろう。関係部局は、資格のある行動分析家を慎重に雇わなければならないし、彼らの活動に対して、いつでも責任を負う必要がある。州であろうと私設であろうと、雇った専門家の活動に注意する必要がある。また、彼らの活動がどのような効果をもたらしているのか、それを監視する必要がある。さらに、ある種の質保証を行う必要がある。しかし、これは、大学の指導者からアメリカの大統領にいたるまで、人の模範となる者が非倫理的な行いをしたときは必ず非難されるという文化で生活する場合、難しい注文であるかもしれない。実際のところ、雇用者は、責任ある行動のためのガイドライン（the Guidelines for Responsible Conduct）に十分に精通していなければならないということになる。雇用者は、仮にできたとしても、ほとんど監視できないところで作業している行動分析家の活動を監視することを心がけなければならない。ここで再び、倫理的行動の責任は、行動分析家に向けられる。行動分析家は、クライエントに危害を与えることがないようにしなければならないし、雇用者の評判に汚名をそそぐことがないようにしなければならない。そのために、最高規範を守る必要がある。行動分析家に不適切な行動や倫理的とはいえないような行動に無理矢理従事させるような雇用者の問題は、頻繁とは言えないが取り沙汰される場合がある。このような場合、倫理的ガイドラインを遵守する行動分析家の姿勢こそが、雇用者の手抜きや利益優先の要望よりも優先されるべきである。行動分析家が第三者に雇われて仕事をするときに出くわす多種多様な複雑な問題は、数ある問題の中で最も難しい問題であるだろう。雇用者の要求を否定することは職を失うことにもなりかねないからであ

倫理的行動の責任は、行動分析家に向けられる。行動分析家は、クライエントに危害を与えることがないようにしなければならないし、雇用者の評判に汚名をそそぐことがないようにしなければならない。そのために、最高規範を守る必要がある。

る。これが、倫理的行動に対する最も手痛い報いであることは明らかである。

　行動分析家は、複雑な問題行動を分析して、人道的で効果的な解決策を見出し、効果的なプログラムを実施し、限られた資源でも、最も拘束的ではない治療、最も効果的なエビデンスに基づいた治療を保証する。行動分析家は、そうすることで、クライエントや社会のためになることをする人たちである。クライエントの権利をいつも擁護しながら、このような成果を確実に達成するというのが、行動分析士資格認定協会倫理ガイドラインの目標である。

第 4 章

最も頻繁に起こる倫理的問題

　大学院の最後の教育課程を終え、授業科目の試験を受け、そして、行動分析士資格認定協会（The Behavior Analyst Certification Board, BACB）主催の総合試験の準備をしている大学院生の生活は多忙である。学位授与式と専門家としての生活の次の局面を楽しみに待ちながら、多くの大学院生は、はじめての職場で経験することに疑問を抱いている。新たな挑戦に一生懸命取り組もうとしながら、彼らはしばしば、「職場は、一体、どのようなところなのだろう？」と自問する。

　極めて頻繁に起こる倫理的な問題はどのようなものなのか、行動的実践家は、公式の組織的な調査は行っていないようである。しかし、倫理のワークショップを行った結果、実践家が直面する倫理的な課題についていくつかの考えが浮かんだ。5年間にわたるニューヨークからカリフォルニアのいたるところで行われたワークショップの後、私たちは、参加者が職場で直面している倫理的問題の中で解決に支援が必要なものを回答してくれるよう求めた。ワークショップが始まって倫理的な訓練を受ける前に、彼らは、私たちのためにシナリオを書いてくれた。500件のシナリオが集まった。それらを最も関連がある行動分析士資格認定協会（BACB）のガイドライン項目に従って分類した。この方法は科学的とは言えないが、合衆国の実践家が直面している問題の片鱗を垣間見ることはできた。いろいろな州で5年間にわたって収集されたこれらのシナリオは、専門的職業人として私たちが直面している、最も重要な倫理的懸案事項や問題を示してくれたと確信している。

有効な処遇を受ける権利（2.10B）

　大差で極めて頻繁に取り上げられた問題は、クライエントが有効な処遇を受

ける権利についてであった。この権利は、いろいろな方法で侵害される可能性がある。それについて、ワークショップの参加者たちは、詳細に記してくれた。

資金提供

効果的な治療を行うための資金が得られないということが大きな関心事であると、実践家は述べた。行動分析学会（Association of Behavior Analysis, ABA）の治療には、たとえ経済的に余裕があっても、経営者は資金を出そうとしないと不満を言った。そしてこの問題にはどうすることもできないと感じていると言った。多くの場合、地域では財政的支援が得られないだけなので、経営者に選択の余地はほとんどないと彼らは思っている。最後に、自閉症スペクトラム（autism spectrum）の子どもを対象にしている多くの専門家は十分に気付いているのだが、ほとんどの保険会社はABAのサービスに払い戻しをしない。このような場合の全てにおいて、資金提供がないと、効果的な治療を受ける権利というのは意味をなさない。

データの確保とデータの偽造

データを集めることは、私たちのやり方がうまくいっているのかどうかを決めるのに必要である。もし親や教師がそれを拒否すると、データ収集は暗礁に乗り上げることになる。よく言われることは、「データを集める時間がない」である。また、「データが全てとは思わない。治療がうまくやれたかどうかは、自分で判断できる」と言う他の専門家にぶつかる実践家もいる。このような非行動的専門家がリーダーの立場にいる場合、彼らはしばしばやりたいようにやる。ワークショップの多くの参加者が、そのような人がデータを偽造して、それを妥当なものとして発表しているという問題を話した。

エビデンスに基づかない代替治療が好まれる

「選択」は、治療の重要な要因である。多くの保護者は、ABAだけに治療を委ねようとはしない。彼らにアピールするものは、特別な食べ物、抱擁、あるいは感覚刺激といったちょっとしたことである。どんなにまともな話をしても何も変わらないように思える。ワークショップの実践家は、代替治療に多くの時間が費やされ、効果的な行動的サービスを実践できないときに、このよう

第4章　最も頻繁に起こる倫理的問題

な挫折を感じる。

権限を持つ者との競合

認定行動分析士（BCBA）が、治療チームの一員として関わる場合でも、精神科医が、原則、監督責任者の場合がある。その職権で、精神科医が治療責任者となり、その治療は医学的治療になる。そのため「効果的な治療を受ける権利」が完全に阻害される場合があるとワークショップの参加者は知らせてくれた。

科学によって支持された最も有効な処遇手続きを推奨する責任 (2.10A)

２番目に最も問題とされる倫理の懸案事項は、科学によって支持された処遇を推奨する責任が行動分析家にあるということに関わる問題である。自閉のサービスを受けている多くの子どもたちの数は増え続けている。それだけ、代替治療の数や種類もいろいろである。

選　択

妥当ではないアプローチをなぜ保護者や専門家は受け入れるのだろう？「選択」がひとつの理由であるように思える。保護者は、自分の子どもに最良と思えるものは、何でもやってみたいと思っている。そのため、妥当な方法はひとつしかないと思いたくない。ひとつの治療的アプローチだけが強く勧められると、保護者はいい気持ちがしない。特に、カイロプラクティック矯正やビタミンの大量投与が子どもに効くと他の保護者から聞かされた親ならなおさらのことである。また、知名度の高いかつての**プレイボーイ・プレイメイト**のような有名人の意見に振り回されてしまう。その人がゲームショーの司会者になって、科学者気取りで「何でもやってみよう」と言ったりする。このような保護者の態度を、ある参加者は次のように表現した。「何でも試してみたら、かならず何らかの効果はある。いろいろなアプローチを提供してあげることは、科学的な背景をほとんど持たない絶望している保護者にとって最善の方策のように思える。その保護者は、希望がほしいのだ」。多様性を好み、ひとつの方法だと飽きてしまうので、いろいろなアプローチを試してみたいと思っている保護者がいると報告した参加者もいた。一方、治療的アプローチをまるで映画

やレストランの評論誌であるかのように思っている保護者もいる。彼らは、新しい映画やレストランを試しても問題がないのであれば、新しい治療を全て試さない理由はないというのである。

専門家や彼らの理論との競合

南東部で開催された6時間のワークショップが終わる曇った日の午後、認定行動分析士の資格を持つある臨床心理の専門家が、他の関連領域の治療家との対応で悩んでいると報告した。彼女の説明は次のとおりであった。「研究領域の背景が治療の方向性を決めるようだ。作業療法士は、感覚間統合を勧めたり、理学療法士は、治療の一部にトランポリンの運動を求めたりする。これらの治療家の中には、運動がどれほど重要であって、トランポリンで跳べば、バランスと筋肉を養うことができると確信している人がいる。彼らは、これによって不適切な行動が少なくなるということを示したデータを一切持っていないのに、感覚間統合が主要な治療であると主張する」

行動分析家の査定は適切に実証できるほど十分である（3.0A）

査定は適切に行わなければならない。それが、私たちの非公式の調査で3番目に頻繁に述べられた倫理ガイドライン項目だった。行動分析家は、データに基づいて決定する。意見や又聞きの逸話で決定してはならない。行動分析士資格認定協会（BACBs）や行動分析士補（BCaBAs）は、ワークショップの討論で他の参加者から強力なフィードバックを受けた。それは、ロールプレイや文書のシナリオの中に、治療を行う前に彼らが十分な査定を行っていなかったということを指摘したフィードバックであった。この情報から、行動分析家が、査定を十分に行わずに介入することがよくあると思われた。もうひとつの不満は、クライエントをよく観察しないで提言する行動分析家についてだった。また、問題のある子どもから教師を解放するため、子どもを他の特殊学級に照会することを日常的に行っている学校組織の行動分析家がいると記したシナリオもあった。

二重関係と利害の衝突（1.06A, B）

　二重関係（治療家が、治療家としての役割を超えていろいろな形でクライエントと関わるという関係）が、倫理のワークショップに参加した行動分析家の第4の関心事であった。贈答品、飲料、スナックを素朴に提供されると、クライエントとの二重関係に引きずられるといろいろ話してくれた。そのことで客観的な対応ができなくなるということはないと彼らのほとんどは主張した。しかし、議論している間中、返礼しなければならないと彼らがしばらく感じていたことは明らかだった。すなわち、「その家族への請求額を少なくしなければならない」と思ったり、サービスを継続して行ってほしいと要請されたらそれに応じなければならないと思ったりした。

　ほとんどの行動分析家は、高額な贈答品や旅行の提供に応じるのは問題になるとわかっている。どこで線引きするかを決めるのが極めて難しい。「200ドルのワインを受け取れないことはわかっている。でも、10ドルの贈答品とカードならいいのでは？」「もちろん、クライエントの家族とヨーロッパに行くつもりはない。でも、彼女の誕生日のパーティに出席するのは問題ないのでは？」

機能査定（3.02）

　「行動分析家が機能査定を行うのは、効果的な行動プランをたてるために必要なデータを入手するためである」。機能査定は、問題となっている行動に関係する制御変数を決定するための査定である。ワークショップの専門家が関心を示した上位5つの事項の中で、機能査定を行う必要性に関わる倫理的問題は、5番目のガイドライン関連事項であった。コメントの多くが、適切な実験的機能査定を行うための情報源がないと語っていた。さらに、他の査定は適切でないと思った、と議論のときに指摘された。専門家としての自分の判断を優先して機能査定をやらずに済ませていると語った人もいた。一方で、記述的な査定の方がやりやすいと語った参加者もいた。

　上位5つの倫理的関心事に次いで、ワークショップのコンサルタントは、さらに5つの関心事を示した。それらをまとめて、上位10の倫理的関心事とした。

その5つは、次のとおりである。

　できる限り制約的な手続きを用いない（4.10）
　代替処遇を評価する責任（2.10c）
　行動系のサービスによって影響を受ける全ての関係者（主に家族）に対する責任（2.03）
　強化と弱化（できる限り強化）（4.05）
　実践を妨げる環境条件（4.03）

　専門家としての意識レベルが行動分析学で高くなるにつれて、実践家は、責任ある行動に対するガイドライン（Guidelines for Responsible Conduct）にますます精通するようになっている。そして、ガイドラインの中から倫理的問題に関連した部分を言及できる。倫理的な問題がひとたび明らかになったら、次の段階は、その状況への対応法を知ることである。第17章「効果的に倫理メッセージを伝える」は、ごく普通に起こる倫理的問題に対する対応法を紹介する。

第 5 章

普通の市民と行動分析家の日常的な倫理的課題

　大人になる道は、多くの落とし穴があってけっして平坦な道ではない。子どもは、大人になる道を歩みながら、地域や宗教、あるいは文化のルールを吸収する。おどろくほどの短期間で、親や親類、さらに教師、ときにはボーイ（ガール）スカウトの隊長が、子どもがいつか倫理的に行動できるようにと道を開いてくれる。このような思いもよらない大人たちは、毎日、子どもにルールを語ったり、子どもの行動に結果を提示したりしている。彼らは、子どもの将来の行動に影響するようなことを自分が行っているとは思ってない。

　いずれにしても、幼い子どもの頃から、全ての市民の倫理的行動について一貫したルールは存在しないと言っていいだろう。中学生がテストでカンニングして、それが見つからなかったら、その中学生は、親や宗教指導者が何と言おうと、カンニングしても構わないと考えるようになるだろう。このような場合、「カンニングするな」ではなく、「気付かれないようにしよう」というのが、ルールとして定着するだろう。放課後の作業をいつもさぼったり、言い訳をして、それで許されている子どもは、大人になって、職場に遅刻したり、年4回の報告書をずさんに作成し、しかも締め切りを守らない理由として手の込んだ説明をでっちあげるようになるかもしれない。子どもから大人にかけての長い時間をかけて、このような経験の結果が蓄積すると、漠然としたルールを持った人間になる。このような漠然としたルールを**個人的な倫理**（personal ethics）と呼ぶ。配偶者をだましたり、高齢の親を見舞いに行くことができない理由をでっちあげたり、他人のインターネットに不正にアクセスする、といった例は、いずれも個人的な倫理にかかわる例である。個人的な倫理と対比されるのは、**専門家**

> 行動分析学の大学院プログラムを受けることを決めた学生は、これまでのルールと異なる世界、そしてこれまでのルールと比べてより系統だった世界に足を踏み入れることになる。

の倫理（professional ethics）である。行動分析学の大学院プログラムを受けることを決めた学生は、これまでのルールと異なる世界、そしてこれまでのルールと比べてより系統だった世界に足を踏み入れることになる。行動分析の新進の専門家が直面する葛藤を理解してもらうため、以下の実例を考えてもらう。

親切な行為

　友だちは、互いに相手から親切な行為を求める。親切な行為には、DVDを共有したり、友人が休暇をとって出かけているときに友人の家を見守ったりといったものから、芝刈り機を貸すといったものまである。友人関係が長ければ長いほど、親切な行為は、ますます親密で複雑なものになる。「良いカウンセラーを紹介してくれない？　夫とうまくいってないの」「妻が尋ねたら、木曜日の夜、君とあいつらとボーリングに行ったと言ってくれないか？」。求めて親切な行為を受けることに慣れた市民が、週に3回、行動分析家の訪問サービスを受け始めると、その行動分析家にも親切な行為を求めるのは当然だろう。「今日、運転中の車の中でジミーの心理治療を行ってもらえるかしら。上の子をサッカーの練習に連れて行かなければならないので」。この要請は奇妙に思えるかもしれないが、本書の第一筆者が指導している修士課程の学生が実際に経験したことである。要請者自身のこれまでの個人的な倫理からすれば、人は互いに持ちつ持たれつということになる。学生は同意した。これが日常的になるのに時間はかからなかった。もちろん、5時頃の往来をくねくねと走るミニバンの、気が散る後部座席の小さな環境で行われた言語訓練の効果はまったくなかった。

ゴシップ

　食料品店のレジで立ち止まると、ゴシップに出会う。それも単なるうわさ話ではなく、興味をそそるような、徹底的に調査した、フルカラーのフォトショップで加工された写真のゴシップである。レジに置いてある雑誌や覗き見テレビでは、ゴシップは、大衆文化や商品業界の公認のひとつとなっているばかりでなく、私たちの社会でも普通の市民からは当たり前のこととして受け入れら

れている。普通に考えると、ゴシップは、面白いし楽しませるもののように思える。そこで、ゴシップの何が悪いの？となる。この態度は非常にいきわたっているので、ゴシップに加わらない人は、特別扱いされる。

> 普通に考えると、ゴシップは、面白いし楽しませるもののように思える。そこで、ゴシップの何が悪いの？　となる。

　専門の領域で、行動分析家は毎日このような誘いに出会う。コンサルタントがしばしば報告するのは、親は他の子どものことを尋ねたがるということである。「マギーはどうしているの？　いくつもの問題を抱えていると聞いたわ」と他の親が尋ねる。私たちが、クライエントやその家族について語ることはできない、秘密の情報を暴露することはできない、ということを知らないのだ。クライエントについて尋ねたがる人にとって、そのような質問は問題ではないようにみえる。誰かの子どものスクープを知りたがる人は、その情報が「秘匿」であると考えずに、一口サイズの面白い情報の塊を毎日収穫しているととらえている。このように他人について語るのはゴシップである。

「ちょっとした嘘」

　対立や非難を避けようとして、自分の動機や過ち、あるいはその他の欠点を「他愛もない嘘」でごまかすのは、私たちの文化で普通に見られるようになっている。彼女はおしゃべりだから彼女とコーヒーを飲みに行きたくないと告げる代わりに、対立を好まない繊細な人は、「甥の誕生パーティーの買い物にでかけることになっているの。ごめんなさい」と言うだろう。もちろん、彼女はそれを受けて、「ああ、それって面白そうね。私もご一緒していい？」と言うだろう。今や、ちょっとした嘘をついた人は、さらなる言い訳、おそらくもっと劇的な言い訳をしなければならない。「そうね。本当は、車の中にたくさんの箱があるの。買い物に出かける前に、簡易郵便でサムの案内書を納入しなければならないの」。すると、「それ手伝ってあげるわ。新しいSUV（スポーツ用多目的車）があるの。それだったらたくさんの箱を入れられるわ。だから、たくさん降ろしてあげられるわ」と、なかなか気付いてくれない友人は答える。本当のことを言わずに言い逃れをするのがごく普通の人は、他人の説明を疑っ

てかかる、という見解がある。反対に、人の微妙な信号を読み取れず、こちらが提供できる全ての嘘の言い訳を切り抜けようとする人も多くいる。

感　　謝

　この国には、いろいろな人がいるが、自分が気に入っている、愛らしく、親しみやすく、礼儀正しい、親切で優しい行動分析家に贈り物をしようとするのは、利用者、特に在宅クライエントの普遍的

> クライエントと行動分析家は友人となり、認定行動分析士は、適当な時にお返しをすることが期待される。

な傾向である。結局のところ、行動分析家を、子どもを変えて親に希望をもたらしてくれる命の恩人と考えると、この価値ある人に感謝の印として何かしらの贈り物をする行為は納得のいく行為というしかない。贈り物には、自家製のクッキーだったり、残り物のスパゲッティーだったり（「これは私の秘密の調理法」）、あるいは、週末に家族と一緒にビーチに出かける招待だったり（「それはおもしろい。デイモンと遊べる。砂浜で座って遊んでいるときの彼はどのように見えるだろう」）、いろいろである。一般社会では、クリスマスに、ドアマンやヘアドレッサー、さらに新聞配達人に、いつも心付けをするし、オープンハウス（気軽なパーティー）を行っている友人にワイン１本を贈ったりする。策略に富むクライエントは、自分の認定行動分析士の誕生日を自分で調べて、そのコンサルタントがきっと喜ぶと思えるような贈り物で驚かせようと考えている。チームのロゴ野球帽、スポーツチケット、本、DVD、高価なワイン、出産祝い、新しいCD、含みのあるギフトカード、これらは全て、私たちのワークショップに参加した行動分析家たちが提供されたと報告してくれた贈り物である。贈り物を交換することは、二重役割関係となる。クライエントと行動分析家は友人となり、認定行動分析士は、適当な時にお返しをすることが期待される。

アドバイス

　市民は、互いに自由に忠告を求めたり、忠告を受けたりする。映画、レスト

第5章　普通の市民と行動分析家の日常的な倫理的課題

ラン、ベビーシッターを勧めたり、まばたきせずに医者すらも勧めたりする。このような助言は、しばしば個人的な経験や、明確でないバイアス、未公開の関係に基づいている。「ブロードウェイ東でカーペットの新しいお店が出てるわよ。そのお店で本当にいいものをたくさん手に入れたわ」よく調べてみたら、勧めた人の義理の兄弟が店の経営者だったりする。友人や隣人に、学校や全米不動産協会員を紹介してほしいと求めるのと同じように、多くの人は、生意気な十代や怠け者の夫への最良の対処法を行動分析家に考えてもらうことを要求する。

　行動分析家といえども、専門教育を受ける前は、心理学の課程で何を学んだか、どこの大学院に応募したか、それによっていろいろな問題に自由にアドバイスを求めたり、アドバイスを与えたりしていた市民であった。しかし、ひとたび認定行動分析士になったのであれば、アドバイスのルールはかなり変わる。専門家として、たくさんの職業倫理を吸収し、アドバイスを求められたときどのように何を言ったらよいのか注意深くならなければならない。

　ある教師は、ジェニーの進み具合をチェックするために週に2回、自分の授業に訪れる行動分析家と知り合いになった。ジェニーのデータを話している真最中に、教師は、「ヌンツイオにどのように対処すべきと思いますか？　見て下さったように彼は感情をあらわにします。何かしら行動障害があるように思います。あなたはどのように思いますか？」と質問する。人の行動を専門の倫理規定で導くことは、全ての行動分析家にとってまったく新しい経験である。当意即妙に回答してあげる、あるいは気の利いた言い回しで返してあげたい気持ちはわかるが、正しくは、「ごめんなさい。コメントできません。彼は私のクライエントではありません。回答するのは適切ではないのです」である。（認定行動分析士の責任ある行動のためのガイドライン、1.05a）。

責　　任

　何か間違いが起こると責任を転嫁する、問題を避けるために隠蔽工作をする、無能である証拠を隠す、といった行為が、政治主導者、映画スター、著名なスポーツ選手の間では、国民的娯楽になっている。普通の人は、それに鈍化してしまった。そして、非倫理的な行動が一般の人たちにまで広がり、過失を認め

43

たり告白したりすることは、もはや忘れられた行為となった。自分の子どもが学校で暴れても、その責任をとらない親は、しばしば子どもの指導を自分たちがきちんと行っていないということを認めない。アリバイを設けて、子どもの行動に対して言い訳さえする親もいる（「うちの子の場合、仕方がない。彼は本当に病気なの。父親には飲酒問題があるし」）。そのような親の振る舞いは、子どもたちに興味深いルールを教えることになる。それは、望ましくない結果を防げば、どちら側も責任逃れする行動が強化される。行動分析家は、このような履歴を持っているクライエントが実際にいる可能性があるということを知らなければならない。そして、親の同意が最後まできちんと得られるように次の手を打つことが必要である。子どもが強化子として得点や特権を獲得することが、家庭で親によって行われるような場合は、特に注意しなければならない。

要　約

　倫理の局面を迎える場合、行動分析家は困難を抱えざるを得ない。しかし行動分析家は、「市民」から専門家に変わることが重要である。行動分析家が人生で身に付けた道徳基準が、認定行動分析士で求められているものと行き違いがある場合、道徳基準を捨てて、責任ある行動と倫理的行動についてのどちらかと言えば厳格なガイドラインの方をとるべきである。さらにまた、認定行動分析士や認定行動分析士補は、日々、非倫理的な行動をしているクライエントや専門職の助手、あるいは他の専門家たちとかかわることになるだろう。おそらく彼らは、行動分析家の道徳的な振る舞いに対して誘惑をしたりからかったりするかもしれない。

　これまで知っている倫理観と、新たに学ぶ専門家の倫理、そして責任ある行動に対する倫理ガイドラインはぶつかるかもしれない。しかしそれは、私たちの分野にとって価値ある挑戦であり、そのような葛藤が私たちの専門的職業にもたらす利益と品位のためにも大事な挑戦である。

第2部

責任ある行動のための
行動分析士資格認定協会の
ガイドラインを
理解すること、
そしてそれを守ること

第2部（第6章から第15章）は、行動分析士資格認定協会（BACB）のガイドラインの10のセクションのそれぞれについて問題とする。これらの章では、ガイドラインの文章はイタリック（編註：訳書では網掛け）で示した。私たちが「平易な言葉で」説明したコメントは、シンプルな文章で記した。それぞれのガイドラインの説明には該当事例を作ったが、いずれもガイドラインには示されていない事例である。

第 6 章

行動分析家の責任ある行動
（ガイドライン 1 ）

　専門的職業としての行動分析学は、他の「支援専門職」と比べて独特の方法で発展した。その歴史は比較的新しく、さかのぼると、1960 年代中頃になってからである。そのルーツは実験的行動分析学にしっかりと根付いている。初期の行

> 学習理論に基づくこれらの治療は、苦しみから人々を開放し、効果的な治療をまったく受けていなかった施設の人々の生活の質を劇的に高めると考えられていた。

動分析家はほとんどが実験心理学者であった。彼らは、動物実験の手続きが、人の条件を支援することにかなり応用できると気付いた。人への応用の初期の試みは、動物実験の手続きをほとんど直接繰り返したものだった（Ayllon & Michael, 1959; Wolf, Risley, & Mees, 1964）。これらの手続きは、当時の他のサービス専門家が見捨てた人々に用いられた。当時は、治療の倫理が問題にならなかった時代でもあった。十分な訓練を受けた責任感のある実験心理学者たちは、自らの良心と常識に基づいて人間の価値を尊重しながら新たな治療法を開発した。学習理論に基づくこれらの治療は、苦しみから人々を開放し、効果的な治療をまったく受けていなかった施設の人々の生活の質を劇的に高めると考えられていた。「責任ある行動のガイドライン」などまったくなかった。博士の学位を持つこのような研究者が最先端の治療を行っても、彼らを取り締まるものは何もなかった。彼らの取り組みは、知識豊かな保護者や後見人が見ているところで行われた。今日、彼らの取り組みを再検討しても、倫理的行動という点でほとんど問題はない。何人かの質の悪い無神経な行動分析家が、第 1 章で述べたような倫理的スキャンダルを起こしてしまったのは、かなり後になってからのことである。

　今日、ひとつの分野として、実践活動をしている行動分析家はかなり期待さ

れている。ガイドライン 1.0 は、全般的な責任行動に対するこの関心を述べている。このガイドラインは、私たちの分野の価値体系を示しており、行動分析家を

> 行動分析家を自認したい専門家は、その分野で前向きに行動しなければならない。

自認したい専門家は、この分野で前向きに、実際、非常に前向きに行動しなければならない、と述べている。ガイドライン 1.01 は、行動の科学における私たちの本質を強調している（Skinner, 1953）。このガイドラインは、行動分析家が日々行う決定は行動の科学に基づかなければならないということを行動分析家に気付かせる。過去 40 年間に行われた何千もの応用行動研究を考えると、これは、実際、非常に酷な要求である。現在のところ、行動研究について、およそ 20 を超える世界的な学術雑誌が刊行されている（APA, 2001）。したがって、行動分析家が倫理的になるには、かなりたくさんの「科学的知識」にたえず接触しなければならない。行動分析家に対するもうひとつの期待は、「専門的実践に熟達している」ことである。比較的新しい分野で方法論が日進月歩で進展している場合、これも厳しい要求基準である。初期の行動分析学では、行動を変えるための嫌悪的な手続きの使用を強調した。残念ながら、これが、一部の擁護者や消費者団体からの激しい反発を招いた。行動分析学は弱化を使用しがちであると捉える「嫌悪手続き反対」の運動が起こった。行動分析学は、かなり前に別な方向の専門的技術に移行しているのに、そのような反対運動は今なお続いている。多くの分野で言えることだが、実践家の中には、自分の技能に関して、時代についていけなくなるような人がいる。1975 年に博士号を取得した人で、その分野の潮流に乗れない人に出くわすことが今でもある。このガイドラインは、そのような人たちが、法的責任を持たない人々を傷つけたり、正しい最新の知識に基づいた治療を実践している行動分析家の名声を傷つけたりする前に、彼らを目覚めさせ、現在の標準的な知識に再び触れてもらうことを意図したものであった。

　コミュニティの法律を認識してもらい、高い道義を守り続けてもらうことを専門家に要求してもしすぎることはないと思う。そうでなければ、相手側の素晴らしい名声に汚点をつけることになる。たとえ行動分析学の実践をしなくても、不適切なことが起これば、コミュニティは、行動分析家のやりそうなことだとみるだろう。「地方の高校で、行動分析家が麻薬取引で捕まる」といっ

第6章　行動分析家の責任ある行動

た見出しは誰も見たくない。しかし、まさにそのように見出しは読まれてしまう。複雑な2つの名前を持つ新しい専門的職業であるため、私たちは、ほとんどのアメリカ人に知られていない。専門的職業としての私たちの目標は、真実を語る人、

> 専門的職業としての私たちの目標は、真実を語る人、誠実な人、そして信頼できる人、という素晴らしい評判で場面に徐々に浮上することである。

誠実な人、そして信頼できる人、という素晴らしい評判で場面に徐々に浮上することである。「ほとんど顧みられない10の職種」のリストに、ジャーナリストや公務員と並んで終わりたくはない（BBC Radio, 1999）。行動分析学を実践しようとしている読者への忠告は、たえず自分自身の行動をモニターしてほしいということである。そして、クライエントや一般の人々を相手にするとき、自分の行動が、けっして非難されることがないように、十分に法律の範囲内にあるようにしなければならない。さらに周りの人たちから一人の立派な市民とみられるように行動しなければならない。

　行動分析家が専門的な仕事を行っているとき、彼らの行動は他者から観察されているし、判断されている。この行動分析家は率直で正直な人だろうか？それとも、ちょっとひねくれていて、あてにならない人だろうか？　同僚に対して見下したような話し方をするのだろうか？　それとも敬意を払った話し方をするだろうか？　彼らは、他人のやることを見下すだろうか？　それとも、一緒に作業を進めて育てようとしているのだろうか？　もし私たちの分野を発展させるつもりなら、新たな専門的職業として、私たちは、日々「責任ある行動」を実践することで同僚の全ての人たちから尊敬を得なければならない。この「責任ある行動」の多くの側面はガイドライン1.05で論じられる。全ての行動分析家が「日よけの木の機構（shade tree mechanics[1]）」になってほしくない（ガイドライン1.05a）。自分が提案した治療プランを、クライエントや消費者、他の専門家に平易な言語に翻訳するには（1.05b）、学会の行動研究者向けの専門

> もし私たちの分野を発展させるつもりなら、新たな専門的職業として、私たちは、日々「責任ある行動」を実践することで同僚の全ての人たちから尊敬を得なければならない。

訳註1　あてにできない専門家に任せず、自分で学んでメンテナンスも修理もやってしまう人。

用語を残さない方がよい。

行動分析家に求められている重要な個人的な責務は、家庭やコミュニティで培ってきたあらゆるバイアスを取り除いて、それらを最終的に排斥し、異なる性、異なる人種、異なる民族性、異なる国籍の人々を全面的に受け入れ、差別せずに対応することを学ぶことである。行動分析家が、自分たちと異なる人種や異なる社

> もし読者が大学院の学生で、自分の評価にかかわるような問題を目にすることがあれば、今こそ、自分がおかれている状況を省みて、それらの問題について指導教授と率直に話をする良い機会である。この領域で自分が将来成功するための暗示にもなる。

会経済的な立場の人を別扱いすることは受け入れられない。これは、私たちの分野に新たに入り込もうとする人たちにとってかなり無理なことかもしれない。また、別な価値体系をどれだけ信じているかによって（つまりこれまでの条件づけの強さに応じて）、これは重大な課題となるかもしれない。大学院生で自分の価値観にそぐわない問題と思えるなら、まさに、自分がおかれている状況を省みて、この問題と自分が将来この分野でうまくやっていけるかどうかについて指導教授と率直に話をする良い機会である。もし読者が大学院の学生で、自分の評価にかかわるような問題を目にすることがあれば、今こそ、自分がおかれている状況を省みて、それらの問題について指導教授と率直に話をする良い機会である。この領域で自分が将来成功するための暗示にもなる。

性的ハラスメントは、アメリカの文化では、なくすことができないやっかいな問題である。毎年、13,000件を超える告訴が手続きされている。そのうちの85％は、女性からのもので、問題解決の罰金は、毎年5,000万ドルにまでも達している（U.S. EEOC, 2004）。性的ハラスメントは、ある種の性的差別であり、1964年の公民権法（the Civil Rights Act）のVII章を侵害する行為である。ほとんどの専門家は、これに気付いていると思われる。しかしながら、クラレンス・トーマスに向けられたアニタ・ヒルの証言の中でも記されているように、弁護士でさえ、この卑劣ともいうべき虐待を行っている（Hill, 1998）。性的ハラスメントには、不快な誘惑であったり、性交渉の要求などがあったりするが、かなり深刻で波及性の高いような行動もある。さらに、虐待的な職場環境を生み出すような行動もある（Binder, 1992）。

行動分析家でも、個人的な生活面で問題を広げる可能性がある。慢性的な病

第6章　行動分析家の責任ある行動

気、面倒な離婚、アルコール中毒などは、ほとんどの人を破滅させる。そして、あらゆる専門職で言えることだが、自分の個人的な問題によって、良質のサービスの提供ができなくなるようなことがあってはならない（ガイドライン 1.05f）。こ

> いずれにせよ、クライエントに対して、自分の義務を果たせないと思うなら、今こそ、信頼できる同僚と腹を割って話すべきである。

の問題には、第1章で述べた「信頼できる同僚」モデルで対応するのがベストである。このモデルでは、専門家としての生活に影響しそうなさまざまな問題について、率直で正直な頼れる人との関係を発展させることが勧められる。いずれにせよ、クライエントに対して、あるいは職場で、自分の義務を果たせないと思うなら、今こそ、自分の考えを決めるために、そして、自分の意見を整理してもらうために、信頼できる同僚と腹を割って話すべきである。自分の生活を取り戻す間、休職をとる人もいるだろう。この間、他の行動分析家にクライエントをきちんと守ってもらえるようにしなければならない。また、あなたに代わって委員会の一員になってもらう必要がある。

　有能な行動分析家は、地域で多くの仕事を抱えている。そして、何らかの利害関係の対立に遭遇しやすい（ガイドライン 1.06）。そのような対立が起こるのは、彼らが多忙だからである。彼らは、クライエントの取り扱い件数が多く、他にも、ピアレヴュー委員会の委員を務めたり、州協会で選ばれた代表者であったり、地元の保護者と教師の会で何らかの責任を抱えているかもしれない。隣近所の人が子どもの行動の問題で支援を求めてきたときや、身内が個人的な問題を解決してくれと訪れてきたとき、利害関係の個人的な対立はさらに深刻になる。公務員や州の組織の何らかの役職にある行動分析家は、ある問題に関する組織の立場が、彼らの雇用者の立場と食い違っていることに気が付く場合がある。身内に惜しみなくアドバイスを提供する行動分析家は、プログラムがうまくいかないとき、あるいは、彼らのアドバイスが学校心理士やカウンセラーが勧めていることと反する場合、その人を疎外するリスクを負う。最良の解決策は、事前にそのような事態を避けることである。しかし、ガイドラインによれば（ガイドライン 1.06c）、行動分析家は、

> 身内に惜しみなくアドバイスを提供する行動分析家は、プログラムがうまくいかないと、その人を疎外するリスクを負う。

あらゆる被害が生じる前に、それらの問題を解決しなければならない。

行動分析学という専門的職業は、過去40年にわたって大きくなった。そのため、行動分析家は、彼らの技能によってますます尊重されるようになった。また、

> どちらの側も、一方が主導権を握っている場合、その人がたとえ行動分析家であっても、搾取が起こる可能性がある。どちらもその可能性に気を付ける必要がある。

強力な影響力を行使する権限を持つようになった。当初は、治療家ないし個別指導者でしかなかった彼らは、いまや心理学科長を務めたり、大きな居住型施設の最高責任者であったり、あるは主要なコンサルティング会社の所有者であったりする。そのような立場にあると、もっとも倫理的な配慮ができる行動分析家でさえ、誰かの承認を得なくても采配を振るうことができると思っているかもしれない。博士号を持っているコンサルティング会社の社長は、自分の会社の修士レベルの相談員に対して、ある手続きを提唱しろと指示することができる。また、超過請求を促したり、業務中に競合相手の様子を探らせたりすることもできる。倫理的な修士レベルの相談員なら、そのような圧力に抵抗してくれるだろう。しかし、もし配慮がなされなければ、力の格差によって、指示を受けた者は搾取されるだろう。指導者は、実習科目の単位を与える見返りに学生から利益を搾り取る。理論的には、行動分析学の教授陣も同じことをするかもしれない。あるいは、ときおり報告されているように、学生たちは、良い成績をもらうために利益を提供するかもしれない。したがって、どちらの側も、一方が主導権を握っている場合、その人がたとえ行動分析家であっても、搾取が起こる可能性がある。どちらもその可能性に気を付ける必要がある。

■ 行動分析家の責任ある行動（1.0）

行動分析家は、専門職団体における高水準の専門的行動の基準を維持する。

ここで述べられている専門家の行動というのは、私的な行動、あるいは日常的な行動とは区別される。これが意味することは、勤務しているとき、あるいは団体や組織の代表を務めている委員会で仕事をしているとき、その団体が求める基準を守らなければならないということである。このような行動として、

正直、誠実、信頼性、守秘義務、信用性などがある。

◇ **事例1.0：恒例の駆け引き**

認定行動分析士補（BCaBA）であるジェーン・Pは、州団体の指名委員会で勤務している。彼女は、同僚のイレイン・J博士が委員に選ばれることを強く望んでいる。ジェーンは、知り合いの認定行動分析士たち（BCBAs）に働きかけた。彼らに、J博士がこの仕事に絶対に最適の人であると告げた。ジェーンは、友人のJ博士が選ばれたなら、自分が委員会に影響力を及ぼすことができるとわかっている。

このジェーンの駆け引き戦略は倫理的に問題である。なぜであろうか？

■ 科学的知識に対する信頼 （1.01）

> 行動分析家は、福祉サービスの提供において、科学的・専門的な判断を下す場合や、学術的・専門的試みに取り組む場合は、科学的・専門的に得られた知識に依存する。

行動分析学が他の学問と異なる点のひとつは、実践的な活動の基盤として科学的な証拠に依存するという点である。査定を行う場合、その方法は、原則として、行動の系統だった観察と機能査定についてのいくつかの方法のどれかひとつに基づかなければならない。インテークのとき、家族や保護者から情報を得ようとする。しかし行動分析家は、何らかの結論を導くことができる客観的なデータを信頼する。同じことは、行動に変化が起こったのかどうかを決定するために治療データを収集するときにも言える。学会で研究や実践の結果を発表したり、論文にして発表したりする場合、重要なのは、用いた方法や得られたデータを最高レベルの正確さで記述することに努めることである。

■ 能　　力 （1.02）

> （a）行動分析家がサービスを提供し、教育を行い、研究を行う場合は、自らの能力の境界内において行う。また、自らの教育と、訓練と、スーパービジョン経験、ないし適切な専門職経験に基づいて行う。

行動分析家の能力の限界を見極めることは難しい場合がある。しかしながら、自分が正式に訓練を受けたことのある領域でのみ実践活動をしなければならない。

◇ 事例1.02A：児童心理
　中西部の小さな大学の教授であるサンドラ・F博士は、児童心理学の講座の担当を求められた。F博士は、博士号を持った認定行動分析士（a Doctoral-level Board Certified Behavior Analyst, BCBA-D）で、大きな大学で博士号（Ph. D.）を取得している。彼女は、恐怖症の子どもを対象に学位論文を書いたが、このテーマに特化した大学院の講座やセミナーを受けたことはない。
　F博士は、講座開講の要請にどのように応えるべきだろうか？

> （b）行動分析家が新しい領域でサービスを提供し、教育を行い、研究を行うときは、まず適切な学習と、訓練と、スーパービジョンを受け、およびまたはそれらの領域や技法に堪能な人々のコンサルテーションを受けて行う。

　訓練を受けた領域外の実践をしなければならないと思ったなら、その新たな領域でさらなる訓練を受けようとしなければならない。

■ 専門職開発（1.03）

> 査定や、治療や、教育や、研究や、組織コンサルテーションや、その他の専門職活動に携わる行動分析家は、適切な文献を読み、会議や学会に参加し、ワークショップに参加し、およびまたは「行動分析士資格認定協会」（BACB）の免許を取得して、自らの活動領域における現在の科学的情報と専門職情報の妥当な水準を維持するとともに、継続的に努力して自らが用いるスキルの能力の維持を図る。

　行動分析家は、自分が専門とする領域の動向を知っていなければならない。すなわち、自分の専門に関わる学術雑誌を定期購読して、それを読む必要がある。さらに、自分の業務や研究、治療に特化した学会やワークショップに参加しなければならない。

第6章　行動分析家の責任ある行動

◇ 事例1.03：時代遅れは容認できない

認定行動分析士（BCBA）であるトニー・Hは、地域の行動分析学審査委員会の委員長である。彼は、最近行われたいくつかの会合で、発表者の一人が、かなり時代遅れの行動的治療を行っていることに気が付いた。その発表者も、BCBAであった。彼は、治療家としての長年の経験がある人で、コミュニティでは良く知られた人である。他の委員は、会合が終わったとき、彼が聞こえないところで困ったものだと時折コメントするようになった。

このような状況でトニーは、専門家として気を利かしたやり方でどのように対処できるのか提案しなさい。

■ 完全性（1.04）

> （a）行動分析家は正直で誠実である。行動分析家は、質の高い仕事に対する義務と専門家としての責任（コミットメント）を最後までやり通し、自分が維持できない専門家としての約束（コミットメント）は行わない。

これは至極当然のことである。すなわち、クライエントには正直であれ、本当のことを告げなければならない、ということである。仕事が山のようにあって、その日のうちにクライエントの家を訪問できないのであれば、そのように伝えればよい。ホリーちゃんが3語の言い回しをしゃべり始めるには、数週間にわたる言語行動療法が必要であると考えるなら、それを親に伝えればよい。さらに、全ての約束を果たすための自分自身の個人的な基準をたてるとよい。

> （b）行動分析家の行動は、行動分析家がその一員である、社会的、専門的共同体の法律と道徳の規範に準拠する。

サービス提供にかかわる州の法律を知らなければならない。また、自分が属するコミュニティの道徳的価値や社会的価値を知る必要がある。行動的手続きが非常にさまざまな状況や場面で機能することはわかっている。しかし、それは、行動分析家がコミュニティの重要な一員としての信頼を得て、専門家のコミュニティによって規定された、行動についての非公式の社会的規範の範囲で仕事をしているからである。

◇ 事例1.04：失われた環

　J博士は、大きな大学に採用され、そこで教鞭をとることになった。彼は、そこで自傷行動（self-injurious behavior; SIB）の研究室を立ち上げることになっていた。彼のこれまでの研究は、嫌悪刺激の有効性を強調したものであった。自傷行動の連鎖の初期反応に嫌悪刺激を随伴すると、それに続く反応の出現確率がかなり低減されるという研究だった。その成果は一流の学術雑誌に発表された。J博士は、研究室で仕事をしてもらうために雇った認定行動分析士補（BCaBAs）の一人から、この研究は州の法律で認められないと聞かされてショックを受けた。その法律は10年ほど前に通過した法律だった。
　J博士が、次にとるべき是正手段は何であろうか？

> （c）行動分析家の活動は、その活動が自らの仕事関連の機能の一部か、その活動が本来行動分析学的であるときにのみ、ここに示すガイドラインの管理下に置かれる。

これらのガイドラインは、実践活動や、行動の基本原理にかかわる他の活動を対象とする。

> （d）行動分析家の倫理的責任が法律と対立する場合は、行動分析家はここに示すガイドラインを尊重することを明らかにし、法律に従って、責任ある仕方で、その対立を解決するための措置を講ずる。

ここで述べられているガイドラインと州の規則との間でどちらに従ったら良いのか悩むような状況にあるのであれば、規則を破ることなく、この問題を解決しなければならない。行動分析家が倫理的に実践するときに最も頻繁に経験する葛藤に関わる法律は、守秘義務に関する州の法律である。クライエントの安全が危険にさらされていて、それを他の人に知らせなければならない場合に行動分析家は葛藤を感じる場合がある。

■ 専門的、科学的関係（1.05）

> （a）行動分析家は、行動系の診断や治療、教育や研究、スーパービジョンやコンサルテーションなどのサービスと、そのほかの行動分析学的サー

第6章　行動分析家の責任ある行動

> ビスを提供する。ただしそれらは、定義され、報酬が明記された、専門的、科学的関係ないし役割という文脈において行われる。

　何らかの権限がない状況で、治療を自ら買って出るようなことをしてはならない。家族や機関に対して無償奉仕活動を行う場合、自分の役割と責任を明確に規定しておく必要がある。彼らには、資格や権限について明確に知らせる必要がある。この関係を何かしら文書に記しておくことが望まれる。

> （b）行動分析家が、査定や評価、処遇やカウンセリング、スーパービジョン、指導、コンサルテーション、研究やその他の行動分析学的サービスを、個人や集団や団体に対して提供するときは、それらのサービスの受け手が十分理解できる言語を用いるようにする。行動分析家は、行動系のサービスを提供する前に、そうしたサービスの特徴についての適切な情報を提供する。さらに後には結果と結論について適切な情報を提供する。

　専門家でない人を対象とする場合、英語を話すこと。そして、介入の前やフォローアップのときに実施することを彼らがきちんと理解できるように努めなければならない。

◇ **事例1.05　ありがたくもない**

　マシュー・Tは、ごく最近大学を出たばかりの認定行動分析士補であった。そして、行動分析家としてはじめての仕事に取り組んでいた。彼は、自分が新発見した知識を持っているということを自分のクライエントたちに印象づけたかった。そこで、タクト、マンド、オートクリティック、コントロール手続きといった言葉を患者との会合の中でまくしたてた。彼のスーパーバイザーは、患者たちから「彼が何を語っているのかまったくわからない。ぞっとする」という不満をぶつけられた。

　スーパーバイザーは、この認定行動分析士補と彼が何でも専門的な方法で語ることについてどうすべきであろうか。

> （c）年齢や性別、人種や国籍、性的指向や障害、言語や社会経済的地位などにおける違いが、行動分析家の特定個人や集団に関わる仕事に対して著しい影響を及ぼす場合は、行動分析家は必要な訓練や経験、コン

> サルテーションやスーパービジョンを受けて、サービス遂行能力を確実に獲得する。さもなければ適切な照会を行う。

普段対応している人と異なるクライエントに関わる場合、別な専門家からの助言を求めるべきである。あるいは、別な行動分析家へクライエントを照会することを考えた方がよい。

> （d）行動分析家は、仕事関連の活動において、個人や集団、年齢や性別、人種や民族、国籍や宗教、性的指向や障害や社会経済的地位、その他法律で禁止された何らかの根拠に基づいて、差別をしてはならない。

いかなる理由があろうとも、仕事関連の活動で他者を差別することは倫理的とは言えない。他者が自分とは異なるという理由で、彼らを不当に扱ってはならないし、十分ではない不満足な治療を行ってはならない。

◇ 事例1.05D：宗教上のジレンマ
　アフメトの心は、いつも心理学に向けられていた。そして、行動分析士資格認定協会が提供する助手の試験を受験するため、学部の特別能力別編成クラスをとった。彼の成績は良かった。実習科目の記述的機能査定の成績は素晴らしかった。彼がはじめて仕事に就いたとき、小学生のクライエントの中にイスラム教スンニ派の生徒がいることがわかった。アフメトは、これを自分の親に伝えたところ、彼らは怒り狂って宗教的に敵対する派のこの生徒と彼が一切関わってはならないと主張した。
　アフメトは、非常にきわどい状況にいる。彼はこの問題にどのように対処すべきであろうか？

> （e）行動分析家は、法律に従って、その仕事で関わる人々に対して、その人の年齢や性別、人種や民族性、国籍や宗教、性的指向や障害、言語や社会経済的地位などの要因に基づいて、嫌がらせや屈辱を与える行動に、意図的に従事しないようにする。

行動分析家は、自分に向けられる他者の反応に敏感でなければならない。他者に性的な誘いを行ったり（「浮気をする」）、他者の身長や体重、性的指向、年齢、その他の人目を引くような特徴について、他者を悩ませたり、他者の人格を傷

第6章　行動分析家の責任ある行動

つけるようなことをするのは、適切ではない。

> （f）行動分析家は、自らの私的問題と葛藤が、職務の効果的遂行（エフェクティヴネス）を妨げる恐れがあることを認識する。行動分析家は、自らの個人的な状況が、できる限りのサービスを提供することを危うくする恐れがある場合は、サービスを提供することを差し控えるようにする。

行動分析家として自分自身の行動に絶えず目を向けなければならない。そして、ストレスや生活の変化（例えば、家族の死とか離婚）、あるいは何らかの葛藤が自分の専門業務の遂行に好ましからざる影響をもたらすときを知る必要がある。そのような場合、自分の問題が解決するまで、自分のクライエントを別な行動分析家に対応させる必要がある。

◇ 事例1.05F：置き去りにされる

ある40代の認定行動分析士であるステラ・Vは、1日長い時間をかけて行動を分析して帰宅したところ、夫が自分を置き去りにして家を出たことを知った。彼が残したメモには、「自分の妻が家にいないのは、やりきれない。結婚して10年が経って君は変わってしまった。自分探しの旅に出る」と書き残されていた。このことを気にしていないと彼女は皆に言っていたが、ステラの業務内容はひどくなった。そして、機能査定についてのフィードバックに異常なほど神経質になっているように見えた。ある保護者ミーティングの途中で彼女は退席して「もうこれは手に負えない」と言ったりした。ステラの同僚は、彼女のこと、そして彼女の最近の業務について心配している。

行動分析家として、彼ら同僚はステラの個人的な問題にどのように関わるべきだろうか？

■ 二重関係と利害の衝突（1.06）

> （a）多くの地域社会や状況においては、行動分析家がクライエントや学生、スーパーバイジーや研究参加者と、社会的接触やその他の非専門的接触をすることを回避することは実現可能ではなく、妥当でもないこと

> がある。行動分析家は、その他の接触が自分の仕事と自分の処遇する人々に及ぼす潜在的に有害な影響について、常に敏感でなければならない。

　行動分析家は、自分たちのクライエントと交際することをできる限り避けるべきである。というのは、交際によって行動分析家は客観的になることが難しくなり、場合によって、クライエントに危害をもたらしたり、彼らを搾取したりする可能性が出てくるからである。指導している人、学生、あるいは研究参加者には、普段の付き合い以上の関わりを避けることは賢明である。そうでないと、学生や指導している人の場合、えこひいきをしていると思われるかもしれないし、研究参加者の場合、彼らの参加にバイアスをかける可能性があるからである。

◇ 事例1.06：小さな町の行動分析士

　ある小さな町に暮らしている行動分析士が、自分の妹から彼女の息子に行動分析学会（Association of Behavior Analysis, ABA）のプログラムを実践してほしいと求められた。この町には、他に行動分析家はいなかった。この事例に関わることで、その行動分析士は、妹との間でやっかいなことになる問題をかかえることになる。

　この行動分析士にとって最も望ましい対応は何であるか？

> （b）行動分析家は、いかなる人とであれ、個人的、科学的、専門的、財政的、あるいはその他の関係を持つことや約束を交わすことが、行動分析家の客観性をかなり損なうか、行動分析家としての職務を効果的に遂行する行動分析家の能力を別の形で妨げるか、相手方を傷つけたり搾取したりするように見える場合は、そういう関係に入ったり約束したりすることを自制するようにする。

　学生や仕事関係の人々との二重関係は、次のような場合、避けるのが最善である。二重関係によって行動分析家として効果的に能力を発揮することができなくなると思える場合、あるいは、何らかの方法で他者を害する可能性があると思える場合である。

> (c) 不測の要因によって、潜在的に有害な多重関係（すなわち、利害が対立する合理的な可能性や、不当威圧が存在する関係）が発生したことに、行動分析家が気付いた場合は、影響された個人に最大の利益をもたらすよう十分考慮し、ここに示すガイドラインを最大限遵守することによって、それを解決するよう努力する。

　クライエントや他の専門家と望ましくない二重関係になってしまうと気付いたなら、その人の利益を最優先にして、これらのガイドラインを当然重視しながら、その状況を解決する必要がある。

■ 搾取する関係（1.07）

> （a）行動分析家は、学生やスーパーバイジーや従業員や研究参加者やクライエントなど、自らが監督する権限や評価する権限やその他の権限を持つ人々を搾取してはならない。

　行動分析家は、指導の対象者であろうとなかろうと、あるいは何らかの影響力を行使できる人であろうとなかろうと、あらゆる人々を利用したり、食い物にしたりしてはならない。

> （b）行動分析家は、クライエントや、学生や、訓練中のスーパーバイジーなど、行動分析家が評価的権限や直接的権限もつ人々と、性的関係もってはならない。そういう関係は容易に判断を狂わせ、または搾取するようになるからである。

　クライエントや学生、あるいは指導する者と性的関係に巻き込まれてはならない。そのような関係によって、判断は狂ってくる。さらに、相手方から搾取されたり、あるいは弱みを握られたりする可能性もある。

◇ 事例1.07B：独身者同士の接触
　ビルは、30歳の独身の認定行動分析士であった。彼は、ある大きな州の施設で、クライエントに臨床的実践を行い、さらに研究を行っていた。地方の大学で心理学と特殊教育プログラムで素晴らしい取り組みをしていた。あるセメスターでビルは、彼が指導している学生の一人であるクリスティという女子学生に魅かれた。

その思いはクリスティも同じようであった。彼女は、自分も独身でいつでもデートに応じられるということをビルにあえて知らせたからである。

二人が互いに惹かれているように思えること、そして、二人とも大人であることから、ビルがクリスティをデートに誘うことに問題はまったくないように思えるがどうであろう。

> （ c ）行動分析家は、クライエントと物々交換しないよう警告される。それがしばしば（ 1 ）臨床的に禁忌となり、（ 2 ）搾取的関係を形成しやすいからである。

物々交換とは、支払いの代わりに物品やサービスを交換することである。これは強く禁じられている。というのも、一方が合意による均等な見返りを受けていないと思ったとき、物々交換はうまくいかなくなる可能性が高いからである。

◇ 事例1.07C：「食べ物のために働く」

ジュリー・S.は、子どもとその家族に行動的サービスを提供している認定行動分析士であった。彼女は、ロジータとマニー・G・ロジータの子どもの二人に対して彼らの家庭でサービスを提供していた。マニーは、非常に評判が良いメキシカンレストランを経営していた。あるとき訪れると、ロジータは、ジュリーに行動的サービスへの支払いを小切手ではなく自分たちのレストランでの食事の提供で対応したいと持ちかけてきた。

ジュリーは、ロジータのグアカモーレのチーズスープやブルーコーンタマーレがとても気に入っており、特にマルガリータは好物であった。ジュリーが支払い請求可能な時間とレストランでの勘定書きを綿密に見比べる限り、このような双方合意のやり方は、ガイドラインに抵触することはないように思えるがどうであろう。

事例の回答

◇ 事例1.0：恒例の駆け引き

ジェーンは、ガイドライン1.0に違反している。彼女は、専門家として守らな

ければならない行動規範を守っていない。彼女は、自分の利益のために、ある人の参政権を友人に働きかけようとしている。彼女には隠された思惑があった。彼女は正直ではない。彼女は、役員として果たすべき役割、すなわち客観的で公明正大という役割をも果たしていない。役員の立場にあるなら、彼女は、他の認定行動分析士にそのようなやり方で投票に影響を及ぼすようなことをしてはならない。

◇ 事例1.02A：児童心理
　教授は、学科長に会って、自分がその領域で正式な訓練を受けていないという理由で、また、行動分析士資格認定協会では、行動分析家は自分の「能力の範囲内」で活動すべきであるということが求められているという理由で、その講座を担当する気になれないということを伝えた。教授は、「子どもの行動分析学と治療」という講座を提案した。この提案は、学科長の承認を得た。

◇ 事例1.03：時代遅れは容認できない
　トニーは、会合が終わってからその行動分析士にとどまるよう求めた。そして、控えめな口調で、その行動分析士が、気付いて気にとめてくれると思って、自分が出席した会合で話をしてくれた人のことを話題にした。このようにしても、前向きになってくれなかったので、トニーは少々大胆にも、その行動分析士にケースに該当すると思える行動的治療に関するいくつかの最近の論文に目を通すよう求めた。それでも関心を示す兆しがなかったので、トニーはついに、「あなたのクライエントが心配だ。きっと彼らは、最良の治療を受けていないだろう」と言った。トニー・H. は、行動分析士資格認定協会のガイドライン1.02の規範を指摘しているので、プロ意識の強い機転の利く人である。

◇ 事例1.04：失われた環
　州の中には、発達に遅れのある人たちや、州政府機関からサービスを受けている人たちに治療と称して「有害な刺激や苦痛をもたらす刺激を使用すること」を認めていない州がある。J博士は、彼が非常に関心を持っていたテーマである非随伴的な強化（NCR）の使用といった別なタイプの問題に彼の治療の焦点を変える必要があった。

◇ 事例1.05：ありがたくもない
　認定行動分析士補のスーパーバイザーは、その認定行動分析士補と面会して、彼が使った専門用語をそれと意味がかなり近い英語に翻訳するようにと言い聞かせた。そのスーパーバイザーは、行動的な専門用語に言い換えることができる日常語のリストを彼に手渡し、それらを使って実践活動を行うよう促した。次に会った後、スーパーバイザーは、当該家族がこの行動分析士補にこれまでよりもっと満足しているかどうか調べるためにその家族に相談した。

◇ 事例1.05D：宗教上のジレンマ
　宗教、民族性、あるいは国籍を理由に、ある人を治療しないというのは、ある種の差別であり、行動分析士資格認定協会（BACB）のガイドラインでは許されない。違法でもある。つまり、アハメドは、子どもを差別することはできないし、子どもの親を満足させるための治療を拒むこともできない。もしアハメドがどうしても公平な立場をとることができないのであれば、彼は、別な行動分析士を照会しなければならない。さらに、アハメドは、自分が選択した領域で自分が果たすべき責任を考え直す必要がある。

◇ 事例1.05F：置き去りにされる
　行動の観察者として特別な訓練を受けたとしても、行動分析家は、自分自身の行動を見つめることができない場合がある。また、自分の行動が他者にどのように影響しているのか理解することができない場合がある。ステラに近い人が、彼女の傍らにいて、彼女に何らかの手を差し伸べてあげる必要がある。理想を言えば、それは同僚であるかもしれない。しかし、彼女のスーパーバイザーでもよい。この場合の倫理的問題の重要な点は、基準に則って仕事を行っていない同僚に声をかける義務が行動分析士にはあるということである。この場合、スーパーバイザーは、ステラに休暇を願い出るよう指摘し、彼女の生活が元に戻れるような機会を提供することかもしれない。

◇ 事例1.06A：小さな町の行動分析士
　この行動分析士は、このケースを持たないことになった。そして、彼女の妹のケースを喜んで引き受けてくれそうな人を探してもらうべく州の協会に連絡した。

彼女は、さらに地域の学校組織にも連絡して、妹がサービスを受けられるかどうか相談した。例えば、もしこの地域が他に行動的サービスを提供する人がまったくいないような片田舎であるなら、行動分析士の資格を持っていない人に子どもの面倒を見てもらうことも必要かもしれない。その場合、行動分析士は、他の専門家たち（例えば、有能な教師）に行動的スキルを訓練したくなるかもしれない。そうであれば、他の人がその家族のケースを担当することはできるだろう。

◇ 事例1.07B：独身者同士の接触

行動分析家は、クライエントや学生、指導している者と性的関係を持ってはならない。そのような関係を持つことは、行動分析家の判断をゆがめることになるかもしれない。また、これはある種の搾取にもなりうる。デートもこのカテゴリーに入る。もしビルが、クリスティが理想の女性であると信じているなら、彼女のインターンシップが終わって、彼女と仕事ではない関わりが持てるようになるまで、ビルは待つべきである。関わりの内容に応じて、クリスティの指導を他の人にお願いするのは適切であるだろう。

◇ 事例1.07C：「食べ物のために働く」

行動ガイドラインは、行動分析家が物々交換をしてはならないと警告する。その理由は、物々交換そのものが倫理的に問題を起こす場合がしばしばあり、クライエントとの関係が、ある種の搾取的な関係に陥る可能性があるからである。どちらかが不均衡感あるいは不公平感を持つ可能性も大きい。ロジータとマニーが、治療がうまくいっていないと思ったり、自分たちの子どもがなかなか良くならないと思ったりしたとき、レストランでの素晴らしいサービスをジュリーにしなくなるかもしれない。一方、ジュリーにしてみれば、一生懸命時間をかけて行っている実践は、さらなるマルガリータに値すると思うことがときどきあるだろう。このような可能性は際限のないものになり、結局、口げんかに終わるかもしれない。そのようなお膳立ては、ジュリーがクライエントに提供した上質の行動的サービスとほとんど関係がないのである。

第 7 章

クライエントに対する行動分析家の責任
（ガイドライン2）

　行動分析学が実験心理学者によって研究されていた草創期、彼らは福祉施設の居住ユニットの人たちを被験者にして、彼らに行動の原理を適用していた。その当時、責任が関わるような問題は皆無だった。責任は明らかに雇用者にあった。このような草分けの行動分析家は、ほとんどの場合、臨床心理学の教育訓練を受けていなかった。彼らは学習理論から導き出された手続きを用いれば行動を変えることができると信じていた。「クライエント」（当初この言葉は用いられなかったけれども）は、行動分析家の雇用者だった。ケースによっては子どもの両親が「クライエント」となる場合があった。

　クライエントの「治療を受ける権利」という問題が、アラバマ州で起きた**ワイアット対スティクニー**（1971）の重要な訴訟問題として明るみに出たのは1974年になってはじめてであった。この事例では、施設で処遇される精神障害者が個別化された治療を受けたり、施設を退院して地域で暮らしたりする権利を有することが議論された。この訴訟では、実際は、処遇それ自体が直接問題にされたわけではなかったが（問題とされたのは、専門家の増員、施設設備の改善、および患者が受ける週当たりのシャワー回数だった）、**治療を受ける権利**という語が法的な場に持ち込まれ、大きな衝撃を与えることとなった。そして、全ての心理学者（行動分析家を含む）に、パラダイム・シフトが起こったということを認識させることとなった。行動分析学の領域にいる私たちは、自分たちの「クライエント」が自分たちの手続きによって危害を被る可能性があるのではないかとすぐに敏感になった。そして「クライエントたちの権利」が皆の新しい合い言葉になるまでさして時間

> ワイアット対スティクニー（1971）の訴訟は、行動分析家にパラダイム・シフトが生じたことを認識させた。

はかからなかった。最初の審理裁判官であったフランク・M・ジョンソン・Jrは、後にワイアット基準として知られるものを説明した。この訴訟は先例となり、全ての精神衛生や知的障害の専門家に、自分たちの実践は人道的な環境で与えられなければならないということを認識させた。そのような環境とは、十分な資格を持った職員がいて、個別化された処遇プランがあり、しかもその処遇はできるかぎり制約的ではない環境の中で提供されなければならないといった環境であった。

　ワイアット裁定を踏まえて、在宅型施設で暮らすクライエントのために働くことになったら、施設のために最善を尽くす義務が生じる。それだけでなく、処遇を受けたことで利用者が絶対に危険に晒されるようなことがないように、処遇を受ける側の人に対する責任も生じる。「行動専門家」(その当時、彼らは行動分析家とまだ呼ばれていなかった)の初期の関心事は、「クライエント」の行動を単にスタッフにとって都合の良いように操作することであった。例えば、失禁してしまうクライエントには罰を施して、それによって、職員がおむつを交換しないですむようにした。そのうち、倫理的に言えば、処遇計画に盛り込まれた手続きによって影響を受ける可能性のある人(スタッフ、保護者や後見人、他の施設利用者)だけでなく、実際のクライエントのニーズを考慮することこそが正しいということが明らかになった。このことは、すぐに行動専門家の職務をかなり難しいものにした。1970年代の終わり頃には、行動分析学は広く知られるようになり、そして普及した。行動分析家は、クライエントのために正しい処遇を決定するために、他の専門家と一緒になって「生活支援チーム」を組むようになった。そのため、他の専門家とのコンサルテーションや共同作業に関する問題が噴出するようになった。さらに、関係者の役割が分化し始めた。そして、「第三者」が関わることについての懸案事項が表面化した。クライエント(第一者)が行動分析家(第二者)を雇う。この両者の間には恐らく利害関係のもつれはないだろう。行動分析家が提供したサービスにクライエントが満足しなかったなら、その行動分析家を解雇できる。同様に行動分析家もクライエントのニーズを満たすために最善を尽くす。それによって、サービスに対する支払いを受ける。このような取

> ワイアット裁定を踏まえると、処遇を受ける側の人に対する責任が行動分析家にはあることは明白だった。

第7章　クライエントに対する行動分析家の責任

り決めにはチェックの機能とバランスの機能が組み込まれている。しかし行動分析家が第三者（例えば、施設）に雇われて、その施設の居住者の行動に対処することになった場合、行動分析家は、自分の仕事を失うことがないようにするために、その第三者のニーズを充足すべく勤務することが想定される。このような問題はガイドライン2.04で詳述する。

　1980年代頃には、行動分析学は、知的障害の処遇集団の中でかなりよく知られるようになり、生活支援のための実行可能な戦略として多くの人たちに受け入れられた。同じ頃、サービス提供のさらなる取り組みに同意しなければならなかった。クライエントは権利を有すること（合衆国憲法ならびにワイアット規準で保障されている）、そして、行動分析家を含む全ての者が、クライエントを尊重しなければならないということ、さらに、処遇前にクライエントについて十分に知らされなければならないということが明らかになった。さらにまた、行動分析学のアプローチが重要になるにつれて、他の保護を導入せざるをえなくなった。クライエントはプライバシーに対して権利を有し、彼らのプライバシーと守秘義務は保護されるべきであるという取り決めがなされた。記録は保存されなければならず、これらの権利が守られるように記録は変換されなければならなかった。そして行動分析家も、他の専門家と同様に、情報開示への同意を得る義務を負った。1980年代の終わり頃には、行動分析家は、処遇を受ける権利に関する問題に率直に意見を述べるようになった。国際行動分析学会（ABA）は、その問題について何らかの合意を得るために、選出された専門家たちによる会議を開催した。合意は得られ、最終的にABAの理事会で承認された。この合意では、クライエントは「治療的な環境」を受ける権利があると宣言されている。この「治療的な環境」では、個人の福祉が最優先され、有能な行動分析家によって処遇を受ける権利をクライエントは有する。有能な行動分析家は、行動査定を行うことができ、機能的なスキルを教えることができ、加えて処遇効果を評価することができる。国際行動分析学会の識者たちは、クライエントは「利用可能な最も効果的な処遇を受ける権利」を有すると最終的に結論した（Van Houten et al., 1988）。効果的処遇についてこのように言及する

> 1980年代終わり頃には、国際行動分析学会（ABA）は、処遇を受ける権利について何らかの合意を得るために、選出された専門家たちによる会議を開催した。

ことで、行動分析家は、公表された研究と実証的に検証された介入の適用とを直接結びつけるという努力が二重に求められる段階になった。

　ガイドライン 2.0 は、行動分析家が、行動的手続きを用いて、あらゆるクライエントを処遇する際にふまえるべき責任の、明快で詳細なリストを提供している。これらの責任を受け入れて、そしてそれらに真剣に取り組むことで、私たちは、自分たちのクライエントが彼らにふさわしい第 1 級の治療を受けることができることを保証することができる。さらに、専門家として、最先端の行動的介入を私たちが提供するときでも、彼らの権利を尊重することを私たちは保証することができる。

■ クライエントに対する行動分析家の責任（2.0）

> 行動分析家は、クライエントに最大の利益が生じるように、専門的活動を遂行する責任を持つ。

　このことは至極当然に見える。にもかかわらず、これは行動分析学の根幹をなす価値である。読者は、サービス提供者として、自分が提供する処遇の質に影響するような多くの決断を日々行っていることだろう。日常的に見れば、サービス提供者がクライエントの最大の利益とならないような小さな決断をする可能性はある。ドライクリーニング店が閉まる前にそれに間に合うように離散試行の言語訓練を切り上げるとか、道路状況が悪くてクライエントを家まで送り届けると若干都合が悪くなるという理由だけでクライエントを車から降ろすというようなことは、クライエントに対する責任放棄の例である。「クライエント」には、個人だけでなく、プログラムや関係機関も含まれる。大きく捉えると、行動分析家は、自分の利益を増やすために実際に必要とされている時間よりも多くの時間を割り当ててくれるように管理者を説得できる。このような行為は、経費を消耗させることになり、それによって多くのクライエントを害することになる。そのことで一部の人がサービスを受けられなくなるということにもなるだろう。絶えず、「私のクライエントにとって最大の利益は何か？」を自問することで、長い目で見れば、より良い決断をすることになる。

第 7 章　クライエントに対する行動分析家の責任

◇ 事例2.0：学校に対するコストを削減する
　ベッツィーは、学校で自閉症のプログラムを提供する認定行動分析士である。ベッツィーの契約は週20時間であった。仕事がよくでき、担任の教師や管理者の信頼も厚かった。ベッツィーは、非常に良く仕事をしている、結果も出せる能力の持ち主であるとの高い評価を得ていた。そんなベッツィーに私立学校から非常勤のコンサルテーションの依頼が届いた。ベッツィーは、校長のところに自閉症プログラムを持って出かけ、契約を週10時間に減らしてもらいたいと告げることにした。週10時間あれば、予算内で収めることができると校長に説明した。しかし、ベッツィーは、私立学校からの業務委託については触れなかった。
　学校長がこの申し出を受けたとして、何か問題はないだろうか？

■ クライエントの定義（2.01）

> ここで用いるクライエントという言葉は、単一の個人（サービスの受け手）であれ、サービスの受け手の親や保護者であれ、組織の代表であれ、公的・私的な機関であれ、会社や法人であれ、行動分析家によるサービス提供の対象となる全てに対して、幅広く適用される。

　クライエントは、サービスが提供される人びとや機関である。クライエントは、個人かもしれないし、保護者や学校や発達障害者施設のような機関、あるいは企業かもしれない。サービスを受ける人たちの中で最も弱い人たち、自らを擁護することができない人たちが、主要なクライエントだということは福祉の領域では広く受け入れられている。

◇ 事例2.01：援助を求めない保護者
　アランは10歳の発達障害児である。アランには多くの行動問題がある。その中には不従順や癇癪がある。何かが要求される状況では攻撃的になり始めた。行動分析家によって教室でのアランの行動は改善していた。しかし家では不適切な行動がなおも高率で起こっていた。モニカは、アランの家に派遣された認定行動分析士であった。モニカは機能分析を終え、ベースラインを取り始めることにした。モニカがアランの家に行き、母親にそのプログラムの説明を行った夜、モニカは、口火を切った母親の発言に驚いた。「私は本当に多くのことをやっている。いろい

ろ考えたことはやってみた。その結果、訪問支援を見合わせたい。アランに必要なことは学校で身につけさせることができると思う」。モニカは母親のこの発言にとても同意できなかった。それは、母親の対応がアランの多くの行動問題を作ってきたからである。モニカはスーパーバイザー（相談会社の所有者）に何が起こったのかを報告した。するとスーパーバイザーは、「その母親はサービス利用を止める権利を持っている。アランは何もできない未成年である。アランの母親には、ここでその決定をする権利がある。私たちの支援を求めている他の人にサービスを提供する時間が持てる」と答えた。

■ クライエントを受け入れる（2.02）

> 行動分析家は、人々の行動問題や、要求されたサービスが、行動分析家の受けた教育や、訓練や、経験と釣り合い、それらに相応しい人々や団体（機関、会社、その他）だけを、クライエントとして受け入れる。行動分析家がこれらの条件に代わって職務を果たすときは、資格証明書（credential）によってそれらの行動問題やサービスを扱うことが許されている行動分析家の監督やコンサルテーションを受けて、行わなければならない。

　行動分析家は自らの専門技能の限界を理解し、よく認識する。行動分析家が自分の経験と訓練の範囲を超えるような事例を担当しているのであれば、適切な資格を持った人を探して彼らにスーパービジョンを求め、クライエントを決して害することなく、倫理的に振る舞うことを保証する。

◇ 事例2.02：問題のある行動レパートリー

　マーティンは、認定行動分析士である。彼は、精神健康問題のある人たちのための大規模州立病院で勤務するために新たな都市へ引っ越した。これはマーティンにとって新たな専門的経験となる。これまでマーティンの専門実務経験は、重度の知的障害および身体運動機能障害のあるクライエントに限られていた。マーティンの担当するクライエントの一人にダンがいた。ダンは、23歳で重い頭部外傷があった。暴力をふるったり、予期せぬ攻撃を暴発させたりしていた。ダンの危険な行為の暴発に際して、多くの職員が医療的処置を施すための救急処置室になだれ込んでいた。マーティンは、ダンを処遇することを望み、頭部外傷につい

第7章　クライエントに対する行動分析家の責任

て彼ができる全ての本を読み始めた。マーティンは、州立病院が自分に仕事を行わせるために自分を雇って、このクライエントに自分を担当させたのだと思った。そして、ダンの行動をコントロールできるようにすることが任された。

　果たして、マーティンはこの事例にすぐに取り組むことができるのだろうか？

■ 責　　任（2.03）

> 行動分析家の責任は、行動系のサービスよって影響を受ける全ての関係者に及ぶ。

　行動分析家は、クライエントばかりでなく、行動分析家が提供するサービスによって影響される全ての人に責任を持つ。例えば、行動障害を示す小学2年生に対して実践するために学校から雇われた場合、当該児童、その保護者たち、そして同級生たちにまで全ての倫理的な基準を確実にする義務がある。

◇ 事例2.03：教師のお気に入り

　テリーは、教室での逸脱行動が目立つ小学生ブリアナに行動プログラムを提供している認定行動分析士だった。テリーは、行動計画を実施することに関する限り、彼女に使っていけそうな良いものをいくつか持っていた。まずブリアナは注目を切望していた。ブリアナはおもちゃとちょっとしたアクセサリー、そしていろいろなステッカーも好きであった。テリーは、クラスメイトみんなが、ブリアナが大騒ぎすると傷つくことを知っていた。テリーは、クラスメイトみんなをブリアナの支援に関わらせることを決めた。テリーは、ブリアナが不適切な行動を示さなかった時間はいつも、ブリアナにステッカーを図の上に貼らせるような行動計画を立てた。それから、適切な行動が示せた日の帰り時に教師はブリアナに小さなおもちゃを与えて、クラスメイトに言った。「みんな、ブリアナに拍手して。今日のブリアナは素晴らしかったわね」。この行動プログラムは、ブリアナにはとても効果的であった。ブリアナの行動はコントロールの下にあった。新たに生じた問題は、ブリアナだけにいいものを与えているという教師への批判、そして、このやり方は不公平だという批判がクラスメイトから生じたことだった。

　テリーは教師に、しばらくしてブリアナの行動がうまく統制されるようになったら、行動プログラムをやめられると説明した。進歩があまりに早かったので、

テリーはこのプログラムを続けるべきだろうか。

■ コンサルテーション（2.04）

> （a）行動分析家が適切なコンサルテーションと照会を行う準備をするときは、主にクライエントの利益を最優先することを基本として、適切な同意を得たうえで、適用法令と契約上の義務を含むその他の関連留意事項に従って、行わなければならない。

　実践の対象となっている行動問題が自分の能力を超えていたり、教育訓練を受けたことのない領域で支援が必要な場合、助力を求めたり（他の専門家によるコンサルテーション）、照会する（その事例を他の行動分析家に託す）必要がある。これを行うにはクライエントに対する十分な知識が必要である。他の専門家への照会を考える場合、クライエントのニーズと利益を考慮しなければならない。友人に紹介する場合は注意が必要である。なぜなら、これによって利益相反の禁止に抵触する可能性があるからである。

> （b）クライエントに効果的に適切に奉仕するためには、他の専門家と協力することが必要であり、専門的にも適切であるならば、行動分析家は彼らと協力して奉仕する。他の専門職は、具体的な要件において、ここに示すガイドラインとは異なる倫理規範を有することを、行動分析家は認識する。

　クライエントのニーズを満たすために、行動的ではない専門家と協力する必要がある場合がよくあることは知られている。自分が担当しているクライエントの一人について行動的ではない専門家と協力して事に当たろうとすると、それらの他領域の専門家も倫理ガイドラインを持っていて、それが、行動分析家が従わなければならない行動分析士資格認定協会（BACB）が定めるガイドラインと異なる可能性があることを肝に銘じておくべきである。

◇ 事例2.04：セックス・セラピー

　M博士は博士号を持っている認定行動分析士（BCBA-D）で、学校で逸脱行動を示していたジェリーという少年に行動的サービスを提供していた。M博士は行

第 7 章　クライエントに対する行動分析家の責任

動分析学に基づく実践を 20 年も続けており、他の処遇技法や心理学にも造詣が深かった。M博士が何度も通っているうち、ジェリーは性的な問題について打ち明け始めた。この公にできない問題についてジェリーは明らかに困惑し混乱していた。M博士は、これが言語行動の一般的なカテゴリーに属し、彼の専門知識の範囲で取り扱えると結論し、ジェリーに性的な問題を「言語化する」ことを指導することにした。

　M博士がこの研究を実証し、これを行動分析学として扱わなければ、これは受け入れられるだろうか？

■ 第三者からのサービスの依頼（2.05）

> （a）行動分析家が、第三者からのリクエストによって、個人や団体にサービスを提供することに同意する場合は、行動分析家はそれぞれの当事者との関係の特徴を、実行できる範囲内で、サービスを始める時点で、明らかにする。明らかにする中身には、行動分析家の役割（例えば、セラピスト、組織コンサルタント、鑑定人）や、提供するサービスや取得する情報についての予想される用途や、機密性に制約が生じる可能性がある事実などが含まれる。

　例えば、もし第三者（例えば、学校組織）から依頼されて子どものクライエントに対応することが求められた場合、その子ども、保護者、教師、それから学校と自分との関係を明確にしなければならない。自分の役割（例えば、治療家なのか、訓練者なのか、コンサルタントなのか）、提供する情報を用いることができるということについてどのように考えているのかを説明しなければならない。それから守秘義務の個々の問題を思い出させなければならない。学校、保護者、子どもにかかわる事例では、子どもが行動分析家によって教室や校庭で観察されることに親は同意しなければならない。また保護者は、教師がデータを見ることについて同意しなければならない。もしスクールカウンセラーのような他の人がこの事例に関する情報を求めた場合、保護者はこれについても同意しなければならない。

> （b）行動分析家が第三者に関与するため、矛盾する役割を遂行するよう要求されるリスクが予測できる場合がある。そのときは、行動分析家は

> 自らの責任についての性質と方向を明らかにし、問題が生じたときは情報を全当事者に提示し続け、そしてここに示すガイドラインに従って事態の解決を図るようにする。

　第三者からサービス遂行のために意見を求められるような機会があれば（例えば、意見の聴取で証言が求められるような場合）、コンサルテーションの開始時に第二者と、このことをつまびらかにしなければならない。もし対立が起これば、行動分析士資格認定協会のガイドラインに従って、その状況の解決に努めなければならない。

◇ 事例2.05B：全面開示？

　B博士は州の発達障害局によって組織コンサルタントとして雇われた。彼は、発達障害の子どもと成人のための古い大きな在宅型の施設に配属された。彼の仕事は、指導員にクライエントのための行動プログラムを開発させること、そしてこの行動プログラムが施設全体に行き渡るようにコンサルテーションを行うことであった。指導員の中には、B博士がクライエントに実践活動する単なる新米の行動分析家であると考える人がいた。それらのスタッフは、B博士が州の発達障害局から派遣させているとは知らず、クライエントの支援に当たっているはずの時間帯に携帯電話でおしゃべりをするといった職務不履行行動を示していた。

　もちろん施設長は、B博士が州当局から派遣されていることを知っていた。しばらくして施設長は、B博士に当該施設が抱える問題を州当局に報告しないよう圧力をかけ始めた。

　このような状況をうまく取り扱うことができる手続きとして、B博士が導入できるものには何があるだろうか。

■ クライエントの権利と特典（2.06）

> （a）行動分析家は、法の下での個人の権利を擁護する。

　行動分析家であれば、クライエントの法的な権利を擁護しなければならない。クライエントの権利が、特定の治療を受ける権利や財産保有と保持の権利、性的活動への権利といったものにまで拡大されるようになった州もある。実践活

第7章 クライエントに対する行動分析家の責任

動を実施するそれぞれの州に対してこの問題を調べることは重要である。

> **（b）行動分析家は、クライエントから要求されれば、いつでも現在保持している正確な一連の資格を提示しなければならない。**

クライエントが行動分析家の背景や教育歴について知りたいと望めば、喜んで最新の履歴書を共有しなければならない。この書類は、行動分析家の経験と教育歴がわかりやすく、嘘偽りなく正確に記されたものでなければならない。粉飾は決して許されない。

> **（c）面接とサービス提供セッションを電子録音する場合は、クライエントの許可と、他の全ての場面の関連スタッフの許可を得なければならない。用途の違いによって、具体的に、別々に、同意を得なければならない。**

面接場面や行動観察、あるいは処遇場面を音声ないしビデオによって電子記録しなければならないと思ったなら、一人ひとりのクライエントから、そして各場面を統括する監督者（例えば、保護者、学校管理者、ケース・マネジャー、グループホームの責任者）からも許諾を得なければならない。もし、この記録を治療以外の目的で使用する計画があるなら、その記録を使用するたびに、許諾を得ければならない。

◇ 事例2.06C：ビデオに対する反発

　スーザンは行動の専門家として実践を行っている大学院生であった。スーザンは、身体的虐待を受けている青年を対象として博士論文の執筆を計画していた。偶然にも、スーザンはサラという言語能力のある興味深い14歳の少女の担当になった。彼女は、聞いてくれる人には誰に対しても喜んで自分の被虐待経験を語る少女であった。スーザンは、サラとの面接をビデオテープに録画し、その1年後、地方で開催された学会のプレゼンテーションの一部にこのテープを使った。後でわかったことであるが、聴衆の一人がサラに気付いた。この人は、このことを母親に告げると、母親はひどく動揺した。母親は激怒してスーザンに電話した。スーザンは、サラの姓を公表していないので、これは許容される実践であると説明した。

クライエントの特定化の問題は守られている（すなわち、クライエントの名前は伏せられている）ならば、彼らの事例やビデオテープ、オーディオテープを提示することは許されるだろうか？

> （d）クライエントは、自分の権利について、そして行動分析家の専門的実践に関する苦情を訴える手続きについて、知らされなければならない。

クライエントは、守秘義務に対する自分の権利について告げられるべきである。クライエントはまた、処遇や研究プロジェクトからいつでも離脱する権利を持っていると助言されなければならない。さらに行動分析家は、クライエントに対して、自分のサービスに関するあらゆる不服申し立てを自分のスーパーバイザーや行動分析士資格認定協会にクライエントが行う方法について知らせなければならない（ガイドライン 2.13 を参照）。この情報は、第18章で記載されているような専門的サービスの宣言書の中に盛り込むことができる。

■ 機密性を守る（守秘義務を保持する）（2.07）

> （a）行動分析家は、法律や、機関の規定や、専門的または科学的な関係によって、機密性が規定されるかもしれないことを認識して、処遇やコンサルテーションの対象となる人々の機密性を尊重する本来的義務を負い、合理的な予防措置を講じなければならない。

クライエントの守秘義務を尊重し、保護することはとても重要である。自分のクライエントについて、クライエントの明確な同意なく、いろいろな人たちとクライエントに関わるデータを語ったり、共有したりしない。さらに、クライエントは、自分の障害の特質や、自分や家族が処遇を受けていることを他人に知られたくないと思っている場合がしばしばある。クライエントは守秘義務の権利を持っている。行動分析家であれば、守秘義務に関する法律を理解する責任がある。

> （b）クライエントは機密性保持に対する権利を持つ。機密性についての話し合いは、それが実行できないか、禁忌である場合を除いては、関係の最初に行われ、そしてそれ以後の新しい状況においてそれが当然と

第7章　クライエントに対する行動分析家の責任

なる場合に行われる。

クライエントやその関係者と専門的な関係を築くにあたり、クライエントの守秘義務に対する彼らの権利について、彼らと議論すべきである。もし事態が変化すれば、守義義務に対する彼らの権利をクライエントにふたたび思い出させる必要がある。

> (c) 行動分析家は、プライバシーに対する侵害を最小にするため、文書や口頭による報告や、コンサルテーションや、同様の形式でコミュニケーションを行う場合、その目的に密接に関係する情報だけを盛り込むようにする。

プライバシーに対するクライエントの権利を保護するため、口頭報告ならびに書面報告の中には、考慮される行動変化に直接関連する情報だけを盛り込むべきである。

> (d) 行動分析家は、臨床関係やコンサルテーション関係において獲得した機密情報について話す場合や、患者、個別ならびに集団のクライエント、学生、研究参加者、スーパーバイジー、従業員たちに関する評価的データを論じる場合は、適切な科学的目的や専門的目的のためだけに、またそうした問題に明らかに関係している人だけに話すようにする。

秘密情報を共有できるのは（実際の情報の代わりに、架空の名前、架空の場所、そして他の識別情報を用いるべきである）、科学的な意味で恩恵を受けることができる他の専門家との間だけである。

◇ 事例2.07D：詮索好きな教区民

エリザベス・C博士は、博士号を持った認定行動分析士で、小さな地域で数多くの子どもたちを担当していた。C博士は放課後のほとんどの場合、子どもたちの家で治療を提供した。C博士のクライエントのうちの二人、ジェイソンとジェシカは兄妹である。彼らの父親はアルコール依存症で、家にいたり、いなかったりした。過去に彼らの母親を虐待していた。C博士は教会に出席した。そこに来

ていた信徒の何人かは、この家族のことをよく知っていた。彼らはジェイソンとジェシカのことを気遣っており、子どもたちの様子を尋ねることが常だった。子どもたちを気遣っているこれらの人々は、しばしば自分たちがその家族について知っていることをＣ博士に告げていた。そして、子どもたちが学校でどのようにしているのかとか、Ｃ博士が彼らの家を訪問したときどのような実践を行っているのかを尋ねるのだった。教会のその婦人たちは、過去にその家族に衣服を寄付したことがあり、教会からのクリスマスの贈り物を届けるリストの中にいつもこの子どもたちを入れていた。

　守秘義務を守ることに関して、Ｃ博士は、子どもたちについてのどの程度の情報をこれらの子どもたちを気遣っている教会の人たちに提供すべきだろうか？

■ 記録を保持する（2.08）

> 行動分析家は、文書化されたものであれ、自動化されたものであれ、その他いかなる媒体であれ、自分の制御下にある記録を作成し、貯蔵し、アクセスし、運搬し、処分する場合は、適切な機密性を維持する。行動分析家は、適用法令・規定と会社の方針に従い、またここに示すガイドラインの要件の遵守を可能にする仕方で、記録を保持し、廃棄処分を行う。

　自ら作成し、活用し、保存するありとあらゆる記録に対してまずは責任を持つ。連邦政府の現在の医療保険の相互運用性と説明責任に関する法律（Health Insurance Portability and Accountability Act: HIPAA）を受け入れなければならない（米国保健社会福祉省（HHS），2003）。

◇ 事例2.08：安全は十分？

　スティーブン・Ｊは認定行動分析士で、グループホームで暮らすクライエントに対して実践している。彼はまた、日中は保護作業場でのクライエントの実践活動もしている。スティーブンは、職業能力についてのデータと作業場で起こっているあらゆる不適切な行動についてのデータもとっている。彼は、年間の訓練計画の行動部門に責任を持ち、年間評定を更新する。スティーブンは、家に自分のオフィスを持っていない。そこで、彼には、保護作業場の特殊教育の教師の教室にいくつかのファイル用引き出しが提供された。彼は、査定結果と生データの全

第7章　クライエントに対する行動分析家の責任

てをそこに保管している。教師は退勤時にこの教室の扉を施錠するので、ファイルの引き出しは安全である。

スティーブンの記録保管方法はガイドラインに合致しているだろうか。

■ 開　　示（2.09）

> （a）行動分析家が、個人の同意を得ずに、機密情報を開示するのは、法律によって開示が義務づけられる場合か、または次のような妥当な目的のために、法律によって開示が許される場合である。例えば、（1）個人か組織のクライエントに、必要な専門的サービスを提供する、（2）適切な専門的コンサルテーションを受ける、（3）クライエントや他の人々を被害から保護する、（4）サービスに対して支払いを受ける。ただしその場合は、事実の開示は目的を達成するために必要な最小限の範囲に限るものとする。

クライエントが同意書に署名しなければ、法律によって求められない限り、クライエントについての情報を一切開示すべきでない。状況によっては、クライエントに必要なサービスを提供するため、別な専門家に照会するため、あるいは提供されるサービスの寄付を募るために情報の開示が求められる場合がある。

> （b）行動分析家はまた、法律によって禁止されない限り、個別または組織のクライエント（またはクライエントの代理である法的権限を与えられた他の人物）による適切な同意を得て、機密情報を開示することができる。

クライエントから書面による同意を得たならば、秘密情報を開示できる。

◇ 事例2.09B：ただデータを取るのみ

コニー・G博士は、発達に障害のある子どもたちのための学校組織としての未就園教室で勤務していた。ビリーは4歳児で、彼の両親は離婚していた。ビリーは週ごとにそれぞれの親のもとで過ごした。教師は、ビリーが示す癇癪や逸脱などの不適切行動は、母親宅で過ごした後の最初の数日間に増加するという説を唱えていた。そこでG博士はこの見解を確かめようとデータを取り始めた。彼女は、

このような評価は自分の職務明細書の一部分にしかならないと考え、両親には報告しなかった。月末にG博士は、「親が引き起こした行動障害の評価に3時間」と記した勤務実績表を提出した。

これはガイドラインに抵触しないだろうか？

■ 処遇の有効性（2.10）

> （a）行動分析家は、科学によって支持された、最も有効な処遇手続きを、つねに推奨する責任を持つ。有効な処遇手続きは、クライエントと社会に対して、長期と短期の両方の利益も生みだすことが立証されている。

短期的にも長期的にも科学的に効果的であるということが示されている、エビデンスに基づいた処遇をいつも提言すべきである。

> （b）クライエントは有効な（すなわち、研究文献に基づいた、個別のクライエントに適合された）処遇を受ける権利を有する。

私たちのクライエントは、研究文献の中で効果的であるということがよく示されている処遇を受ける権利を持つ。これは、行動分析の信条である。一人ひとりのクライエントにその効果的な処遇を用いること、そして、その処遇を一人ひとりのクライエントに効果的なものに確実にするというのは行動分析家の務めである。データによって処遇が効果的でないということがわかったなら、別の方法を探す義務がある。

> （c）行動分析家は、他の学問分野が提供する処遇のみならず無介入も含めた全ての代替処遇の起こりうる有望な効果を点検し評価する責任を持つ。

クライエントが「代替」処遇を受けている場合、その処遇を支持する研究があるかどうかを決定する責任がある。これには、科学的な学術研究に一切支持されていない非行動的処遇だけでなく、科学的な根拠がない行動的処遇もある。介入が一切実施されていない場合の効果については、それを評価できるようにしておくべきでもある。これに対する良いモデルは、Kay and Vyse（2005）

の秀逸の章（「保護者が良いもの（麦）と悪いもの（もみ殻）を見分けられるために―自閉症処遇の効果検証―」）の中で示されている。この章では、単純で洗練された研究デザインが記されている。保護者を対象に実践活動している認定行動分析士は、それを使って、「代替的な」処遇が行動に対して意味のある影響を持っているのかどうかをデータに基づいて保護者に決定させることができる。

◇ **事例2.10C：多勢に無勢である**

　ケビンは頭部殴打の自傷行為が続く発達障害のある6歳児である。ロバートは認定行動分析士で、最近、ケビンのクラスの担当となった。ケビンの行動をロバートが機能分析した結果、ケビンの行動は保護者や教師の注目と関連していることがわかった。ある作業療法士（occupational therapist; OT）は、現在行っている処遇計画を開発した。それは、感覚統合訓練と関節圧迫、そして、「この抑圧されたエネルギー」を発散させるためにトランポリンで飛び跳ねるというセッションを週に3回実施するというプログラムである。言語療法士はサイン言語の使用を提案している。理学療法士はヘルメットを勧めた。ケビンはヘルメットを装着しても頭部を殴打し続けたし、その上、自分の指を嚙み始めた。作業療法士は、自分の計画は必ずうまくいくと確信していた。そして、全ての支援チーム会議で、皆ががまんして、感覚統合訓練のプログラムの時間がうまくいくようにしなければならないと説明した。特殊教育の教師は、この作業療法士のプログラムを支持してきたし、今も支持し続けている。

　認定行動分析士であるロバートは、明らかに多勢に無勢の状態である。ロバートは今後、どのように振る舞うべきであろうか？

> （d）2つ以上の科学的に支持された処遇が確立されている事例においては、介入の選択にあたって付加的要因が考慮されるかもしれない。例えば、有効性と費用対効果、介入のリスクと副作用、クライエントの好み、実践家の経験と訓練などであるが、それらに限られるものではない。

行動分析家として私たちは、エビデンスに基づく処遇を用いる義務がある。しかし、ケースによっては、若干異なる処遇を支持する学術研究論文が10件ほどあるケースがあるかもしれない。おそらく多くの場合がそうだろう。この

ようなとき、実践家はどうしたらよいのか？　上述の新しいガイドラインは、その責任を実践家に直接委ねる。このガイドラインが基本的に語っていることは、どの処遇を選ぶかは実践家自身であり、実践家自身の教育訓練や実務経験、クライエントの好みに基づいて選ぶべきであるということである。ある実践家がＡという手法の訓練を受けていて、その経験も豊富である（むろんエビデンスに基づく）とする。そんな中、Ｂという手法を支持する論文を見つけたら（等しく、効果的）、経験によってＡを選択するかもしれない。あるいは、クライエントは、手法Ｂを強く希望するかもしれない。そのような場合、クライエントの希望を尊重できるように、直ちに手法Ｂに切り替える対応をとらなければならない。リスク便益分析（第16章で詳述される）も推奨される。

◇ 事例2.10D：悪意のない切り札

　ファラーは、学級にトークン・エコノミー・システムを導入することへの造詣が深く、学区全体に導入していた。ファラーは前向きな女性で、小学校のときにスペリング競争で優勝して以来そうであった。ファラーが適用するトークン・エコノミー・システムは、彼女のパーソナリティをよく反映していた。全てがポジティブであった。すなわち、始業の鐘が鳴ってから昼食時まで教師が適切な行動にトークンを与えた。ボイル先生のクラスの生徒は、彼らの獲得したトークンと引き替えに、午後、好みの活動に従事できた。最初の週はこの学級経営がうまくいった。もっともボイル先生は、5つの異なる適切な行動を記録しなければならないことが少し重荷と感じていたようだ。「指導時間を確保できない。私がやっていることは、ただ得点を与えるだけ」と金曜日に彼女は訴えた。ファラーが驚いたことに、月曜日の朝、彼女のメールボックスに「ポジティブ得点システムとネガティブ得点システム」を比較した論文のコピーを見つけた。それにはボイル先生の「一緒に話せる？」というメモ書きがあった。ボイル先生は週末にネット検索を行い、応用行動分析誌（*Journal of Applied Behavior Analysis; JABA*）のウェブサイトに出くわし、ファラーと一緒に語りたいと思った論文を見つけたのだ。そこには、反応コストに基づくポイントシステムは、正の強化に基づくシステムと同程度に効果があり、教師の中にはその方がやりやすいので、それを好んでいる者がいると記されていた。

　ファラーは次にどうすればよいか？

■ 専門的、科学的業績を文書にする（2.11）

> （a）行動分析家は、自分の専門的、科学的業績を適切な文書にする。自分自身か他の専門家による将来のサービスの提供を容易にし、説明責任を確保し、機関の他の要件や法律を満たすためである。

　自分の実践結果は、後で、クライエントを支援するために、そして説明責任を保証するために、他の専門家が利用できるように書面で記録しなければならない。生データシート、集計表、そして書面によるまとめや報告書を、法で求められたような安全な場所に保管しなければならない。

> （b）行動分析家の専門的サービスの記録が、その業績の受け手や研究参加者が関わりを持つ訴訟手続に使われることになると信じられる理由がある場合、行動分析家は判決法廷における合理的精査に耐えられる詳しさと質を備えた証拠書類を作成し、保持する責任を持つ。

　自分の専門的行動的サービスに関する情報が訴訟の一部となる可能性があるなら、その記録を確実に完璧なものにする義務がある。

◇ 事例2.11B：データ管理者

　M博士は、博士号を持った認定行動分析士で、自閉症児へのサービスだけに限定した学校組織に行動的サービスを提供している。彼女は、自閉症と診断された数名の子どもたちに最大限の時間、コンサルテーションを行うために雇用された。M博士は、行動分析家に期待されるベースラインのデータと治療データを含む標準的なデータを管理する。データは教師の助手が週に2回集めている。自閉症の学生の代わりにその学区に対して訴訟が提訴されそうになっている。

　これを考慮して、裁判所から召喚された場合、彼女に責任があるということを保証するには、M博士はどのような記録を管理していなければならないか？

> （c）行動分析家は、次の承認や確認をとって書類を作成する。（1）施設内研究審査委員会（IRB）と、およびまたは地域の人間対象研究審査委員会による承認、およびまたは（2）自分の専門的サービスの間に収集したデータが専門分野の会議や査読つきジャーナルに提出されると

きは施設の要件を遵守することを約束する確認。

2010年にガイドラインに追加されたこの重要な項目は、専門的サービスを普通に提供しているときに収集したデータに対するクライエントの保護を拡大する。全ての行動分析家は処遇を提供しながらデータを収集し分析する。何が効果的で、どのように処遇が作用しているかを理解することが求められる。実践家の中には州や地域のカンファランスでこのデータを示す人がいる。彼らは、自分たちが「施設の求め」に応じていることが認められていることを今や立証しなければならない。おそらくこれが意味することは、行動分析家は、あらかじめ計画を立てて、専門家の人たちの前で成果を発表することを目的としてデータを集めてデータを利用するための許可を得なければならないということである。

◇ **事例2.11C：データに関わる困難**
多くの個別事例を担当してきた一人の認定行動分析士として、C博士は、自閉症の生徒の実践データを多く持っていた。この分野のリーダーとして認識されるようになるとすぐに、言語指導の独特な手続きをいくつか開発した。毎年、C博士は州や地域のカンファランスで彼のクライエントのデータを発表した。最近、共同研究者がC博士に、ガイドラインが新たに改訂されたことで、クライエントのデータをカンファランスで発表することが難しくなっていると告げた。C博士は、施設内倫理委員会（Institutional Review Board）の承認は大学生や大学教職員だけに関わるのであって、クライエントが特定できないように名前を変えれば自分がデータを公表することは全く問題ないと答えた。
C博士はガイドライン2.11cの変更を正しく理解していたのだろうか？

■ 記録とデータ（2.12）

行動分析家が自らの研究や、実践や、その他の業務に関する記録とデータを作成し、維持し、流布し、保管し、保有し、廃棄する場合は、適用法令と規定と団体の方針に従うとともに、ここに示すガイドラインの要件の遵守を可能にする方法によって遂行する。

自分の研究と実践に関連する記録はつける必要がある。記録の範囲は、記録の種類、州の特定の規則や連邦法によって90日から12年くらいに及ぶだろう。ここに記載されているガイドラインに従って、自分の領域の特殊な要件に対して所属機関や大学に相談する必要がある。

◇ 事例2.12：狭い空間

バーバラは、認定行動分析士の資格を持つ大学院生で、限られた生活費で生活している。彼女は典型的な学生用アパートに住んでいる。アパートは狭く、窮屈で、収納スペースがほとんどない。しかも3名のルームメイトと共同生活している。バーバラは、自分のクライエントのデータを3カ月は保管してから、それらを処分する。ただし、月に1回開かれる会議に出席して、そこでスーパーバイザーにデータのコピーを提出してからである。

バーバラは確かに、現在の生活状況から見て、記録のこのような扱いはやむを得ないと考えているようである。彼女は、ガイドラインの範囲内で生活しているだろうか？

■ 料金、支払協定、コンサルテーションの条件（2.13）

> （a）行動分析家とクライエント、またはその他の行動分析学的サービスの適切な受け手は、専門的・科学的関係を持つときは、報酬と料金請求手続きを特定することに関して、できるだけ早期に合意に達する。

クライエントとの専門的な関係を確立したらすぐに（すなわち、クライエントないしクライエントの代理人がケースを担当することを求めたらすぐに）、自分の料金や支払い体系をクライエント（あるいは代理人）に知らせるべきである。これは気分がのらないことだけれど、関係する全ての人が、気まずくならないためにも、そして後になってもっとひどいことにならないためにも必要なことである。

◇ 事例2.13A：確実に経験から学ぶ

グレンダは、行動分析学の一流の博士課程の4年次に在籍する大学院生であった。研究科の科長補佐から、普通でないケースについて電話を受けたとき、彼女

はその機会が得られることと報酬もいくらか得られることから、この話を喜んで引き受けた。グレンダは、照会された家族やクライエントと会ったことに非常に興奮していたので、彼女が希望する料金を持ちだすことを忘れた。彼女は、時給75ドルくらいと見込んでいた。なぜなら、彼女はほぼ「博士」であり、さらにこのケースは、ある特殊専門技術が必要だったからである。

　月末にグレンダが科長補佐にどこに請求書を送るべきか尋ねたところ、これが慈善運動かもしれないということを知ってショックを受け、途方に暮れた。

> （b）行動分析家の報酬の支払い方法は、法律と一致する。行動分析家は料金の不実表示をしない。資金不足のため、十分なサービスを提供できなくなる恐れがある場合は、できるだけ早く、患者や、クライエントや、その他の適切なサービスの受け手と、この問題について話し合う。

　州の法律や連邦法によって料金が決められているなら、その法律に従って、自分の料金体系をクライエントに明確に提示すべきである。クライエントの資金が限られていて、それによって行動的サービスが制約される場合、できる限り早くこの問題について協議し、あらゆる混乱や不当表示の容疑がかけられないようにすべきである。学校組織にいる子どもの場合、「クライエント」は学校組織になる可能性があるということを忘れてはならない。

◇ 事例2.13B：ウェインの世界

　ウェインは、学年度の最後の数週間に新たな学校組織に移った8歳児である。彼は重度の情緒障害（SED）と診断された。そして、新しい教室でも、いくつかの深刻な問題行動を起こしている。ウェインは地域の夏期スクールプログラムに参加することになる。そこで、ジーンがウェインの担当になることが求められた。ジーンはその地域で雇われている非常勤の認定行動分析士である。学校長と担任教師はジーンと会って、夏期スクール中の行動的サービスの予算が非常に少ないと説明した。しかしウェインの現状を考慮すると、彼女がこのケースを担当することに同意してくれること、そして、ウェインのニーズを満たす必要のあることは何でも彼女がやってくれることを彼らは望んだ。ジーンは、最初に観察したところ、ウェインが必要とする程度のサービスを提供するには資金が足りないということがわかった。

第7章　クライエントに対する行動分析家の責任

ジーンは、このケースのコンサルティング料金と資金調達にどのように対処すべきであろうか？

> （c）行動分析家は、サービスを行う前に、サービスを行うための具体的要件と全ての当事者の責任に関するコンサルテーション条件を文書にして提示する（契約、または「専門的サービス宣言」）。

他領域の専門家は、長年にわたって、彼らの専門的サービスを記述した契約や宣言を、それぞれのケースを始める時点で用いてきた。そのような契約や宣言が一貫して用いられるなら、行動的問題に対する何カ月にもわたる処遇の過程で必然的に生じる多くの問題を避けることになるだろう。これは、ほとんどの行動分析家にとって新しい着想である。しかし、これは、時間外に行動分析家に関わってくるような問題、例えば、約束のすっぽかしや贈り物にかかわる気まずい状況、さらに夕食や誕生日への招待といった問題への対応や、そのほか、長期の処遇の過程で起こる問題に対して役立つはずである。専門的サービスの宣言の完璧な記述は、第18章の「躓きやすい倫理的問題を専門的なサービスの宣言を利用することで避ける」で見ることができる。

■ サービス料金を払う人々に対する報告の正確さ（2.14）

> 行動分析家が、サービス料金の支払者に対して、または研究やプロジェクトやプログラムに補助金を与えた資金源に対して報告を行う場合は、研究または提供したサービスの性質と、料金ないし費用と、適切な場合は、提供者の身元と、研究成果と、その他の所要の記述的データを、正確に記載する。

課金情報をあつかうときは、完成した作業、サービス提供時間、その他必要なデータはどのようなものでも、それらに関する必要な詳細をいつも偽りなく正確に提供すること。

◇ 事例2.14：A＋の請求書作成

A＋という行動コンサルテーション・グループは、同一法人が所有する5つの中規模ケア施設・知的障害（ICF/MR）グループホームに対して行動的サービスを提供する契約を結んでいる。A＋には、これらのグループホームにサービスを提

供する複数名のコンサルタントがいる。スケジュールに従って、コンサルタントのうちの誰か一人が訓練計画会議に出席したり、査定などを行ったりする。これらのグループホームを所有するこの法人に請求書が提出されるとき、コンサルタントの名前、サービスが提供された日付、施設にコンサルタントがいた時間がその請求書に記される。

その他、この請求書に掲載すべき情報があるだろうか？

■ 照会と料金（2.15）

> 行動分析家が、労使関係を結んでいない他の専門家に対して謝礼を支払うか、その人から謝礼を受けるか、またはその人と手数料を分割する場合は、その専門家への照会をクライエントに開示しなければならない。

照会に対してなされるあらゆる支払いを受け入れることをしてはならない。そのようなことをする人は、彼らの評判を危機にさらすことになる。そして、この情報を直ちにクライエントに開示しなければならない。

◇ 事例2.15：賄賂

大規模な臨床心理士コンサルティング会社は、心理検査を専門とする何人かの心理士をスタッフとして抱えている。バリー・Sは、認定行動分析士で、学校で行われている仕事をとおして何人かの心理士と知り合いになった。このグループの臨床心理士の一人がバリーに近づいて、この会社は、検査を受けさせるためにこのグループにクライエントを照会したら、一人につき25ドル支払ってくれると告げた。バリーは、倫理的な行動分析士で心理学の精密検査を必要とするクライエントだけを照会している。

彼は、これらの心理士を知っており、彼らの診断スキルを評価していたので、どのような条件であれば、このようなやり方が受け入れられるだろうか？

■ サービスの一時中断または終結（2.16）

> （a）行動分析家は、行動分析家の病気や、差し迫った死や、不在や、移住などの要因によって、またはクライエントの移住や財政的制約などの

第 7 章　クライエントに対する行動分析家の責任

> 要因によって、行動分析学のサービスが一時中断される場合は、ケアを容易にする計画を作るために、相応の努力を行う。

　クライエント一人ひとりに対して、もはや補償できなくなるような事態では、補償のための計画を立てるべきである。サービスの中断は、行動分析家によるサービスを、行動分析家の健康上の問題や家族の問題などによって一時的にやめることである。サービスを中断するという事は、行動分析家がインフルエンザにかかったり、旅に出かけたりといったときのような短期的なセッションのキャンセルではない。サービスの中断とは、1カ月以上という、かなりの長期にわたってサービスを止めることである。

> （b）行動分析家が、雇用関係や契約関係を結ぶときは、その雇用や契約関係が終了したとき、クライエントに対するケアの責任が整然と適切に決定されるように、準備しておかなければならない。最優先すべき課題は、クライエントの福祉である。

　サービスの対象となるクライエントと接触を持っている代理人をとおして実践活動を行っているなら、かなりの期間にわたってコンサルティングを提供できなくなる場合、クライエントに起こるかもしれない事柄を理解できるように契約書を注意深く読むべきである。このようなことが起こる場合、一人ひとりのクライエントの福祉は自分にとって最重要でなければならない。

◇ 事例2.16B：休暇

　　Ｄ博士は、グループホームで生活している6名の若い女性に行動的サービスを提供している。Ｄ博士は、手術が必要で回復までに長い期間を必要とする健康上の問題を患った。Ｄ博士はこれらの若い女性に愛着を感じており、この契約を解除したくないと思っている。しかし、手術と経過観察は、自分でどうすることもできない問題であった。良くなれば、コンサルティングを再開したいと思った。良く見積もったところ、約3カ月、彼女はグループホームから離れることになる。
　　長期にわたって現場を離れることになるので、Ｄ博士はクライエントたちの最大利益のためにこの仕事を辞める必要があるだろうか？

> （c）行動分析家がクライエントを見捨てることはない。行動分析家は、クライエントがもはやサービスを必要としないか、サービスを継続しても利益を得られないか、悪影響が生じることがかなり明白になった場合は、専門的関係を終結する。

行動分析家は予告なく、クライエントの元を離れてはいけない。専門的関係を終了するのは、（a）クライエントがもはや行動分析家のサービスを必要としなくなったとき、（b）クライエントが利益を得ていないと行動分析家が判断したとき、（c）これ以上のサービス継続が、何らかの方法でクライエントにとって実際に害になるということを行動分析家が明らかにしたとき、である。

> （d）クライエントの行為によってサービスができなくなる場合を除いて、どんな理由であれ、サービスを終結するときは、その前に行動分析家はクライエントの意見と必要について話し合い、適切な終結前サービスを提供し、必要に応じて代替サービス提供者を提案し、クライエントがその提供者をすぐ必要とする場合は、その提供者に責任を委譲することを容易にするため、他の相応な措置を講じる。

サービスを終了させなければならないのであれば、クライエントのニーズについて関係者（例えば、保護者、後見人、関係機関の代表者、学校管理職者）と協議し、そして、支援を提供できる他の専門家を紹介すべきである。

◇ 事例2.16D：厳しい選択

　マーカスは離婚した家族の10歳児で、アルコール依存の母親と生活しながら身体的・言語的虐待を受けていた。虐待保護機関は、彼を家庭から保護し、実父のところに置いた。ある認定行動分析士が、1週間に数時間、その家で実践活動をするために配属された。マーカスは「多動性」の処方薬を受けていたが、父親はきちんと薬を彼に与えていなかった。父親は、家出、不服従といったマーカスの行動問題を認識していたが、ペアレント・トレーニングを拒否している。彼は自分の子どもの扱い方について他人から助言される必要はないと言っている。行動分析士が家にやってくると、父親はそれを無料のベビーシッターのチャンス到来とし、車庫に作業をしにいったり、買い物に出かけたりさえする。

第7章　クライエントに対する行動分析家の責任

この家で行動的サービスに協力してもらうことは不可能のように思える。しかし、行動分析士がこの子どもを見捨てることは正当化できるだろうか？

事例の回答

◇ **事例2.0：学校に対するコストを削減する**

V校長のために予算内に収めることがベッツィーの主な関心事であってはならない。ベッツィーのはじめの関心事と責任は、学生たちに対するものである。ここでの主な問題は、時間の短縮によってクライエントが理想的なレベルの行動的サービスを受けられなくなるのかどうかということである。あまりにも多くの時間がはじめに契約されていたのかどうか、十分に進歩が認められているので、1週間で20時間はもはや必要ないのかどうか、このような問題が生じるだろう。

◇ **事例2.01：援助を求めない保護者**

子どもの保護者も「クライエント」と考えられる。けれども、アランは、この状況で最も傷つきやすい当事者である。モニカは、アランの擁護者でなければならないし、彼が必要とするサービスの提唱者でなければならない。モニカは、家庭におけるアランの行動的治療に母親が対処しやすくなるようなこと（例えば、スケジュールを変えるとか）があるのかどうか、母親に尋ねてみることから始める。母親がモニカを気に入らないと思っていて、このことをなかなか言い出せないというのであれば、モニカのスーパーバイザーが母親と話をするようにして、母親が気に入るようなコンサルタントを紹介すればよいのかもしれない。モニカとスーパーバイザーは、さらにアランのケース・マネージャーにできるかぎり早く関わってもらうことを望めるかもしれない。

◇ **事例2.02：問題のある行動レパートリー**

行動分析家は、自分の力量にあった行動問題を抱えるクライエントだけを受け入れるべきである。マーティンは、いつ起こるかわからない攻撃行動を伴う頭部外傷の治療に長けている専門家に相談する必要がある。そのような人が施設にいなければ、彼を指導してくれるその領域の人を探す必要がある。そうでなければ、法的責任問題を彼は問われる可能性がある。

◇ 事例2.03：教師のお気に入り

　行動分析家の責任は、行動的サービスによって影響を受ける全ての関係者に対する責任である。テリーは、すぐに彼女の行動計画を修正する必要がある。ブリアナの行動は改善しているにしても、テリーの計画によって教師と他の子どもたちの関係は傷つき始めている。さらに、他の子どもたちが自分で強化子を獲得する機会が与えられないときに、彼らにテリーの強化の一部になってもらうことを要求するのは倫理的ではない。

◇ 事例2.04：セックス・セラピー

　否である。M博士は博士号を持った認定行動分析士（BCBA-D）であり、彼は幅広い知識を持っている人ではあるが、セックス・セラピストやカウンセラーの訓練を受けたことがない。「セックスに関連する問題を言語化させる」というジェリーへの指導は、この問題を行動上の問題とするわけではない。ジェリーと彼の両親の適切な同意を得てから、M博士は、ジェリーの問題をジェリーが明らかにすることを指導してくれる、適切な訓練を受けた資格のあるカウンセラーにジェリーを照会すべきである。

◇ 事例2.05B：全面開示？

　B博士は、施設に赴任したときに、管理者と会合を持って、自分と発達障害局との関係、それと施設における彼の役割を明確にすべきであった。彼は、結果を記した簡単な報告書を交えた会合を、重要な管理者と毎週持つといった、いくつかの決められた報告手続きを設定すべきである。彼が、この立場をとるのは、この施設を支援できると信じるからである。そうであっても、彼が実際に皆のために作業していることを全ての人に気付いてもらう必要がある。そして、彼の判断に影響を及ぼそうとする試みは、拒否する必要がある。

◇ 事例2.06C：ビデオに対する反発

　行動分析家はクライエントの権利を擁護しなければならない。クライエントが記録（音声であってもビデオであっても）されるときはいつでも、彼らの同意を得なければならない。さらに、ある目的のためにセッションを録音・録画することが認められて、そのテープとともにさらに何かをしようと思ったなら、再び同

意を得る必要がある。どのようなクライエント（大したことのない場合には、クライエントの家族や後見人）であっても、実践を開始するときに、認定行動分析士は、そのクライエントに、行動分析家の専門的実践に不服申し立てができることを知らせるべきである。スーザンは、認定行動分析士でないにしても、明らかに本ガイドラインの精神に違反している。母親に謝罪し、今回の案件について彼女の指導教授に報告すべきである。

◇ **事例2.07D：詮索好きな教区民**
　行動分析家は、実践の対象となる人たちの秘密を尊重する義務がある。この子どもたちについて尋ねられたC博士は、尋ねてくる人に対しては誰に対しても、自分のクライエントに行っている実践活動を話すことはできないということを丁寧に告げるべきである。それから、話題を礼儀正しく変えるべきである。

◇ **事例2.08：安全は十分？**
　他の専門家の事務所に記録を保管するということは頻繁に行われている。しかし認定行動分析士だけが鍵を持っているファイル用引き出しがなければ、このようなことは行われるべきではない。教師が退勤時に教室のドアを施錠したとしても、スティーブンがその施設にいないとき、教師やその助手、その他、教室にはいることができる人は誰でも、記録されている個人情報を見ることはできるのである。

◇ **事例2.09B：ただデータを取るのみ**
　ガイドライン2.07は、守秘義務を問題にしているが、ガイドライン2.09は、行動分析家がサービスに対する支払いを受けるためにクライエントの同意を得ずに情報を開示するための権利について述べている。ここで特筆される重要な違いは、開示は、目的達成のための必要最低限の情報に限られるということである。このことから、G博士は、請求書で求められている最低限の情報以外の秘密の情報を報告書の中に盛り込むべきではないといえる。

◇ **事例2.10C：多勢に無勢である**
　ロバートは、チームのメンバーにクライエントは効果的な処遇を受ける権利が

あるということを説明すべきである。彼の専門家としての責任は、代替処遇を再検討して評価することである。彼は、ここでの他の専門家たちから実験に基づいた論文を求めて、それを論評しなければならない。できるかぎりすみやかにベースラインを開始すべきである。ケビンが自分を傷つけているなら緊急時の対応をしなければならない。SIB（自傷行動）への介入は、研究論文に基づかなければならないし、このような「他の」処遇が、実証的なエビデンスに裏付けられていないとロバートが思ったなら、彼は、次のチーム会議でそのように告げるべきである。

◇ **事例2.10D：悪意のない切り札**
　ファラーは、教室で作業を始めたときに、ボイル先生に「適した」より良い仕事を行うべきだっただろう。彼女は、彼女にとってやりやすい方法、しかし、彼女のクライエントにとっては必ずしも良い選択とは言えない方法をとったようだ。実際、ファラーは、うかつにも、*JABA* の論文に気付かなかった。そして、その論文を今まで見ていなかったことを自白しなければならなかった。しかし、彼女は、その論文を注意深く読み、その後で、実際にそれができるはずであるというボイル先生の意見に同意しなければならなかった。

◇ **事例2.11B：データ管理者**
　説明責任や他の要件を確実にするために、作業は記録されなければならないとガイドラインに記されている。したがって、少なくともM博士は、ガイドライン3.0（査定）やガイドライン4.0（行動変容プログラム）で記されているようなデータを持っていたいと思うだろう。さらにM博士は、データのいくつかのサンプルを彼女自身で確実に集めておくべきである。データだけでなく、詳細な事例ノートも役立つだろう。サービスや援助がないために影響を受けている学生に関連した何からの観察事項があるなら、これも特記関連事項として記しておくべきである。

◇ **事例2.11C：データに関わる困難**
　否である。C博士は、ガイドラインにこのような新たな条項が加えられた点に気付いていなかった。ガイドライン2.11cには、別なレベルのクライエントのプライバシーが追加された。今や行動分析学の実践家たちは、治療を提供する過

程で集められるあらゆるデータを用いる場合に許可を得なければならない。おそらくこれが意味することは、セラピーを支援しているあらゆる資金提供機関だけでなく、クライエントからも許可を受けなければならないということである。学校で勤務している行動分析家は、学校からも、そしておそらく教育委員会からも、治療の一部として集めたデータの使用に許可を文書で受ける必要がある。

◇ 事例2.12：狭い空間

　バーバラは、彼女のアパートの中に記録を保管している。ルームメイトは、その記録を見ることができるのでは？　記録を保管するには、彼女だけが見ることができるように施錠すべきである。クライエントの記録をゴミ箱に処分するのは良いとは言えない。ごみ箱はひっくりかえされたりするときがときどきあり、ごみ収集作業員がごみをトラックに入れて空にするとき物を落とす場合がある。そのような場合、次に目にすることは、自分が捨てた書類が通りに飛び散っている光景である。クライエントの廃棄される記録はシュレッダーにかけるべきである。記録を保管する期間として3カ月は十分に長いとは言えない。バーバラは、州の法律や他の関連する（例えば、メディケイド[2]のような）要件に従うべきである。ほとんどの州では、記録は少なくとも3年間は保管すべきとなっている。最後に、もしコンサルティング会社がバーバラを雇用するのであれば、この会社はバーバラに記録を適切に保管できるようなオフィスや保管場所を提供すべきである。このことは、卒業して移動する可能性のある大学院生を雇っている会社にとって特に重要である。

◇ 事例2.13A：確実に経験から学ぶ

　グレンダは、はじめにこの事例の料金について尋ねていたら、この事例を引き受けるのを断ったかもしれない。それは貴重な経験だった。そして、せっぱつまっている人たちを援助できる支援組織としての研究科のイメージを高めた。それは、総合試験の準備をしていた彼女が、実社会に移ったときにすぐに忘れてしまうようなことにはならない、彼女にとって貴重な教訓となった。

訳註2　連邦と州が負担して州が運営する低所得者向けの医療費補助制度。

◇ 事例2.13B：ウェインの世界
　ジーンと校長は、行動的なサービスを受ける時間を増やすために、すぐに学区や他の支援サービスに訴えることができる。それがうまくいかない場合、ジーンが予算内の資金で作業できる時間を見積もらなければならない。彼女は、サービスの限界を考えたり、文書を作成したりする必要がある。最後の頼みの綱として、ジーンは、学校職員に自分が提供するサービスを手伝ってもらうための訓練を開始できる。適切なレベルのスキルを持つ人が他にいて、その人がウェインの行動プログラムを支援できるなら、ジーンが現場にいる時間は少なくてすむ。

◇ 事例2.14：Ａ＋の請求書作成
　請求書には、他にも、提供されたサービスの内容、その結果、そして、あらゆる提言を記すべきである。

◇ 事例2.15：賄賂
　ガイドラインは、紹介料の受理は認めている。しかし、クライエントや関係機関にはそれを知らせる必要がある。この事例で、ガイドラインに従うためには、バリーは、この会社が検査を実施することを自分が指摘していること、そして、自分は紹介料を受け取ることになるということを学校側に告げなければならないだろう。それでどのようになるのか、またこのようなことがどのくらいの頻度で起こるのかということによって、この状況は、利益相反になる危険性がある。倫理的な行動分析家にとっての最善の安全策は、謝礼を一切受け取らないことである。

◇ 事例2.16B：休暇
　行動分析家が自分のサービスを中断することは、クライエントに対して規則的にきちんとケアできるなら認められる。Ｄ博士は、できるかぎりすみやかに関係機関と話をし、自分が続けていきたいということを人事部に告げ、回復に予想される時間を伝えなければならない。Ｄ博士は、彼女が休暇をとっている間、誰かに彼女の代わりとなってもらうことはできる。そして彼女が不在の間、その人に行ってもらうプランをたてることができる。体調がよいときは、電話で様子を聞くことができる。

第7章　クライエントに対する行動分析家の責任

◇ **事例2.16D：厳しい選択**

　マーカスにとってこれは明らかに非常に悲しむべき状況である。しかし、現在の状況で、マーカスはこの時点で行動的なサービスの恩恵を受けていないと考えるのは明らかにまちがっていない。この認定行動分析士は、この関係を終わらせる必要がある。彼女は、自分が行おうとした全ての事柄と父親の側で不履行があったことを文書に記録すべきである。この記録は、児童相談所やその他関連する機関に提出されなければならない。

第 8 章

行動査定
（ガイドライン3）

　行動分析学の根本原則は、何らかの処遇を計画する場合、処遇に入る前に「ベースラインデータを収集する」必要があるということである。ではなぜベースラインを収集しなければならないのか。その理由は部外者にはそれほどはっきりしていない。そのため、他領域のほとんどの専門家にとってベースラインを収集する方法論を理解することはむずかしい。われわれ行動分析家がベースラインを収集する場合、それには例えば次のようなさまざまな意味合いが含まれる。

- 問題になっている行動について、すでに行動分析家への照会がなされている。
- その行動は観察可能であり、何らかの方法で数量化できるようにすでに操作的に定義されている。
- 訓練された観察者が、その行動の起こる場面をすでに訪問しており、その行動の生起とそれが起こる状況とを、すでに記録している（ということは、その照会は妥当であり、その問題は測定可能であり、そしてその問題を処遇する必要性はそのデータのグラフが示すものによって判断されるということを意味している）。

　行動分析家はうわさや風評では仕事をしない。彼らは、自分自身で問題を認識し、日々の変動性を察知し、トレンドのあるなしをつきとめるようとする。そして最終的にはその行動が起こる状況を正しく理解して、行動の機能をある程度感じ取ろうとする。

　「この子といると気が狂いそうです。

> 行動分析家はうわさや風評では仕事をしない。自分の目で問題を見ようとする。

一時も座っていられず、ほかの子と勝手にお喋りして、私が出した課題を仕上げたことがありません。いつもこの子にかかりきりで、席に戻って座るように言い聞かせてばかりいます」。このフラストレーションだらけの小学3年生の担任が、行動分析家に照会されたとする。照会された行動分析家は、教室に出向いて、正確に何が起こっているかを観察する（教師はその間にこの「悪がき」を教室から追い出したいと考えていた）。副校長や、学校カウンセラーや、学校心理士なら、この教師にすぐにでもどう対処すべきかをアドバイスしたり、知能検査や人格検査のテストバッテリーを実施するスケジュールを提案したりしようとするかもしれない。しかし行動分析家は、何よりもまず、その行動がどう起こっているかについて、何らかの査定をしようと強く主張するだろう。子どもはどれ位の時間離席しているか？　何が離席行動の先行事象になっていたか？　どんな課題が出されていたか？　そして実際には課題を何題くらい仕上げていたか？　行動分析家はまた、それぞれの行動に対して教師がどんなプロンプトを使い、教師がもしその行動を維持しているとすれば、どんな種類の強化子を与えているかを知ることにも関心を示すだろう。浮かんでくる可能性のあるもうひとつの問題は、教室でその子に与えている課題が妥当かどうかという問題である。課題が難しすぎることはないだろうか？　指示が不適切ではないだろうか？　そして最後に行動分析家は、一方で照会された児童を観察しながら、この児童の行動に対する級友の関与の程度についても査定しているだろう。経験豊富で倫理的な行動分析家ならば、解決の必要な問題が現に存在することを裏づけるうえで十分なベースラインを収集するようにするとともに、作用している可能性のある変数についての何らかの予備的な見当をつけるようにするだろう。最後に重要なことは、ベースラインデータを図示して、処遇効果を評価するために活用することである。ベースラインの収集を真っ先に行うことに関して何のルールも存在しなかったとすれば、これまでの説明はどうなるだろうか。そのことを考えてみよう。行動分析家は、十分訓練されていない、ひょっとすると偏った見方をするような人物が提出した標的行動の頻度の推定値に頼らざるを得なくなるだろう。またこの人物が推定する、ありそうな原因変数についての個人的意見を、真に受けなけ

> 経験豊富で倫理的な行動分析家ならば、解決の必要な問題が現に存在することを裏づけるうえで十分なベースラインを収集するようにするだろう。

れ(ば)ならないだろう。そして、どんな提案をするにしろ、それを評価する基盤は何も存在しないことになるだろう。そう考えると、このようなやり方で仕事をすることは、まったく倫理性に欠けることになる。しかしこのシナリオは、おそらく米国において非行動分析系の「専門家」の行う行動コンサルティングとして、流布している方法であろう。

行動分析士資格認定協会（BACB）のガイドラインは、ガイドライン3.0「行動査定」において、行動査定の成分は何かを明らかにする。さらにまた（ガイドライン4.0において）、次のようなよりいっそう幅広い責任も含めている。すなわち、クライエント（例えば、教師や校長や親）に介入を成功させるために必要な条件（4.01）と、介入の適切な実践を妨げる恐れのある条件（4.02, 4.03）を説明する責任である。もし倫理的な行動分析家が機能査定（この方法の原典となる研究はIwata, Dorsey, Slifer, Bauman, & Richman, 1982を参照）によって制御変数は何かを特定する場合は、クライエントにこの機能査定の手続きを詳しく説明するとともに、処遇を制約する条件についても説明する責任がある。後者の概念、すなわち制約条件は、応用場面において行動分析学をどう使えるかを理解するうえで決定的に重要である。簡単な例をあげてみよう。先に述べた小学3年生の例で、強化子を使って児童の着席行動を強めたいとする。そのためには強化子は何かを発見しなければならない。何らかの理由で強化子を発見できない場合は、この制約条件の限度を超えてしまうことになる。あるいは強化子は発見できたもののその使用が許されない場合や、また何が強化子であるのかをたとえ行動分析家が知っているとしても、教師がそれを使うことを拒否する場合は、やはり行動分析家は処遇の制約条件のひとつの限度を超えてしまうことになる。もし強化子が菓子類であることが判明したとしても（強化子査定によって発見された）、教師が「菓子類を使うことに不信感を持つ」場合、この方法によってこの子どもの行動を改善することは難しくなるだろう。あるいはその子どもにとっての最良の解決策が日記連絡帳（デイリーレポートカード）であると行動分析家が判断したとしても、家庭で親が子どもの行動に条件的に強化子を与えるという協力をしてくれないとすれば、やはり処遇制約条件に軽率に突入することになる。

査定について最後に一言述べておきた

> 制約条件という概念は、行動分析学がどう役立つかを理解するうえで決定的に重要である。

い。非常に重要なことは、データが何を意味するかを行動分析家がクライエントに説明する（おそらく実際に使っている

> 行動分析家には、データの意味を平易な言葉で説明する責任がある。

グラフを利用して要点を例示する）ことである。だからこそこのガイドラインにそのことを盛り込むことにしたのである。そういうわけで、行動分析家にはベースラインデータや機能査定や強化査定やその他の行動データ収集の形態をクライエントに平易な言葉で説明する責任があることが、ガイドライン3.03に明記されている。この説明には、言うまでもなく、どんな試みをしたか何が有効だったかについての実際に測定された結果を表す、あらゆる介入の成果が含まれることになる。この要件があるため、クライエントや保護者や権利擁護者は行動分析学の介入について常に知らされていることになる。そればかりか、おそらくこの要件は一定の広報活動の役割も果たすことになるだろう。そして行動分析家のすることは透明であって誰にでも理解でき、またその接近方法には客観性があり、そしてその意思決定はデータに基づいて行われることをクライエントに教えることになる。その結果として期待されることのひとつは、そう教えられたクライエントやクライエント代理者が、他分野の専門家に対しても、彼らの介入の基礎がどこにあるかを質問し始めるようになることである。ひとつのかなり重要な変化は、行動が「薬物の副作用かまたは何らかの生物学的要因」に起因しているかもしれない場合は、医者に診てもらうこと（医学的コンサルテーションを受けること）が必要条件になるということである。十分に訓練を積んだ大多数の行動分析家は、ずっと以前からこのことを実践してきているが、いまやこのことがこのガイドラインにはっきり述べられている。

■ 行動を査定する（3.0）

> 行動査定技法を使う行動分析家は、研究という点から見て適切な目的のために、その査定技法を使う。行動分析家は、照会された行動が薬の副作用かまたは何らかの生物学的要因の結果として起こる合理的可能性がある場合は、医師に診てもらうよう勧告する。

この文章は行動分析家に言及しているが、とりわけベースラインの収集に留まらず、おそらくもっと標準化された行動査定を行おうとしている行動分析家

第8章　行動査定

について説明している。この勧告の趣旨は、行動分析家はその査定に関連した研究を学習すべきであり、そして査定する場合はその査定に関して確立された信頼性と妥当性の範囲内で査定するよう義務づけられているということである。さらに、特定の行動照会の中には、何らかの生物学的要因や薬物の副作用に起因するものもありうる可能性を考慮するよう義務づけているということである。もし行動の原因について多少とも疑念がある場合は、医者に照会するに越したことはない。そして言うまでもなくどんな行動であれ、それが本人に明らかに身体的危害をもたらす恐れのある行動については、当然ながら医学の専門家に相談しなければならない。頭部強打、眼球えぐり、腕や足や頭のかきむしり、唇の喰い千切りは全て危険な行動であり、行動治療によって改善することができる行動である。そのため、治療を始める前に医療関係者に相談することが必要不可欠である。頭部強打は激しい頭痛のせいで起こっている可能性がある。かきむしりはアレルギーの症状である可能性がある。倫理的な行動分析家は、処置を求められている行動が生物学的要因に起因する可能性があるということについて、柔軟に対応するよう義務づけられている。

> **（a）行動分析家が行う査定や、勧告や、報告や、評価的な言明は、到達した結論のために必要な適切な証拠を提出するうえで十分な情報と技法を根拠にするものとする。**

　行動分析家は自分の課題と科学的に合致した査定ツールを根拠にして自分の結論を提示する。これは標準化サンプルが評価の対象となるクライエントとどの程度似ているかを正確に承知しており、その検査マニュアルや査定とともに用いられた可能性のある関連研究を活用して、その結果を解釈することができることを意味する。

> **（b）行動分析家は、査定技法や、介入や、結果や、解釈を不正に使用してはならない。また他の人々がこれらの技法のもたらす情報を不正に使用することを防止するため、妥当な措置を講じる。**

　最も起こりうる行動査定の不正使用の形態は、実際に収集されたデータを超えてそれ以上のことを述べることである。行動分析家は自分の査定結果によって得られた結果を誇張して語ることはしないし、他者がそうすることも阻止す

る。

> **（c）行動分析家は、個々人について下す判断や予測については、確実性に限界があることを認識する。**

　行動分析家は行動科学者として、行動について裏づけのない予測をするよりも、データに密着してデータからできるだけ離れないようにする。そしてしばしば「私の最善の判断では……」「私には……のように思われます」のような限定詞を使用する。そして行動査定は通常完璧ではなく、決定的でもないことを承認する。例えば、「カールは"算数嫌い"です」と言うよりも、「この3日間の観察によれば、カールはどちらかと言えば算数の問題を解くように言われたときに行動を起こすように思われます」と言う。行動分析家は、非行動系の査定を提供されたときは、行動プログラムの設計に進む前に、まず行動査定（すなわち、関数分析、データ収集、行動の直接観察）を実施する。

◇ 事例3.0C：基礎に帰れ

　テレサは認定行動分析士（BCBA）であり、最重度知的障害の成人に対する行動コンサルテーションをしており、在宅型の施設の新規入所者チャーリーについての査定資料を渡された。書類ホルダーにはスタンフォード・ビネとウェクスラーの知能検査の結果が収められていた。チャーリーには言葉があり、また良好な身辺自立スキルとソーシャルスキルを持っているように見えた。しかし、知能検査得点は「測定不能」と記録されていた。施設長はチャーリーを福祉作業所よりも在宅型の施設の基本訓練クラスで教えることから始めるべきではないかと思っていた。そして、もしチャーリーがそのクラスで「実力を発揮すれば」、数カ月間で福祉作業所に移行できるだろうと話した。

　テレサは知能検査の結果を非常に気にしていたが、しかし他の専門家の仕事や施設長の考えを疑うべきかどうかについては確信が持てなかった。読者はどう考えるか？

> **（d）行動分析家は、無資格の個人、すなわち経験豊富な専門家によるスーパービジョンを受けていず、妥当性と信頼性のある査定スキルを人に示したことのない人が、行動査定の技法を使うことを奨励しない。**

第8章　行動査定

行動分析家はデータの収集に細心の注意を払う。そして査定のこの側面には十分な教育訓練を受けた人だけが参加すべきであると主張する。認定行動分析士補（BCaBA）が行動査定を実施する場合は、行動分析士（BCBA）のスーパービジョンを受けるようにしなければならない。

◇ 事例3.0D：前方注意

先に述べたシナリオで、施設に連絡を入れた後にテレサは、行動分析学的性質を持つ査定情報を手に入れた。テレサは関数分析を目にして安堵した。その関数分析とその他の行動査定は、行動分析士補（BCaBA）が実施したものであった。テレサは再度施設に連絡を入れ、追加の査定情報やデータがあるかどうか尋ね、行動分析士補（BCaBA）をスーパービジョンした認定行動分析士（BCBA）の名前を教えてほしいと依頼した。しかし施設には行動分析士は雇用されておらず、その行動分析士補が知りうる限りの行動査定と処遇の方法によって最善を尽くして実践しているようだった。

この情報を踏まえると、テレサはこれからどう進んでゆけばいいだろうか？テレサはすぐ介入に移れるだろうか？

■ 行動査定の同意（3.01）

> 行動分析家は、行動査定の手続きを行う前に、クライエントかクライエント代理人から、文書による同意をえなければならない。ここでいうクライエント代理人とは、行動を改善するためにプログラムの適用を受ける個人に代わって意思決定を行う権限を法的に与えられた人物のことである。クライエント代理人の例としては、未成年者の親、後見人、法的な指定代理人が含まれる。

■ 機能査定（3.02）

> （a）行動分析家は、以下に定義する機能査定を行う。有効な行動改善プログラムを開発するうえで必要なデータをもたらすためである。

行動プログラムを書く前に、行動分析によって行動の機能を突き止めることは「ベストプラクティス」であると考えられる。典型的な行動機能には、社会

的注目、要求からの逃避、有形の強化子がある。行動分析家はあれこれ推測したりしない。また単純な伝聞証拠によって処理することはしない。むしろ原因となる影響変数を突き止めようとしなければならない。近年の研究には、同じ行動であっても環境が違えば異なる機能を持つことを示唆するものさえある。

> （b）機能査定には、さまざまな種類の組織的な情報収集活動が含まれる。すなわち、行動の出現に影響する諸要因（例えば、先行事象、結果事象、セッティング事象、ないし動機づけ操作）について情報を収集する。それには、面接、直接観察、実験的分析が含まれる。

機能査定の範囲は、『応用行動分析誌』（*JABA*）によく見られるように、略式の記述的分析（面接と略式観察に基づくもの）から、より正式なデータベースの観察システムへ、さらには実際の実験的機能査定にまで及んでいる。機能査定が目指している目標は、問題になっている行動に影響を与えている制御変数を同定することである。これは個人をほんの数セッション観察しただけで明らかになることもあれば、スタッフや教師に面接して何がその行動を動機づけているかを察知しなければならないこともある。最終的には、制御変数があまりに微妙であるため、有効な独立変数を発見するために、実験的手続きを踏まなければならなくなることもある。

◇ 事例3.02B：これからどうしよう？

フローレンスは重複障害者が暮らす在宅型の施設のスーパーバイザーとして働いている。居住者の一人のサンドラには、不可解な行動があった。日中いろいろな時間に自分の髪の毛を引き抜くのである。頭部は禿げて頭皮はしばしば赤く腫れ弱くなっている。フローレンスは、州の行動分析学会のワークショップで、関数分析について学習したが、それを利用して略式の観察を始めた。そしてサンドラの抜毛は食事の直前に起こる可能性が高く、おそらくそれは食べたいときに食べられないことへの「フラストレーション反応」であろうとフローレンスは結論づけた。フローレンスはサンドラのために食事が準備されている間に栄養価の高いスナックを与え、そして一番早く食事をさせて、フラストレーションを解消させようとした。しかし、1ヵ月経ってもサンドラの抜毛には影響が生じないように思われた。そこでフローレンスは認定行動分析士に連絡して、援助を求めた。

第8章　行動査定

フローレンスは認定行動分析士にそのデータを見せて、略式の機能査定について説明した。そこで認定行動分析士はタイムサンプリング調査を1日数回行い、もっと正確な記述分析を行った。認定行動分析士のデータは、サンドラの抜毛の一部は確かに食事の前に起こっていたが、それ以上にサンドラが就寝した後に起こっていることを示していた。認定行動分析士はサンドラの興奮の原因はルームメイトであり、テレビを大音量でつけていることではないかと考えた。この仮説を検証するため、次の1ヵ月の間の別々の4夜、サンドラのルームメイトを替えてみた。いずれの場合も抜毛はまったく観察されなかった。

さてこの事例では、実験的関数分析は必要だろうか？

■ 査定結果を説明する（3.03）

> 査定対象である個人に査定関係の性質をあらかじめ明瞭に説明してあり、またその性質上、査定結果を説明することが不可能である場合（例えば、一部の組織コンサルテーションや一部のスクリーニングや法医学的評価）は例外として、それ以外は査定される本人か、クライエントの代理として法的権限を与えられた人物に理解できる平易な言葉で行動分析家が査定結果を説明することとする。行動分析家が説明する場合であれ、助手やその他の人々が説明する場合であれ、結果の適切な説明が確実に与えられるように、行動分析家は妥当な措置を講じるものとする。

行動分析家は査定の結果を平易な英語かその他の適切な言語で、クライエントかクライエント代理人に説明する。このことは、その後に続く処遇の基礎をみんなが確実に理解するうえで必要不可欠である。行動分析学では、全ての方法を透明にするよう模索し、全ての関係者が行動分析家のすることを快く受け入れてくれるよう願っている。

■ 同意―クライエントの記録の扱い―（3.04）

> 行動分析家は、スーパーバイザーを含む他の情報源から、クライエントの記録を入手するか彼らにそれを開示するときは、事前にクライエントかクライエント代理人から、文書による同意を得るようにする。

行動分析家はときにケースについての情報を、スーパーバイザーや、他領域

の専門家や、機関に伝える必要が生じることがある。このような場合、行動分析家は情報を伝えることについてクライエントから書面による同意を得るようにする。これにはケースを担当する行動分析家のスーパーバイザーの同意も含まれる。

◇ **事例3.04：助っ人募集**
　スチュワート・W博士は、博士レベルの認定行動分析士（BCBA-D）であり、この2年間、トムの行動問題に取り組んできた。トムは地域社会の援助付き生活アパートで暮らしており、職業リハビリテーション機関のスーパービジョンを受けて、仕事をしている。W博士のデータによれば、トムはしばしば職場に遅刻したり、完全に仕事を休んだりした。トムはむしろ家にいて寝ていたかった。さまざまな報奨プログラムも役立たなかった。W博士はトムにはカウンセリングが有効かもしれないと考えている。博士にはカウンセラーの友人で同僚がいる。W博士はこの同僚を昼食に招いて、トムについて話をしたいと考えている。
　W博士が他領域の専門家にトムをクライエントとして受け入れることを検討してもらうため、トムについて話すことは倫理的に問題がないだろうか？

■ プログラムの目的を説明する（3.05）

> 行動分析家は、行動改善プログラムの導入に先立って、クライエントかクライエント代理人に、そのプログラムの目的について書面によって説明する。そして可能な範囲で、導入予定の手続きが目的を達成できるかどうかのリスク便益分析を行わなければならない。

　行動分析家が全ての行動プログラムの目的を書面によって特定することは、標準的実践であると考えられる。この目的の記述は、クライエントかクライエント代理人に提示しなければならない。そして、行動分析家に新たに要求されるようになった条件は、リスク便益分析を実施することである。その詳細は第16章「リスク便益分析」において説明する。

◇ **事例3.05：車に乗せてと懇願する**
　スーザンは52歳の発達障害のある女性で、自宅で母親とともに暮らしている。

第8章　行動査定

彼女の法定後見人も母親である。そしてスーザンは職業訓練プログラムに参加している。また発達支援サービスを利用し、また必要に応じて行動プログラムサービスを受けている。アンジーは認定行動分析士であり、職業プログラムに参加するクライエントを支援している。アンジーはこれまでスーザンに行動サービスを提供するよう依頼されてきた。スーザンは、所持金をジャンクフード（ポテトチップやポップコーンなどの高カロリー低栄養食品）につぎ込んできているらしい。そしてお金を手に入れるためこれまでスタッフに借金を申し入れたり、代金の支払いを依頼したりしてきた。この行動はエスカレートしてとうとうバス代にも困るようになり、彼女の懇願は周囲の人々の全てを不愉快にさせるようになってしまった。スーザンの行動はあまり適切であるとはいえなかったため、アンジーは社会的不承認を用いてスーザンのお金をねだる行動を治療するようスタッフに直ちに教え始めてもよいだろうと考えている。

どの時点でアンジーはスーザンの母親から同意を得る必要があるだろうか？

事例の回答

◇ 事例3.0C：基礎に帰れ

知能検査は人の能力を測る優れた行動測度とはいえない。特に最重度知的障害者の能力を測定する最善の方法とはいえない。テレサは一刻も早く適応行動と機能的スキルを測定する査定ツールを使ってチャーリーに評価を受けさせる必要がある。行動分析家は適切な査定を適用するようガイドラインによって義務づけられていると、テレサは管理者に伝えるようにすればよい。

◇ 事例3.0D：前方注意

テレサは機能査定を実施して、改めてチャーリーの行動問題についてのベースラインデータを収集する必要がある。そうする必要があるのは、新しい場面で査定をするためである。またそうする必要があるもうひとつの理由は、その行動分析士補（BCaBA）がたとえ最善を尽くしているとしても、彼女の仕事は認定行動分析士（BCBA）によってスーパービジョンと承認を受けていなければならないからである。

◇ 事例3.02B：これからどうしよう？
　その略式分析からフローレンスが得た査定情報が、有効な介入計画をつくる上で十分であるならば、実験的機能査定をする必要はない。

◇ 事例3.04：助っ人募集
　W博士は、目的の如何に拘わらず、他領域の専門家にトムの記録を開示したり、名前や行動特徴を伝えたりする前に、クライエント（トム）か、後見人から、書面による同意を得ておく必要がある。

◇ 事例3.05：車に乗せてと懇願する
　スーザンの行動を改善するためにどんな手続きを導入するにしろ、その前にアンジーは、行動計画の目的の概要を書面で母親（スーザンの法定後見人）に伝えておく必要がある。母親はスーザンが仕事に行っている限り、それによって手に入れたお金で菓子類を買い求める権利があると考えている可能性がある。この問題への介入は、母親がそれについて何らかの情報提供を望むような介入になるだろう。

第 9 章

行動分析家と行動変容プログラム
（ガイドライン4）

　第4章で暗に指摘したように、行動分析家は、学問が発展する初期段階では、行動改善プログラムを実行する習慣的方法を備えていた。その方法は支援する人々からは「さまざまな用途に使える」

> 行動分析学の開拓者たちは、これらが行動変容の単なる実験でなく、全く新しい形の治療であることをすぐに認識した。

ものとして肯定的に説明され、中傷する人々からは「相手の動きに応じて作り上げていく」ものとして非難される可能性があるものだった。はじめは、行動プログラムは単に実験室の手続きを彼らが対象とするヒトや用いる状況に合うように拡張したものにすぎなかった。記録に留められたものもなく、承認プロセス自体もなかった。データは常に収集されて、高い精度と一貫性を通常はもっており、そしてその結果は関わった人々がこの素朴な手法がもたらした結果に驚くほど新鮮で驚異的なものだった。うまくいくにつれて、初期のこれら実践者が引き受けた任務の重要性が認識されるようになった。行動分析学の開拓者たちは、これらが行動変容の単なる実験でなく、全く新しい形の治療であること、つまりデータにきちんと基づいていなければ治療ではないということを、すぐに認識した。そして治療には、注意深さ、考慮、思慮や責任に新たな水準が要求されるようになった。きちんとした記録を残すことが必要であるということがはっきりしてきた。1980年代半ばまでには、行動分析の実践者は、クライエント、またはその後見人が行動変容プログラムを導入する前に書面で承認するというその時代の基準を完全に守るようになった。

　この責任と説明責任の高まりは、最も制約の少ない手続き[3]を使う、有害な

原註3　最も制約の少ないというこの言葉は、環境に抗する手続きに用いられるとき、必ずしも意味をなすわけではない。ワイアット対スティクニー（1971）事件の原文では、地域（比

結果（強化子や弱化子を含む）を避ける、プログラムの途中でなされるいかなる変更にもクライエントが関わるといった、他のプロトコルも同様に遵守しなければならないことを意味した。スキナー (Skinner, 1953) は常に弱化子の使用に反対していたが、この件について行動分

> ひとつの領域として、私たちが第一に関心を持っているのは、新しく適切で適応的な行動を可能な限り有害でない強化子を使って教える行動変容プログラムの作成にあるということである。

析学の分野で成文化されるには相当な時間を要した。こうしたガイドラインの綿密な点検がもたらしたのは簡潔で凝集性の高い立場である。すなわち、「行動分析家は可能な限りは弱化でなく強化を用いることを薦める」。この側面のガイドラインの要点は、以下のことを利用者に伝え、そして行動分析家に思い出させることにある。すなわち、ひとつの学問分野として、私たちが第一に関心を持っているのは、新しく適切で適応的な行動を可能な限り有害でない強化子を使って教える行動変容プログラムの作成にあるということである。

　ガイドライン 4.0 の興味深い特徴のひとつは、私たちが使う治療の形が「継続してデータを収集する」ということを明確にしている点である。他の治療形態と比較すれば、この点が最もユニークで価値の高い特徴のひとつを表している。継続した客観的なデータ収集は行動分析家が介入の効果を理解することを助け、消費者が治療の価値を継続して評価できる助けとなる。

　行動変容プログラムの開始にあたっては、安全な条件下で、正しい治療方法を見出し、それが正確に導入されることに焦点の大部分は注がれる。行動分析家にもうひとつ必要なことは、介入終了の基準について考慮することである。基本的に、私たちが「いつ治療をやめるか」と尋ねる必要がある。利用者の行動が、治療を中断しても構わないくらいに十分な変化を示したときに終結され

較すれば明らかに制約的ではない）の中で対処されうる患者で、施設（鍵のかかった病室と隔離部屋があるので明らかに制約的である）の中で生活している患者は「最も制約の少ない環境」の中で扱われる資格があった。「最も制約の少ない」という言葉を治療に当てはめると、例えば、タイムアウトのような手続きは、他行動分化強化（DRO）と比べておそらくより制約的ということになる。身体的な拘束や機械的拘束は、同じくタイムアウトと比べてより制約的である。そうなのだろうか？　タイムアウトは、人が環境から引き離されること、おそらく人が他者を見ることができない場所に移されることを必要とする。弱化についてはどうなのだろう？　行動に随伴して強く「ダメ！」と言うのは「制約的」なのか？　霧やレモン汁のような他の嫌悪刺激もこのカテゴリーの中に含まれるのだろう。

ることになるのだが、その基準とは何だろうか。この判断に含まれるたくさんの「臨床的な判断」があり、もちろんクライエントまたはクライエントの代理人も

> 「いつ治療をやめるべきか」という決定にはたくさんの「臨床的な判断」がある。

決定に含まれなければならない。どのレベルの行動変容が望ましいかについての考慮を要求することで、ガイドラインは果てしなく続くオープンエンドの治療を防いでいる。例えば、行動分析家が自傷行為（SIB）の治療をしようとするなら、彼または彼女は受け入れられる行動変化の水準を示してそれについて承認を受けなければならない。「2週間にわたってSIBがゼロ」がそうした目標のひとつとして考えられるかもしれない。あるいは、その行動変容プログラムが適応的な行動を含むなら、目標は「カールは完全に自分一人で、誰の助けもなく、3日間連続で着替えができる」となるかもしれない。しばしば起こるように、クライエントやクライエント代理人はその時点で治療の終結を決定するかもしれないし、またこれもしばしば起こるように、「カールは1週間にわたってバスに一人で乗ることができる」「カールは丸1日の作業日を何のSIBも不適応行動もなしに終えることができる」といった別の目標を立てるかもしれない。

■ 行動分析家と個別の行動改善プログラム（4.0）

> 行動分析家は、（a）行動分析学の原理に基づいたプログラムを設計し、それには他の介入方法の効果の査定も含め、（b）プログラムの設計には、クライエントやクライエント代理人を参加させ、（c）クライエントの同意を得て、（d）クライエントにいつの時点でもサービスを終了させる権利があることを尊重する。

行動分析学はそのプログラムの基盤を行動分析の基本原理に置き、そのプログラムの査定のための行動的方法を用い、そしてクライエントやその法的代理人が関わってプログラムを設計する。他の介入モデルの査定のさらなる議論のためにはガイドライン2.09cを参照してほしい。行動分析家はいつの時点でもサービスを終了させる権利をクライエントが持っていることをクライエントに知らせる。

◇ 事例4.0：マッサージのメッセージ

　ジェリーは認定行動分析士補で、以前に何年もマッサージセラピストとして働いていた。発達障害者のグループホームで彼が担当した最初のケースの一人に、何の前触れもなしにホールに走り込んできては別のクライエントの背中を叩くという女性がいた。彼女は笑っては自分の部屋に戻り、ベッドに座ってしまう。ジェリーは彼女が緊張していてその緊張が予期しない攻撃の爆発の原因となっているのではと感じた。彼は正式ではないプログラムにそうした出来事の後でクライエントの肩をマッサージすることを含めた。

　ジェリーのスーパーバイザーとして、あなたならこの状況をどのように扱うだろう。

■ プログラムを成功させる条件を説明する（4.01）

> 行動分析家は、クライエントかクライエント代理人に、プログラムを有効にするために必要な環境条件について説明する。

　プログラムの導入に先立って、行動分析家はクライエントまたはクライエント代理人にそのプログラムが効果的に働くために必要な条件を説明する。これは実際にはかなり煩雑なことである。というのは、一連の随伴性の記述によらなければならないためである。ほほどんな場合でも行動の機能を見定めて、さらにキーとなって維持している変数をコントロールする何らかの方法を見つける必要がある。もし強化子がそれに含まれていれば、その強化子を適切な行動に随伴させる何らかのやり方を飽和化が起こらないように注意しながら一貫して実施する必要がある。そしてそのプログラムはクライエントが急に逃避行動に走らないようにデザインされなければならない。

■ 実行を不可能にする環境条件（4.02）

> もし環境条件が行動分析学のプログラムの実行を不可能にする場合は、行動分析家は、他の専門的援助（例えば、他の専門家による査定、コンサルテーション、または治療的介入）を見つけ出すよう奨励する。

　行動分析家は、すでに行動査定を終えていればほとんどの状況で行動的治療

第9章　行動分析家と行動変容プログラム

を薦めようとするだろう。しかしながら、介入を始められる認定行動分析士補（BCaBA）や認定行動分析士（BCBA）がいなければ、あるいは行動的治療に必要な資金がなければ、行動分析家は他の専門家にケースを照会することになる。ひとつの鍵となる条件はケースに関わることのできる主要な部署間の連携である。在宅サービスでは、両親が介入に関わることが必須である。もし一人が関わらなかったり、介入をサボったりするようなことがあれば、明らかに改善は望めない。

■ 実践を妨げる環境条件（4.03）

> もし環境条件が行動分析学のプログラムの実行を妨げる場合は、行動分析家はその環境の制約を除去しようと努力するか、そうすることを妨げるものを書面で同定する。

　行動プログラムは、効果を保証するための最小限の条件を必要としている（例えば、安定した環境、強化子の統制、結果事象の一貫した呈示、主要な部署間の協働など）。行動分析家はこうした環境的な制約を同定し行動プログラムを始める前にそうした制約を変化させたり除去したりしようとする。もしできなければ、行動分析家は書面でこうした条件を記述してそれらの解決を図る。

◇ 事例4.03：競合する課題

　パティ・S博士は博士レベルの認定行動分析士（BCBA-D）で、大都市の中心部にある障害を持つ子どもたちのための就学前プログラムに行動サービスを提供してきていた。このプログラムは行動プログラムが効果を持つために必要なサポートを提供する意味でうまくいっていた。しかしながら、新たな幼児担当の管理者がその地域に着任すると、幼稚園就園前のスタッフを現場から遠ざけて、高密度の（発達）カリキュラムモデルで訓練することを決めた。この新たな集中的なスタッフの訓練のためにほとんど毎日のようにスタッフが足りなくなってしまった。施設で残って働くスタッフは子どもたちの基本的な要求をかなえるためにあちこち飛び回って、例えば、データをとったり介入を始めたりする時間がなくなってしまった。

　S博士がこの状況をうまく扱っていくための最初のステップは何だろう。

■ 介入の同意を得る（4.04）

> 行動分析家は、行動介入手続きを実行する前に、クライエントかクライエント代理人から、実行することに対する同意を、文書によって得なければならない。

◇ 事例4.04：仮説をたてる

新たに BCBA を取得したジュアンは自閉症の子どもたちのための私立学校で働き始めたところである。彼は、奇声を上げたり自分の頬をぴしゃりとたたいたりするカールに関わるように言われた。ジュアンは前任の BCBA が辞めた後に着任した。その前任者は機能分析と、治療計画が必要であるという記録を残していた。行動が自傷的な性質を持っているために、ジュアンはすぐに治療を始めたかった。彼は、前任の認定行動分析士が機能的査定を行ったことをご両親はご存じだから、すぐに治療を始めても構わないのではないかと先生に話した。

機能的査定はすでに終わっているのだから、ジュアンは介入にとりかかってよいのだろうか。

■ 強化／弱化（4.05）

> 行動分析家は、可能ならいつでも、弱化より強化を推奨する。もし弱化手続きが必要ならば、そのプログラムに必ず、代替行動の強化手続きを含めるようにする。

行動分析家には、行動変容プログラムにおいて強化子の使用を好み、弱化の使用を避けるというバイアスがある。弱化が唯一の選択肢であるような場合、他の行動に対する強化子がプログラムの一部に常に含められるべきである。

◇ 事例4.05：不自然な結果

事例4.04 から、ジュアンは、カールが頬を叩く反応は、自己強化によって維持されており介入として弱化の手続きを使用するに十分なほど深刻であると判断した。カールが自分の頬を叩くと、ジュアンは、カールの手を顔から十分にしっかりと引き離して、セラピストには大きな声で「ダメ」というように求めた。

ジュアンがこのプログラムの同意を求める前にしなければならないことは他に

第9章　行動分析家と行動変容プログラム

何だろうか。

■ 有害な強化子は回避する（4.06）

> 行動分析家は、候補となる強化子として、クライエントや参加者の長期的健康を害する恐れのあるものや（例えば、たばこ、砂糖、脂肪を含む食物）、動機づけ操作として望ましくない著しい遮断手続きを必要とするものは、その使用を最小限にする。

クライエントに十分に効果的な強化子もあるが、その強化子を長期にわたって使用すると有害であれば、避けるべき、また可能であれば全く使用すべきでない。行動分析家は著しい遮断手続きを含むような確立（動機づけ）操作の使用を避けるべきである。

◇ 事例4.06：ずっと甘いもので

　マークは認定行動分析士補で、言語を持ち、自立歩行する中度から重度の知的障害者の施設の一棟に配属された。彼は週にせいぜい1時間程度しか施設にやってこない認定行動分析士にスーパーバイズを受けていた。このために、マークは行動プログラムのほとんどの原案を考えて、介入の計画を立てるように求められていた。エディーは極めて多動なクライエントで、どの活動に参加していたとしても頻繁にその場から離れてしまう。エディーは、スケジュールでは自分の棟にいることになっていても、出かけて行ってグランドを歩き回ったりする。教育棟にいることになっていても、逃げ出して自分の部屋に戻ってきたりする。マークは、エディーは甘いものが好きだから、エディーがいるべき場所にいれば1日中10分おきにキャンディやコーラの1口でエディーを強化してうまく介入を始めようと決めた。

　健康的と言えない食べ物によるこれほど頻繁な強化スケジュールについて何か特別な配慮はないだろうか。

■ 継続的なデータ収集（4.07）

> 行動分析家は、データを収集する。もしくは、クライエントや、クライエ

ント代理人や、指名された他の人々に、プログラム中の進歩を査定するために必要なデータを収集するよう依頼する。

行動分析家は常にデータを収集し、データ収集を続けてプログラムの効果を評価する。行動分析家または行動プログラムに関わるように指名された人がそのようにする場合もある。

◇ 事例4.07：エスカレートする計画
　認定行動分析士のミシェルは、情緒障害のある10代のための特別支援教育クラスに在籍する14才のダウと関わっていた。家ではダウは弟を突き飛ばしたり軽く叩いたりといった弱い攻撃行動を示していた。ダウの弟は叫んでやり返したりしていた。母親は、ミシェルに攻撃行動は実際に誰かを傷つけてしまうほど強いわけではないと言ったが、もし現時点で止めさせなければ攻撃行動の強さはエスカレートしてしまうのではないかと心配していた。ミシェルは介入の計画を立てて、攻撃の爆発をどのように扱ったらよいかについての詳細なノートをダウの母親に送った。ミシェルはどのような状況かを見るために母親に週に1度くらい電話するようにと話した。
　ミシェルが他にしておくべきだったことはないだろうか。

■ プログラムの修正（4.08）

行動分析家は、データに基づいて、プログラムを修正する。

行動分析家は自分たちが導入したプログラムと「常に繋がっている」。これは、行動分析家はプログラムがうまくいっているかどうかを確認するためにデータを常に見ている、また必要ならば、成功を確かなものとするために修正するということである。

◇ 事例4.08：忍耐
　事例4.07において、ミシェルは最終的にスーパーバイザーからダウの家で攻撃への介入を始めるように促された。データを2週間取った後でミシェルは自分の介入には効果があると確信していたが、データが示していたのはダウの行動には

第9章　行動分析家と行動変容プログラム

進歩がないということだった。攻撃へのこの行動プログラムはこれまで他の生徒たちには極めて効果的だった。

ミシェルはこのプログラムを試し続けるべきなのだろうか？　どれくらい続ければ他のやり方に変更してよいのだろうか。

■ プログラム修正の同意（4.09）

> 行動分析家は、クライエントかクライエント代理人に、プログラムの修正とその修正理由を説明し、修正を実行することについて同意を得る。

行動プログラムに修正が必要であれば、行動分析家はその修正理由をクライエントまたは彼・彼女の法的代理人に説明してその修正についての同意を得る。

◇ 事例4.09：わずかな修正

シャキラは認定行動分析士で、特別支援教室で働いている。生徒たちは1日のうち何時間かをこの教室で、残りの時間を通常学級で過ごしている。タワナは背の高くやせっぽちな12才で、クラスの中で暴言を吐いたり破壊的になったりしている。うまくいっていた行動プログラムが彼女には適用されているが、そのプログラムが最近になってうまくいかなくなった。自分のクライエントであるタワナのことをよく知っているシャキラは、彼女が強化子に飽きてしまったことに気付いた。シャキラは介入において、強化子や強化スケジュール、そして不適切な行動に結果事象を加えるなどの修正をした。

行動計画はすでに実施されていたために、シャキラはすでにサインしてもらった承諾の書類の全てがプログラムの新しいものにも適用されるものと考えていた。彼女のこの考えは正しいのだろうか。

■ 最小制約手続き（4.10）

> 行動分析家は、代替介入選択肢の制約度を精査し評価する。そして必ず、行動問題の処理に有効でありそうな最小制約手続（least restrictive procedure）を推奨する。

行動プログラムの修正を決める際に、行動分析家は最も制約の小さい、また

同時に、同様に効果的に見える方法を使おうとする。

◇ 事例4.10：座って見学

学習障害を持ち社会的行動化を示す10才のジェイソンは通常学級の体育のクラスに入れられた。ジェイソンは頻繁にふざけてクラス全体をかき乱すことがあった。ボールを取られては金切り声を上げることもあり、おどけた仕草で走っては他の生徒たちを笑わせようとした。コーチはイライラして、ジェイソンが悪ふざけをするたびにトラックを1周走らせるという自分で考えついた行動介入を始めようとしていた。学校長が博士レベルの認定行動分析士であるデイヴィッド・K博士を送って、コーチと面会して別の選択肢について議論させた。K博士は最初の介入は単純にジェイソンが何か行動化を示したら、ベンチに座って見学させてはというものだった。K博士はコーチに、これが研究に基づくもので効果的であるとわかっている手続きであると説明した。

「座って見学」がトラックを1周するよりも望ましいというのは他にどんな理由があるのだろう？

■ 終結基準（4.11）

> 行動分析家は、プログラムの終結について、理解できる客観的な（すなわち測定可能な）基準を設定し、それらをクライエントかクライエント代理人に説明する。

行動プログラムの開始にあたって、行動分析家はプログラムをいつ終結させるかを決定する基準を特定するだろう。例えば、目標が頭を打ち付ける行動への対処であれば、あり得る基準は2週間にわたってこの行動が1度も生じないといったものかもしれない。

◇ 事例4.11：いつ話すか

N博士は在宅型の施設で暮らす高齢者のクライエントにコンサルティングを行っている。ベイカー夫人はどこへも歩いて行こうとしなかった。来る日も来る日も車いすに座って、ごく短期間のうちに食堂からホールに歩いて下りる力もなくなってしまった。医療スタッフは、歩くことがベイカー夫人の第一の目標である

ことを確認した。Ｎ博士には歩くことについての行動サービスが数週間もあれば十分であることがわかっていた。

　Ｎ博士は、ベイカー夫人に、彼女が改善するまで自分が関わっていくことを話すべきだろうか、それとも、彼女のサービスを終わらせることができる時点まで待つべきだろうか。

■ クライエントを終結する（4.12）

> 行動分析家は、例えば計画するか改訂した一連の介入目標を達成した場合のように、設定した終結基準を達成したあかつきには、クライエントとの関係を終結する。

◇ 事例4.12：治療の延長

　事例4.11でＮ博士が、ベイカー夫人を車いすから離して短時間のうちに彼女が再び歩くようになると施設の管理者に話したのは、実際に正しかった。Ｎ博士は非常に計画的な反応形成の手続きを用いて毎日の歩行距離を少しずつ伸ばしていった。２カ月目のおわりにはベイカー夫人は杖を使って食堂まで歩けるようになった。Ｎ博士はベイカー夫人に向かってもう「卒業」できるし、自分の足で歩けますよと話した。彼女はＮ博士が施設からいなくならないでほしいと言い始めた。Ｎ博士はそのことについて何度も考えていくうちに、ベイカー夫人の歩行プログラムを拡大し延長できると思いついた。彼女に杖を使わずに歩かせるとか、施設の外にまでといったより長い距離を歩かせるなどの試みも可能だったろう。

　クライエントが非常にうまくやっているときに、プログラムを延長することは良い考えなのだろうか。

事例の回答

◇ 事例4.0：マッサージのメッセージ

　ジェリーのスーパーバイザーとして、まずはじめに行うべきなのは、彼に今は自分が行動分析家であることを思い出させなければならないことである。そしてマッサージ療法はどこかに追いやって強化の随伴性の言葉を使って考え始める必要があることも思い出させる必要がある。ジェリーは、データ収集も含めて今回

のようなケースをどのように分析するかについての何らかのオン・ザ・ジョブトレーニングを必要としているように見える。また彼は、クライエントの法的代理人と関わることの重要性についても、サービスを終了させる権利を彼らが有していることも含めて、訓練される必要があるだろう。

◇ 事例4.03：競合する課題
　S博士は、文書で校長と地域の幼児担当の管理者に、行動プログラムの導入を妨げているのが環境（スタッフ）の問題であることを明確に伝える必要がある。

◇ 事例4.04：仮説をたてる
　ガイドラインによれば、ジュアンはクライエントまたはクライエントの代理人（この場合だと両親）から介入手続きについての了承を得る必要があり、これを両親に会う機会として使うことができた。

◇ 事例4.05：不自然な結果
　行動分析家は可能ならいつでも弱化でなく強化を薦めるべきであるから、カールのプログラムは代替行動の強化手続きを含む必要がある。例えば、おもちゃを持って遊ぶとか、手を上げて教師の注意を惹くとか、楽器を使ったり画材を使ったりとかを強化する。

◇ 事例4.06：ずっと甘いもので
　ガイドラインは、行動分析家はクライエントの健康を害するような強化子の使用を最小限に留めるべきとしている。この大量の砂糖はエディーの血糖水準にネガティブな効果をもたらしうる。エディーがもしごく少量の強化子にも反応するなら、1日の終わりに半分のケーキ、キャンディの袋半分とかを受け取るのは容認できるだろう。どんな食物強化子であれ、もちろん、医療スタッフと栄養士に承認を得なければならない。そして、このプログラムがうまくいけば、マークはスケジュールを15分、20分、といったぐあいに伸ばしていき、1日の砂糖の全摂取量が過剰にならないようにできるだろう。

第9章　行動分析家と行動変容プログラム

◇ 事例4.07：エスカレートする計画

　介入が始まればいつも、データが介入効果の査定のために収集されるべきである。行動分析家が、クライエントや専門家、あるいはクライエント代理人（この事例だと両親）にデータ収集の訓練をするのは適切なことである。ダウは家庭内で攻撃的なのだから、両親は家でデータを取り始める必要がある。行動分析家はデータ収集のやり方を計画し両親を訓練するべきである。

◇ 事例4.08：忍耐

　行動分析家は行動プログラムをデータに基づいて修正しなければならないが、理解されておらずまた個々の事例で決めなければならないこととして、どの程度のデータが必要かという問題がある。ある手続きを中止して別のものをいつ試すのか、それをいつ私たちは知るのだろう。これはとても難しい問題で、慎重に考えること、またそのクライエントとその行動が生じる状況をよく知っている経験豊かな行動分析家からの情報を得ることが必要である。この事例では、プログラムが他の生徒たちにうまく機能してきたのであるから、そうした事例と効果の査定の状況についてより詳しく知る必要がある。

◇ 事例4.09：わずかな修正

　行動プログラムが修正されたら、行動分析家はその修正について説明して再び同意を得なければならない。この事例では、同意は両親から得ることになるだろう。修正はまたタワナにも説明されるべきである。

◇ 事例4.10：座って見学

　これがジェイソンにとっては行動プランの最初の試みであるのだから、行動分析家は最小限の制約手続きから始める必要がある。「座って見学」、つまり短期のタイムアウトは、暑い日差しの下でトラックを周回させるという、身体的に疲れさせる、そして、潜在的な危険性を持つ課題よりは望ましい出発点である。

◇ 事例4.11：いつ話すか

　N博士は歩行プログラムの基準をはっきりさせて施設管理者にその基準について説明する必要がある。またベイカー夫人にも彼女が理解できるように、決めら

れた距離を歩くことができるようになったら歩行のプログラムから「卒業」できることを説明する必要もある。もしベイカー夫人に家族がいるなら、この件について家族にも意見を求めるべきだろう。

◇ 事例4.12：治療の延長
　一般的に行動分析家は、定められた基準が達成されたときにクライエントとの関係を終結させる必要がある。この事例で、施設管理者とベイカー夫人の家族が、彼女の目標をさらに引き延ばすことを望むなら、Ｎ博士がもうしばらくの間この事例を継続することは適切であろう。

第 10 章

教師やスーパーバイザーとしての行動分析家
（ガイドライン 5）

大多数の認定行動分析士（BCBA）は、大学院を卒業するとすぐ、スーパーバイザーになる。人々に行動的な手続き（behavioral procedure）をどう遂行するかを教えることは、行動分析学の処遇の

> 放課後に学校とは別の場所でカウンセリングしても、そのセッションによって行動問題を改善することはできない。

不可欠の部分である。ほとんどの場合、処遇はクライエントの日常環境で行われ、これらの「重要な人々」（significant others）が、クライエントの生活の大きな部分を占めているからである。教室で起こる行動上の問題で照会されてくる子どもを、放課後に学校とは別の場所でカウンセリングしても、そのセッションによって改善することは通常は不可能である。効果的な処遇を行うためには、その教室において子どもを観察し、行動上の問題を制御している変数を究明しなければならない。そして行動改善プログラムには、ほぼ必ずといってよいほど担任教師が参加することになるだろう。例えば、行動分析家が観察してみると、年少のジェニーが一定の活動において課題から外れ、周りの子どもたちがそれを強化し、教師が何気なく間欠的注目を与え、そのことが問題の一因になっていることを発見するかもしれない。もしそうならば、行動分析家の任務は、その教師を訓練することである。まずいかにしてジェニーの課題への取り組みを持続させる可能性を高めるか（おそらく、教室の座席配置と、学習指導レベルの変更によって）を教える。次に、追加訓練によって、子どもの課題従事行動と、課題から外れた行動に対して、より組織的に対応する方法を教師に教える（ガイドライン 5.01）。基本的には、教師が受ける訓練は、課題から外れた行動を無視し（ignoring）、課題従事行動を見守り（watching）、そしてその行動が起こったら即時強化する（reinforcing）ことである。行動分析家

が教師をこのように訓練することは極めて適切である。ここには「特別な訓練」(specialized training) は一切含まれていないからである。教師は、これを遂行するために必要な前提スキルを全て身に付けており、こういう介入を行うための

> 基本原理は、行動分析的手続きが正しく用いられない恐れが少しでもある場合は、行動分析士はその活用法を人々に訓練してはならないということである。

適切な「実践の範囲」(scope of practice) を所有しているだろう。

　では、その行動分析家が、この消去と強化 (extinction and reinforcement) の同一仕様を校庭指導員に訓練することは適切だろうか？　適切ではない（ガイドライン 5.02)。校庭指導員などの職員は通常大学卒ではない。教員免許状を持つ教師でもない。ここに関係する基本原理は、行動分析学の処遇が正しく用いられない恐れが少しでもある場合は、行動分析家はその活用法を人々に訓練してはならないということである。校庭指導員は、介入の効果に関するデータを収集することについてならば、うまく訓練することができるだろう。しかし実際のプログラムは、免許を持つ教師が行わなければならない。同じことは、発達障害者の在宅型の施設で行われる行動系の処遇においても、考慮されなければならない。これらの施設の大多数の職員は、高校卒業資格は持っているが、それ以上の専門的訓練は受けていない。われわれのBACBガイドラインは、そうした職員に高度な行動系の手続きを訓練することは適切ではないと明言している。ガイドラインはまた、行動分析家には訓練を適切に行う責任があること、適切なフォローアップ・スーパービジョンも要求されていることも明言している。

　ガイドラインは、教師や指導者（インストラクター）になる認定行動分析士 (BCBAs) に対して、同様に高い基準を設定している。行動分析家は、科目の目標と、受講条件と、評価方法とは何かを明瞭に示す義務がある（ガイドライン 5.03、5.04、5.05）。さらに教育するときは、行動分析学の原理を用いることが義務づけられている（ガイドライン 5.09）。そのうえ、行動分析家は、教科を教える最初の時点において、学生（またはスパーバイジー）がその科目を履修するために必要な前提スキルを習得していること、習得していなければ補習スキル訓練を受けさせるために照会しなければならないことを承知していなければならない（ガイドライン 5.02）。行動系の手続きを教育にどう活用するか

に関しては、大量の研究が行われている。われわれは、非常に効果的な訓練をいかに設計し実践するかについての基本的知識を、就学前から大学院までの多岐にわたる主題領域において保持している。行動分析学の原理は、学生とスーパーバイジーに対して、いかなる場所においても、「学術上の方針が許す限り」（academic policy allow）、採用されなければならないと、行動分析士資格認定協会（BACB）ガイドラインは主張する。これは学生にとっては朗報である。学生は、講義と多肢選択型中間・期末テストという従来の教授法よりも、学習目標や頻繁なテストや即時的フィードバックや積極的反応を用いることをはるかに好むことが、われわれの研究によって明らかにされているからである。

■ 教師やスーパーバイザーとしての行動分析家（5.0）

> 行動分析家が、従業員や、スーパーバイジーや、研究助手に職務を委ねる場合は、彼らがその仕事を十分遂行できると合理的に期待できる範囲内の職務に限定する。

　行動分析家は、一定の課題を従業員や助手に委任できるかどうかを決定するときは、的確な判断をしなければならない。一定の、おそらくは面倒な、または型通りの雑用を、他の人々に手渡すことができれば、もちろん人生は楽になる。しかし任せた相手がこれらの責任を引き受けるスキルを実際に持っていることがわからない限り、それは危険な決定である。一般的原則として、ある人に一定の責任を委譲する前に、その人を注意深く監督して、その課題を二度以上遂行するところを実際に見届けておく必要があるだろう。

◇ 事例5.0：薄い大気

　ビデオテープからベースラインデータを収集する課題は、一見とても簡単なように思われる。そこでＺ博士は、ためらうことなく、教え子のジェシカに、この機械的操作による作業を任せることにした。重要な行動を定義した1組の文書を手渡し、機器の使い方を教え、一人で作業を始めさせた。ほぼ週に1度、ジェシカに、進捗状況を質問していた。彼女はこの作業に熱心に取り組んでいるように見えた。Ｚ博士はジェシカの転写したデータを行動系の学会で発表するため、機上の人となった。そしてどうもデータがおかしいと感じた。数分後に判明したこ

とは、ジェシカが全インターバル記録法と部分インターバル記録法の違いを知らず、まぜこぜに使っていたことだった。

　博士は悟った。ジェシカをチェックしておくべきだった、と。学会発表はどうすればいいだろうか？

■ 適格な訓練プログラムとスーパービジョンつき実務経験を設計する（5.01）

> 教育プログラムや訓練プログラム、そしてスーパービジョン活動に関わる行動分析家は、プログラムとスーパービジョン活動に関して、以下のことを保証するよう努力する。
>
> ・要求にかなうように設計する。
> ・適切な経験を提供する。
> ・プログラムやスーパーバイザーが主張する免許下付や、証明書交付や、その他の目標にとって必要な要件を満たすようにする。

　教育や訓練に関わる行動分析家には、教科が適切に設計されているかどうか確認する責任がある。われわれはスキナーから、プログラム学習（Holland & Skinner, 1961）の伝統を引き継いでいる。したがって、教科の設計については、細心の注意を払わなければならない。教科は、人々に講義を行うだけでは十分ではない。行動分析学のスキルを教えるために必要な経験を提供しなければならない。そして科目解説のそれぞれに関して、免許下付と検定の要件が満たされるようにしなければならない。

■ 訓練についての制約（5.02）

> 行動分析家は、必修訓練や、法的な実践範囲や、専門的知識に不足している個人には、特殊な訓練や、免許下付や、他の学問分野の専門的知識を必要とする技法や手続きを使うことを教えないこととする。ただし、これらの技法が、さまざまな処遇や、介入や、治療や、教育の方法の効果についての行動的評価において用いられるときは例外とする。

　われわれは、助手や補助員に対して、彼らが必要な必修科目を修めていない限り、行動系の手続きを訓練することはしない。唯一の例外は、正規の認定行

動分析士（BCBA）が処遇の効果を評価するため、助手やその他の人々にデータの収集を手伝ってもらう目的で訓練することである。これは認められている。

◇ 事例5.02：代理人

S博士は博士レベルの認定行動分析士（BCBA-D）だった。7つのグループホームを所有する会社に勤めていた。S博士はそれらのグループホームの全てのクライエントの行動プログラムの作成に責任を負っていたが、彼を手伝ってくれる数人の行動分析士補（BCaBA）と行動系の助手がいた。S博士はまた認定行動分析士（BCBA）と行動分析士補（BCaBA）の資格を持つ職員全員に対して訓練を計画し提供する責任も負っていた。S博士の管理者であるその会社の社長は、全職員に免許更新に必要な継続教育単位（CEU）を確実に取得させたいと願っていた。社長はS博士に一部のCEU訓練を提供するよう指示した。S博士は仕事の負担が大きすぎたので、代わりに会社の修士レベルの心理測定士に1日ワークショップをさせることにした。

この計画に何か問題があるだろうか？

■ 講座やスーパービジョンの目標を明示する（5.03）

> 行動分析家は、講座やスーパービジョン関係を始めるとき、その冒頭に、できれば文書で、講座やスーパービジョンの目標について明白に説明する。

教育に携わる行動分析家は、自分の教える教科に関して、文書によって一連の目標を明示する。目標は一般に極めて具体的であり、学生が及第点を取るためには、どんな行動に従事すべきかを特定する。スーパーバイザーも、新しいスーパーバイジーに対して、スーパービジョン経験を書面で明示するよう求められている。

◇ 事例5.03：厳しい任務

「自閉症サービス教育センター」（Center for Autism Services and Education; CASE）スクールに実習生として受け入れられることは大成功であるとみなされていた。1学期に受け入れられるのはわずか二人の大学院生であり、それは厳しいがやりがいのある任務であるといわれていた。院生はある著名な行動分析家とと

もに仕事を始め、教師と家族のケース会議に陪席し、行動プログラムを書き、その後プログラムが有効かどうかを突きとめるためデータを収集する腕試しをすることができた。欠点は、任務割り当ての開始時点で、院生がこれからどんなことをするのかはっきり説明されなていなかったことだった。「プログラムは絶えず進化します。毎日が新しい1日です」。言われたのはそれだけだった。「生きることが学ぶこと」。これが院生が最も頻繁に報告するモットーのように思われた。

「この著名な行動分析家」が、CASEにおいて彼女のもとで働く実習生を確保したいと思うならば、次に何を行う必要があるだろうか？

■ 講座の要件を説明する（5.04）

> 行動分析家は、スーパービジョン関係や講座を始めるとき、できれば文書で、スーパービジョン関係や講座で要求するもの（例えば、レポート、試験、プロジェクト、報告書、介入計画、グラフィック表示、1対1の面談）について、明白に説明する。

教育とスーパービジョンに関わる行動分析家はまた、講座やスーパービジョン経験の開始時点において、全てのコース要件の明白なリストを明示するようにする。目標を明示する目的は、学生がその授業を取る準備ができているかどうかを判断することができ、何が求められているかを理解する助けになることである。

◇ 事例5.04：予想以上

P博士は大学教授。行動分析学の教科を教えていた。グレチェンは、P博士の授業に登録した。グレチェンは修士課程の学生であり、将来は認定行動分析士（BCBA）の資格をとろうとしていた。彼女はまたシングルマザーであり、2歳の息子がいた。行動系の助手として、パートタイムで小学校に勤め、大学院では学期ごとに2科目ずつ授業をとっていた。P博士は最初の夜間授業で、教科の目標を配布した。目標にざっと目を通したグレチェンは、この授業が非常に有益であるとはっきりわかった。授業が4週目になったとき、グレチェンは自分が溺れ死ぬのではないかと感じた。授業では毎週テストがある。たったひとつの授業のために、これほど勉強時間が必要になろうとは、夢にも思わなかった。受講生はテ

ストを受けるほかにレポートを3本書き、セラピーセッションを最低2回観察しなければならない。グレチェンは、P博士に面会して、授業の成績は決して悪くないが、テストの成績は落ちてきており、これほど勉強しなければならなくなるとは思ってもみなかったと話した。P博士は同情を示さず、自分は最初の夜間授業で目標を配布したことを指摘した。

このケースではどこを変えるべきだろうか？

■ 評価の要件を説明する（5.05）

> 行動分析家は、学生やスーパーバイジーの成績を評価する要件について、スーパービジョン関係や講座を始めるとき、明白に説明する。

教育に関わる行動分析家は、学生をどのように評価するかを、教科を教え始める時点において、学生に明示しなければならない。

◇ 事例5.05：努力はA、科目はC

事例5.04では、グレチェンは難しい授業と格闘して何とか及第することができた。レポートを書き、毎週テストを受け、セラピーセッションでは2回という要件を超えて4回も出席した。グレチェンは、テストのために夜遅くまで寝ずに勉強して、残りの試験ではほぼ満点を取った。グレチェンは要求された以上の文献を検索して、レポートの作成に特別な努力を払うとともに、P博士のセラピーの陪席記録を作るときは、とりわけ細心の注意を払うようにした。グレチェンは要求された以上に努力したので、その科目でAをとることを期待した。グレチェンは、大学院の経済的支援を得ようとしていた。だから平均成績得点は、彼女にとって非常に重要だった。オンラインで自分の成績をチェックしたときの彼女のショックは想像に難くない。彼女がもらった科目の成績はCだった。グレチェンはすぐP博士に面会に行った。そして涙ながらに今まで私はCを取ったことはなかったと話した。

またしてもP博士は心を動かされはしなかった。成績の70％はテストによるものであると告げた。

■ 学生とスーパーバイジーにフィードバックを与える（5.06）

> 行動分析家は、学生やスーパーバイジーの遂行について、少なくとも2週間に1回か、またはBACBの要件に従って、フィードバックを与える。

頻繁なフィードバックによって、動機づけと学習と成績（遂行）が向上することが、研究によって明らかにされている。そのため行動分析家の教師は、自分の学生に対して、できるだけ頻繁にフィードバックを与えるようにしなければならない。一般的にいえば、このフィードバックは、できるだけ学生の遂行の直後に与えるべきである。例えば、学生が2週間ごとに試験を受けるとする。その試験が返されたら、できるだけ速やかにフィードバックを受けられるようにすべきである。スーパーバイザーである行動分析家は、BACBによるフィードバック要件（すなわち最低2週間ごと）に従う必要がある。

◇ 事例5.06：時が経つのを忘れる

アンディ・M博士（BCBA-D）は、大学で教え、同時にプライベートでコンサルテーションをしている。博士は心理学の大学院生タラのスーパーバイザーである。タラは行動分析士補（BCaBA）であり、中学校の2つの教室に配属され、そこで行動問題を持つ中学生を指導している。M博士にこのところ少なくとも3カ月は会っていなかった。そのM博士からタラに電話があった。彼が言うには、中学校の先生方はタラの仕事ぶりに満足していないという。そしてとても残念であるが、おそらくタラは、その中学校への配属から外されることになるだろうと告げた。

この事例ではM博士にとって最も倫理的な対応とは何だろうか？　タラは電話を受ける前と受けた後に、何をすべきだっただろうか？

■ 学生やスーパーバイジーに対するフィードバック（5.07）

> 行動分析家は、学生やスーパーバイジーに対して、彼らがフィードバックによって受ける恩恵の確率が高まるように、フィードバックを与える。

教育やスーパービジョンにかかわる倫理的な行動分析家は、遂行に及ぼすフィードバックの効果についての行動分析学の文献を活用すべきである。フィー

ドバックは、個別化して、即座に、かつ記述的に与えられ、正の強化と対提示して、グラフ化して提示されたほうが、事実だけを無味乾燥に伝えられるよりも、より大きなインパクトを与える。

◇ 事例5.07：どうです、すごいでしょう？

　ローラ・Y博士（BCBA-D）は、コンサルタントとして勤務する学校の数校において、修士レベルの院生の実習をスーパービジョンしている。Y博士はフィードバックのときになると、「保守派」（オールドスクール）になる。行動に伴う自然の結果が、院生に対する主要なシェーピング・ツールであるべきであると考えている。それは博士が若い頃のやり方だった。ロイスは、Y博士が教える学生の一人である。彼女は「今風の」（ニュースクール）の行動分析士である。彼女はこの分野を愛しており、フィードバックに生きがいを感じている。彼女は学校での１日が終わると、しばしばY博士から即座にフィードバックを求めようとする。「よくやっていますね」。この程度がロイスに対するY博士のフィードバックである。ロイスは元気づけや慰めの言葉を求めているのではない。自分が向上できるような具体的なフィードバックを望んでいる。

　あなたがロイスなら、どうしますか？

■ 学生やスーパーバイジーの行動を強化する（5.08）

> 行動分析家は、学生やスーパーバイジーの行動と環境条件が許す限り、できるだけ頻繁に、正の強化を使用する。

ガイドライン5.08で述べる正の強化とは、ほとんどの場合、積極的なコメントや、優しい言葉という形をとることになる。ただしスーパーバイザーは、どこで仕事をするかを選択させるなどの追加の強化子を用いてもよい。スーパーバイザーの中には、スーパーバイジーに、より挑戦的なケースを割り当てることによって、称賛を与える人もいる。

■ 教育に行動分析学の原理を使用する（5.09）

> 行動分析家は、教材や条件や学術方針の許す限り、教育において、行動分

> 析学の原理をできるだけ多用する。

われわれの応用研究はほぼ40年に及び、今では行動の基本原理に基づく、行動をベースにした、経験的妥当性を持った、強力な一連の教授法が存在する。これらの方法の中には、学習目標、頻繁なテスト、即時的フィードバックの活用が含まれている。今では長時間の退屈な講義は姿を消し、それに代わってインタラクティブな教育方略と、コンピューター支援学習モジュールが登場した。それらは学習の導きとなり、自動的にフィードバックを与える。あらゆる学業プログラムが、これら全ての進歩を支援するように作られているわけではないが、ガイドライン5.09は教師である行動分析家が、行動原理に基づく技法をできるだけ多く活用することを奨励する。

■ スーパーバイジーの要件（5.10）

> 行動分析家は、スーパーバイジーに対して、一定の行動を要求する。それは、スーパーバイジーの行動レパートリーの中にある行動でなければならない。もし要求する行動がスーパーバイジーのレパートリーの中にない場合は、要求した行動を獲得するために必要な諸条件を提供するよう努力し、スーパーバイジーを補習スキル開発サービス（remedial skill development service）に照会し、またはその種のサービスを自ら提供するようにする。そうしてスーパーバイジーが行動遂行要件を何はともあれ満たすことができるようにする。

このガイドラインは、スーパーバイザーとスーパーバイジーの両方に対して、実習経験ではどんなことが期待されるかを認識する必要があることを教える。スーパーバイザーは、正確には何が期待されているかを、スーパーバイジーに極めて明確に示す必要がある。一方スーパーバイジーは、現在の自分の一連のスキルを、正確に記述する必要がある。もしも両者がうまく一致していなければ、何らかの補習が必要になる。ガイドライン5.10の基礎にある仮定は、われわれはスーパーバイジーが失敗することを望んでいない、彼らがスキルを獲得して行動分析学の手続きを用いる自信を高めることを願うものであるということである。

■ 訓練、スーパービジョン、安全（5.11）

> 行動分析家は、従業員やスーパーバイジーに対して、適切な訓練とスーパービジョンと安全策を与える。そして彼らが必ず責任を持って、十分な能力を備えて、倫理的に、サービスを遂行できるようにするための措置を講じる。この義務を遂行するにあたって、施設の方針や、手続きや、慣習が妨げとなる場合は、行動分析家は自分の役割を変更するか、または状況をできるだけ改善する。

これまでに示したガイドラインで説明してきたとおり、行動分析家のスーパーバイザーは、行動スキルを首尾良く獲得できるように、訓練機会を設計する責任を持つ。その過程でスーパーバイザーは、スーパーバイジーが危険な状態に陥らないように手段を講じなければならない。例えば、背の低い女性の院生が、体格のいい攻撃的な男子中学生や高校生にタイムアウトを適用するよう要求されたとすれば、負傷する可能性がある。

◇ 事例5.11：悪い噂のある家

　ダニエルは、行動分析士補（BCaBA）である。応用行動分析学の修士課程で勉強している。自閉症スペクトラム障害児の在宅訓練サービスを提供する会社で、パートタイムで仕事をしている。特別なニーズを持つ子どもをはじめて割り当てられて感激したダニエルは、子どもの家に約束の午後4時よりいくらか早めに到着した。ドアをノックすると、若い女性が出てきた。彼女は非常に神経が高ぶっているように見えた。ダニエルはキッチンテーブルで担当する子どものニコを教え始めた。すると間もなく、廊下の先の寝室から上ずった声と叫び声が漏れてきた。そしてドアが開き、20歳前後のだらしない格好をした若い男が現れていきなりこう口走った。「俺にああしろこうしろって言うな、このあま！」。彼は素早く家を出て行き、後ろ手にドアをバタンと閉めた。ダニエルは、その後の数回の家庭訪問によって、自分が目撃したのは、散らかった麻薬道具と、出入りする怪しげな男たちであると、確信するようになった。一人の男は、家を出て行くとき、長時間彼女を見つめてきた。舌なめずりしながら、脅かすようにニタニタ笑った。

　ダニエルは、数回の家庭訪問を終わった後、スーパーバイザーに、こうした状況を報告した。スーパーバイザーはこう答えた。「そうですねぇ。私たちは最近起

こったことの全てに対処しなければなりませんね。私たちは人を裁くことはしません。私たちが家にいくのは、ニコを助けるためです。ニコは私たちとそのサービスを必要としています」

優れた倫理的な行動分析家のスーパーバイザーなら、どうするだろうか？

事例の回答

◇ 事例5.0：薄い大気

Ｚ博士は、ジェシカに対する自らの不適切な判断に対して、厳しい代価を支払うことになった。プレゼンテーションデータが何も無いことについては、謝罪しなければならなかった。そしてなぜこんなことになったかについては人々に釈明しようとはしなかった。この事態は十分恥辱的であり、Ｚ博士がこのような間違いを２度と犯す可能性はまずなかった。

◇ 事例5.02：代理人

認定行動分析士（BCBA）と認定行動分析士補（BCaBA）に対する訓練は、認定行動分析士によって行われなければならない。心理士には、行動分析家に対する継続教育単位分のための訓練を行う資格はない。さらに、心理検査は特別な訓練とスーパービジョンが必要な領域である。唯一の例外は、参加者に心理検査の手続きに慣れてもらうために計画されたワークショップである。「なれ親しむ」ための６時間はおそらく長すぎるだろう。そしてこれらのBCBAとBCaBAの事例の場合は、継続教育単位（CEU）を取得した方がよいだろう。もしＳ博士が訓練を担当できないとすれば、他のBCBAを探し出すべきである。

◇ 事例5.03：厳しい任務

問題の著名な行動分析家は、彼女のスタッフと協力して、実習経験についての何らかの明確な目標を策定する必要があるだろう。全てを満たし完璧でなければならないわけではないが、新しい院生が何をするよう期待され、実習によってどんなスキルを獲得するかがわかる程度であれば、十分である。こうすれば一部の院生が、それならば１学期は延期して、それほど難しくない実習をとることにしようと決心するために役立つだろう。

第10章　教師やスーパーバイザーとしての行動分析家

◇ **事例5.04：予想以上**

　科目の目標を手渡すだけでは十分ではない。P博士は、院生らに対してその教科が求める全ての要件についても、明白に説明するべきだった。グレチェンは、科目の要件を教えてもらえなかったときは、自分の方から教えてほしいと言うべきだった。グレチェンが、必要とされる勉強量を知っていたならば、おそらく時期をずらして、後でその授業を取ることを選択しただろう。

◇ **事例5.05：努力はA、科目はC**

　人々に教育やスーパービジョンを行う行動分析家は、科目を教える最初の時点で、受講生の成績を評価するための明確な説明を提示しなければならないと、BACBガイドラインは規定している。夜間授業の初回において、院生らは科目の要件のみならず、それぞれにどの程度の重み付けがなされるかを説明した点数制度や他の方法についての文書も受け取るべきだった。グレチェンは、反省した結果、学部長のところに行って、自分の苦情を訴えた。

◇ **事例5.06：時が経つのを忘れる**

　人々をスーパービジョンする責任を引き受ける行動分析家は、院生（またはスーパーバイジー）に対して、フィードバックを与えなければならない。M博士が効果的にフィードバックをするためには、タラを観察するか面接するかして、彼女の遂行をシェーピングしなければならないが、それをせずに3カ月以上もほったらかしておいてはいけない。実際は、M博士は少なくとも週1回1時間はタラに面接してフィードバックを与え、必要ならば訓練を行うべきだった。それには学校現場の先生方から届いたフィードバックを伝えることも含まれていた。もしこれがなされていたら、タラはおそらく自分の行動にとって必要な調整を行い、彼女の遂行に学校の先生方が満足するように振る舞っただろう。

◇ **事例5.07：どうです、すごいでしょう？**

　ロイスは、記述的特徴を持つフィードバック、すなわち遂行を改善するための十分な説明を含むフィードバックを頻繁に受ける権利を有する。「よくやっていますね」と言うだけでは、この基準を満たしていない。ロイスはいささか厄介なポジションにいる。彼女はどうしても自分のスーパーバイザーに対して、例えば「お

願いします。もっと詳しく説明していただけますか？」のように、多少のフィードバックを行う必要がある。ロイスは、例えば、「今朝、マーシャル先生の学級経営の仕方についてデブリーフィング（任務終了後の事後説明と意見交換）をしているときの私の行動を観察して下さり、ありがとうございました。何か他にした方がよかったことがありましたでしょうか？」のように、単刀直入な質問をしてもよい。もし、これでもうまくいかないようであれば、ロイスはY博士の上司に面接を申し込まなければならないかもしれない。

◇ **事例5.11：悪い噂のある家**

ダニエルのスーパーバイザーは、ガイドライン5.11（安全にかかわる対策を含む）を無視しており、しかも自分の責任でそうしている。ダニエルは法律違反の可能性のある行動（すなわち売春と麻薬）を最初に目撃した直後に、スーパーバイザーに自分の懸念を表明すべきだった。もしスーパーバイザーがダニエルをその家から引き揚げさせることに同意したとしても、ダニエルに代わって他のコンサルタントをその家に配属すると言ったとすれば、警告としてのレッド・フラッグが上がることになる。ニコは明らかに行動系のサービスを受ける資格を持っているが、彼はまた潜在的に危険な環境に置かれているようである。ここでの正しい判定は、スーパーバイザーが保護サービス局（Department of protective service, DPS）に連絡をとって、この事態を報告することである。ダニエルはDPSによる事情聴取を受け、詳しい情報を提供しなければならなくなるだろう。彼女は目撃者であり、その状況について直接的情報を持っているからである。

第 11 章

行動分析家と職場
（ガイドライン6）

　行動分析家は1970年代初期から職場で活躍してきた。企業や産業界における行動分析は、組織行動マネジメント（organizational behavior management: OBM）あるいはパフォーマンス・マネジメント（performance management: PM）として知られている。この特別な領域から、行動の基本原理は、ビジネスの世界にうまく適用でき、従業員たちの満足度を高め、彼らの生産性を高めるということがわかる（Daniels, 2000; Daniels & Daniels, 2004; Frederiksen, 1982; O'Brien, Dickinson, & Rosow, 1982）。ガイドライン6.0は、企業や産業界で働く行動分析家に、彼らがこれらの組織で相談業務を行うにあたって「十分に準備する」ことを求めている（ガイドライン6.03）。これは、企業や産業界で働くコンサルタントは、収益が重要となる環境でサービスを提供する前に、必要となるコース学習と実習指導を受けていなければならないということを意味している。どのような場所であれ、経営者がほとんどのコンサルタントを雇用しているために、行動の原理が誤用され、経営者ではなく従業員が不利になる可能性はある。我々のガイドラインは、行動分析家に、（1）十分に考慮された（ガイドライン6.02）介入、そして（2）経営者と同様に従業員にとっても利益となるような（ガイドライン6.04）介入、（3）「従業員の福祉を高めるような」介入を開発することを求める。この最後の条件は、従業員が危険に曝されるということはいとも簡単であるという意識を示す。例えば、倫理的ではないコンサルタントが劇的に効率を高める新たな強化スケジュールを開発したとする。そのような状況で、業績をもっと早めもっと高めるようなことをすれば、従業員のストレスは高まり、怪我は増す

> 我々のガイドラインによれば、行動分析家は「従業員の福祉を高めるような」介入を開発しなければならない。

だろう。加えて、行動的手続きが間違って用いられると、従業員からの反発をうけ、その結果、行動分析学に関して経営者に悪い印象を残すような問題が起こるのは当然である。

> 行動分析家は、他の専門職と同様に、職責を果たす義務がある。

このガイドラインのもうひとつの特徴は、一般の雇用について共通性の高い倫理基準を強調していることである。つまり、行動分析家は、他の専門職と同様に、職責を果たす義務がある（ガイドライン 6.01）。ある組織と2年契約を結んだなら、まる2年その会社に勤務することが望まれる。あるいは、契約に「競業避止義務条項[4]」が含まれるのであれば、退職に際して、この条項に従う限り倫理的といえる。契約を破棄して、前の雇用主と争うことは大いに非倫理的であり、おそらく同僚から非難され、その上、訴訟が起こりかねない。

最終的な倫理問題のひとつがこのガイドラインの中で取り扱われる。これは、行動分析士資格認定協会（Behavior Analysis Certification Board: BACB）のこのようなガイドラインに対する義務と雇用主に対する義務との間で生じかねない葛藤にかかわる問題である。最も起こりそうな問題は、自分が所属する組織の人から、我々の基準では"非倫理的"といえるようなことを行ってくれと頼まれることである。これには、自分が認めていない行動プログラムを自分が認めていると記されている書類にサインしたり、あるいは自分が関与していない訓練を実施したと記されている書類にサインしたりするといった、一見無害と思えるような行為がある。組織、特に福祉サービスの組織は、州や連邦政府の関係機関から定期的な監査を受ける。そして、監査直前に通知を受けて、自分たちの組織が一定の重要な基準を満たしていないことに気付く。これらの基準の多くは、クライエントが評価され、治療が提供され、あるいは一定の目標が達成されたということを示すクライエントの記録文書に関わるものである。これらの全ての文書は、通例、認定行動分析士（Board Certified Behavior Analyst: BCBA）のサインを必要とする。それは、これらのことが事実であるということを証明するサインでもあるし、事実ではないということを証明するサインでもある。「協力してくれ」というあなたへの圧力は激しくなるに違いない。しかし、それに従うことは明らかに我々の倫理基準に違反することになる。ガイドライン 6.06 は、我々の領域の倫理原則への遵守に違反することなく、

訳註4　退職した従業員に同業他社への就職を禁止する条項。

このような葛藤を解決することを促すガイドラインである。

■ 行動分析家と職場 (6.0)

> 行動分析家は、職務上の義務を忠実に守り、介入する前に従業員の相互作用を査定し、自らの訓練の範囲内において仕事をし、従業員の利益になる介入を開発し、ここに示すガイドラインの範囲内で紛争を解決する。

■ 職務上の義務 (6.01)

> 行動分析家は、雇用機関のために作られた職務上の義務に忠実に従う。

　行動分析家は、その職責を果たすという点で他の専門職と異ならない。すなわち、決められていることを最後までやり通すということが原則である。

◇ 事例6.01：フェイスは良い人？
　フェイスは博士号を持った認定行動分析士（BCBA）で、大きな行動コンサルティング会社で新しい仕事を引き受けた。フェイスは、少なくとも2年間その会社に勤務すること、そして1週間に最低20時間働くことが記された雇用契約にサインした。そのコンサルタント会社はフェイスを2カ月間トレーニングした。彼女は働き始めると、毎週20時間は働きたくないと早くも決心した。誰に相談することなく、彼女は取扱件数を下げて、週に12〜15時間の勤務をしていた。その上、その仕事についてわずか6カ月経ったところで、フェイスは競合する会社からの高い給料の誘いを受諾した。
　この場合、ガイドライン違反は何だろうか？

■ 従業員の相互作用を査定する (6.02)

> 行動分析家は、行動分析学のプログラムを設計する前に、従業員の行動と環境の相互作用を査定する。

　ビジネス場面でコンサルタントを行っている行動分析家は、行動を改善する

方法を見出すことがよく求められる。最も直接的な方法は、おそらく従業員への給与の支払い方法を変えたり、あるいは不十分な実績には報奨を与えなかったりする方法だろう。しかしながら、いつも芳しくない行動をする理由として、物理的環境そのものがあるという事実を見落とすべきではない。設備の修理が必要なところ、大きな騒音がするところ、あるいは安全上の問題があるところで働く従業員は、彼らの行動に問題があるのではない。倫理的な行動分析家は、常にこれらの環境要因を考慮して、これらの問題を経営管理者に気付いてもらうようにする。そのあとで、強化随伴性に関連した解決を提案する。

◇ **事例6.02：環境デザイン**

　博士号を持った認定行動分析士（BCBA-D）であるビル・R博士は、居住型施設の4つの16床ハウスに配属された。R博士は、そのハウスに出向いてこの新しい仕事を開始し、クライエントの記録に目を通し、彼らと知りあいになれるように、行動プログラムを必要とするクライエントを訓練室へ連れて行くことにした。R博士は、最初の数週間、プログラムを書いて、データシートをデザインし、実施しなければならないあらゆる査定を行った。2週間後、彼は、行動プログラムで職員を訓練するために、ひとつの施設に現れた。博士は、職員が一同に会してもらうために当直長を待った。その間、一人の職員にクライエントに何かしらの行動プログラムを行ったことがあるかどうかを尋ねた。彼女は、「ええ、ここにいた別の同僚から1日中データをとるように頼まれたわ。悪いけど、そんな無駄なことに使う時間なんて持ち合わせていないわ」と彼女は言った。職員が時間になっても昼食から戻ってこなかったので、R博士はずっと待ち続けた。時々、ある特定の職員が、予定された活動を行う必要があるクライエントのもとへ出向いていった。大きな、脅迫的な、否定的な声で、この職員は、「リチャード、仕度する時間だって言ったでしょ。バスが着く前に、ちゃんと起きてここから出て服を着なさい。私は二度と言わないわよ」と怒鳴って命令していた。

　ガイドラインはR博士にとってためになるようなアドバイスを提供できるだろうか？

■ コンサルテーションのための準備を整える（6.03）

> 行動分析家は、自分が十分な訓練を受けた行動管理プログラムを実施する
> か、そのプログラムについてのコンサルテーションを行う。

　行動分析家が、その職務に対して適切な訓練を受けることなく、ビジネス場面でコンサルタントを行うことはおおいに倫理に抵触する。企業や産業界、そして通常の福祉場面で大きな違いがあるのだから特別な準備が必要である。

◇ 事例6.03：自由な助言

　フレデリックの隣人は、全国的にチェーン展開するハードウエア店の支店長であった。BCBAであるフレデリックは、身体障害者のための保護作業所のデザインを専門としていた。ある日、地域の懇親会で、隣人がフレデリックに彼のところで働いている従業員の行動問題について語り始めた。その従業員は、仕事に遅刻し、率先して仕事に取組む姿勢を見せず、顧客サービスのスキルは遺憾な点が多いと彼は話した。フレデリックは、彼の作業所で同じような問題に出くわしていたので、彼は提案し始めた。

　フレデリックのより適切な反応は何であろうか？

■ 従業員用の介入（6.04）

> 行動分析家は、管理のみならず従業員にも役立つ介入を開発する。

　企業に勤務するコンサルタントは、その会社の収益に影響する行動問題を解決するために、ほとんどいつも経営者によって雇用される。行動分析家であれば、提案するあらゆる介入が、経営者だけでなく、従業員の利益にも資することを確実にすべきである。

◇ 事例6.04：特別手当

　シャロン・Pは、国内でも最大のビジネスコンサルティング会社に働いていることをとても幸運であると感じていた。必ずしも行動的な指向はなかったものの、彼女は会社合併に関わる特別なプロジェクトで働くことができた。行動的解決法

を用いる機会は非常に多く、メキシコのガルフにある油田掘削現場に配属される日まではずっとシャロンは成し遂げてきた貢献を申し分ないと感じていた。彼女は、連続して2週間働き、掘削装置の上にある設備の良い小部屋に住み、その後1週間休みをとるつもりだった。彼女は、労働者153名の生産力を9％まで、少なくとも原油1日につき190万バレルにまで増加させる方法を見出すために配属された。現在、彼らは85％効率という結果であり、南地区プラットホームのどこよりも低い効率であった。1％の赤字額で、会社は1年に250万ドルを要していたので、シャロンは解決策を見つけるように社長からの強烈な圧力を受けていた。3カ月後、彼女は間欠強化スケジュールを含む計画を考え出した。その計画は、石油採掘従業員と未熟練季節労働者の効率を上げるものであった（石油採掘従業員と未熟練季節労働者は特定の油田採掘作業に対する名前であって、これらは労働者に対する軽蔑的な用語となることを意図したものではない）。基本的に言えば、事故の危険を冒すことなく生産量を増加させるために、彼女は彼らを日雇いとし、毎週特別手当を出すことを提案した。もし彼らが目標に到達したならば、彼らの給料は1日300ドルから350ドルへ増加した。シャロンはこの方法が生産力を高めるためには必要最低限であると考えた。

　会社の社長はシャロンのプランを気に入ったが、1日50ドルはばかげていると言った。彼女は製図板に戻って新しいプランを描くべきだろうか？

■ 従業員の健康と福祉（6.05）

> 行動分析家は、従業員の健康と福祉を向上させる介入を開発する。

　さらに生産力を高めるように従業員を動機づけるような手の込んだ強化スケジュールを考案することは難しいことではない。気を付けなければならないことは、このスケジュールによって、生産力が高まるだけでなく、従業員が、病気になったり怪我をしたりする危険に曝されるかもしれないということである。より速く働けば、手っ取り早い方法をとりやすくなり、それによって従業員が怪我を負うのを防ぐために作られた安全基準が守られないということになりかねない。

◇ 事例6.05　従業員の健康と福祉を高める

ピーター・Bは産業組織心理学で博士号を取得し、その後早々に、大きなオンライン企業に雇用され、配送部門の生産性を改善することとなった。3週間にわたって非公式に観察した後、ピーターは、会社に、従業員に箱詰めのペースを速くするように奨励し、さもなければ解雇するという成果向上システムを設けることを推奨した。この「成果向上」で全体の生産高が少なくとも15％まで増加し、1年に100万ドル近くまで収益額を増加させるだろうと彼は見込んだ。人事部で働くBCBAは、この計画の噂を耳にし、施行前にその計画を再検討するよう求めた。

なぜそのBCBAは関心を持ったのだろうか？

■ 組織体との対立（6.06）

> 行動分析家が所属している組織体の要求と、ここに示すガイドラインとが、矛盾を示す場合、行動分析家はその対立の性質を明らかにし、自分にはこのガイドラインを守る義務があることを知らしめ、そして可能な範囲内で、ここに示すガイドラインを最大限に遵守する方法によって、その対立を解決するよう努力する。

行動分析家はかなり倫理的であること、それも行動分析の高度な倫理基準を他の人々に理解してもらえるほど倫理的であり、これらのガイドラインと仕事に関連した他の要求との間に対立があるなら、それを解決しなければならないと行動分析家が思うのは、これらのガイドラインからすれば明らかである。

◇ 事例6.06：パニックになる

居住型施設とグループホームを所有する会社は、連邦視察を受ける準備をしていた。管理者は、視察チームがやってくると聞くや否やヒステリー状態に陥った。ヘザーはその施設に勤務する認定行動分析士（BCBA）であった。視察の準備をしているとき、ヘザーはある管理者から「施設に出向いて、査定を書き上げ、行動プログラムを書き、データがきちんとあるようにしてくれ。そのうちいくつかは必要があれば日付を遡って書くように」と指示された。ヘザーは、このことで神経質になった、彼女は正直な人で、入所者と時間を過ごす機会を与えられてなかったからである。

ヘザーが専門家の用語を使うことを望んでいると仮定するなら、ヘザーは管理者に何を言ったら良いだろうか？

事例への回答

◇ **事例6.01：フェイスは良い人？**
　フェイスは2年間その会社に勤務することを承諾しながら6カ月後に退職した。彼女は契約書にサインしたことから、明らかにガイドラインと契約に違反している。ガイドラインは、行動分析家は職責を全うすることを言明している。フェイスは、スケジュール変更がコンサルティング会社との相互の話し合いの中で合意されない限り、契約どおり週に20時間、勤務すべきであった。時々、生活上の出来事のために、職務を全うすることができないことがある（例えば、行動分析家が、危篤の親をかかえているために、転勤する必要があると思うとき）。このような場合、行動分析家は、円滑に異動できるように雇用主と話し合う努力をすべきである。

◇ **事例6.02：環境デザイン**
　ガイドラインは、行動分析のプログラムをデザインする前に、行動分析家は従業員の行動と環境の相互作用を査定すべきであると言明している。R博士は、詳細な精緻化したプログラムを実行しようとする前に、従業員の態度や行動の点から彼が対処しようとしていることを理解していたら、もっと順調なスタートができただろう。

◇ **事例6.03：自由な助言**
　彼のコンサルティングを保護作業所から一流ビジネスに拡大できるというのは素晴らしいことであるが、フレデリックはこの領域での経験がないこと、訓練を受けていないことを検討する必要がある。そして、隣人にパフォーマンス・マネジメントの訓練を受けた人に会うことを勧めるか、できれば、このような仕事を日常的に行っているコンサルティング会社に行くように勧めることが必要である。

◇ **事例6.04：特別手当**
　ガイドラインに従って、シャロンは「行動成果への支払いシステム」を提案す

るという正しいことをした。そのシステムは経営者にとって利益となり（何百万ドルもの利益となった）、同様に油田採掘労働者にも利益となるシステムであった。彼女は今、倫理的なジレンマに陥っている。それは、コンサルティング会社のために油田掘削の契約に基づいて働くことを拒むことになるかもしれないからである。このように困難で危険な仕事に対して報酬を増額せずに、石油採掘従業員と未熟練労働者をもっと一生懸命働かせるようなシステムを彼女がデザインするということは倫理に反するものであった。それが彼女の置かれている状況であった。

◇ 事例6.05：従業員の健康と福祉を高める

　認定行動分析士（BCBA）は、これらのガイドラインに従うことを求められる。しかしこのケースでは、産業心理学者はガイドラインを遵守する必要がないだろう。確かに、いつでも生産力は高められる。この方法で従業員たちは解雇されないように素早く作業を行ったり、ひょっとすると手抜きをしたりすることがあるだろう。どちらの状況も、従業員たちは怪我をする危険性に曝されるかもしれない。そうであれば、誰かが従業員の安全と福祉についてたずねる必要がある。このBCBAがこのケースで疑義を提起したことは正しかった、そして、彼がPMに関する高度に専門的な知識を持っているのであれば、「働け、さもなければ解雇だ」のアプローチではなく、「実績に対する支払いシステム」を使うことを推奨しただろう。

◇ 事例6.06：パニックになる

　経営者の振る舞いはかなり非倫理的である。ヘザーは経営者にガイドラインを見せる必要があり、そして視察チームが到着する前に、その状況を評価するために最善を尽くすつもりであり、そして、ガイドラインの範囲内で作業を進め、できる範囲でプログラムの改善を視察チームが到着する前に行うつもりであると経営者に告げるべきである。もし経営者が主張し続けるなら、ヘザーは次のように答えるべきである。「専門家としての倫理に私が違反するようなことを私に求めないでください」と。経営者が撤回しないのであれば、ヘザーはもっと倫理的な組織に勤務することを考える必要があるだろう。

第 12 章

行動分析学の分野に対する行動分析家の倫理的責任
(ガイドライン7)

行動分析学は、専門職として急速に成長したけれども (G. L. Shook,, 2004年5月30日の私信)、社会福祉や臨床心理のような他の関連分野と比較すると、まだとても小さな分野である。大部分、私たち行動分析家は、ほとんどのアメリカ人の眼中にまだ入っていない。そして、これまでの経験から、少数の人による非倫理的行為によって、我々の全分野に悪い影響がもたらされることを私たちは知っている。我々が市民の信頼を得たいと思うならば、道徳的で倫理的な行為について非常に高い基準を定める必要がある。倫理的な行動分析家になるということは、自分を守るために、そしてクライエントを守るために、これらのガイドラインを守るということばかりではなく、行動分析学全体の評判を保護し高めることをも意味している。ガイドライン7.0は、我々一人ひとりが"この分野の価値観を守る"べきであることを明示している。行動的アプローチに内在する倫理原則の価値観と同様に、ガイドライン7.0は、疑いもなく、第2章で検討した9つの核となる倫理原則を含んでいる。誠実、公正、責任を負う、自律を促すことに加えて、行動分析家は、治療の有効性を判断するとき、意思決定にデータを用いるとき、研究の重要な焦点として個人の行動に着目するとき、客観的で確実なデータの価値を促進する。行動分析家は、新しい評価、効果的で押し付けがましくない介入、個人や社会にとって価値のある、社会的に意味ある行動の変化を生み出すことを評価する。我々は、各個人の価値、尊厳、自立を最善の状態にすること、そしてこれらの目標に到達するのに必要な行動レパートリーを開発することを信条にしている。行動分析家にこれらの基本的な価値を思い出させることは、たま

> 我々が市民の信頼を得たいと思うならば、道徳的で倫理的な行為について非常に高い基準を定める必要がある。

には必要であり、このガイドラインはこの機会を提供する。

さらに、ガイドライン 7.0 は、全ての行動分析家が我々の方法論と知見を市民

> BCBA ではないのに BCBA であると偽る人々に目をつむることは、基本的に非倫理的である。

に普及させる（ガイドライン 7.02）ためのプロンプトであり、我々自身にとっても、ガイドラインにときおり目を通して決められた基準を十分認識するためのプロンプトとなる。多少わずらわしい任務として、地域の他の専門家（または専門職補佐）が認定されていないのに認定されたと偽ることを絶対にさせないように、彼らを監視するという任務もある。このような警戒は、適切に訓練されていない者がクライエントに与える危害を考慮するなら当然である。クライエントに何かが起これば、我々の分野の評判をさらに傷つけるのであり、それもまた、高い基準を維持しようと頑張って働く人々にとっていつも悩みの種となっている。認定されていない人々をどのように「思いとどまらせる」かは、ガイドラインに記されていない。しかし、たぶん行動分析士資格認定協会（BACB）と連絡をとることが最初のステップとなるだろう。他に、助言と援助を得るために、行動分析学会（Association for Behavior Analysis; ABA）や地元の州の協会に連絡を取ることがあるだろう。

■ 行動分析学の分野に対する行動分析家の倫理的責任（7.0）

> 行動分析家は、この学問分野の価値観を支持し、一般の人々に知識を普及し、ここに示すガイドラインに精通し、資格のない人々があたかも資格があるように虚偽の陳述をすることを阻止する責任を持つ。

■ 原理を支持する（7.01）

> 行動分析家は、行動分析学の分野の価値観と、倫理と、原理と、使命を支持し、向上させる。州レベルと全米レベルないし国際レベルの双方における行動分析学の団体に参加することが、大いに奨励される。

行動分析家は、行動分析学という分野の代表として明瞭に発言し、その分野の価値観を支持しなければならない。これらには、正直であること、誠実であ

ること、公平であること、さらに、人間の状態を改善するのに用いることができる行動の基本原理を追及し続けることが含まれる。この目的のために、倫理的な行動分析家は、州、国、および国際レベルのさまざまな組織に出席したり参画したりする。

◇ 事例7.01：本拠地にとどまる

クリストファー・S博士は、認定行動分析士（BCBA）であり、10年間、発達障害（DD）の施設に勤務してきた。S博士は、求められる継続教育（CEU）の最低単位数を獲得するために地方支部大会に出席している。S博士は、州の学会や毎年5月にいろいろな都市で開催される国際行動分析学会へ出張したことが一度もなかった。S博士には家族はなく、旅費は十分にある。彼はこれまで同僚から「やる気がない」と言われたこともあれば、その分野の最新の動向について「無関心である」と言われることもあった。

これは非倫理的な行為のレベルとなっているか？

■ 行動分析学を普及させる（7.02）

行動分析家は、この専門職を支援して、一般の人々が行動分析学の方法論を利用できるようにする。

行動分析学という専門職について一般の人々を啓発することは、行動分析学という分野に対するひとつの責任である。これには、地方の市民団体で話をしたり、行動分析学に関する誤った情報を正すために地方新聞の編集者に投書したり、親や教師、あるいは他の専門職のための、行動分析学の方法のある側面についての訓練ワークショップに参加したりすることなどが含まれる。

◇ 事例7.02：用語を広げる

B博士は、大学で行動分析学の授業を教えるBCBAであり、趣味として犬の訓練を開始した。彼が競技犬の訓練に参加したとき、多くのドッグトレーナーがオペラント条件づけの原理を誤用していることに気が付いた。彼は、これらの知識のないトレーナーたちに、機会があれば、オペラント条件づけの正しい使い方について教え、彼の行動分析学の授業での経験を時折話していた。ある日、BACB

のガイドラインに目を通しているとき、行動分析家は、「我々の専門職について一般市民を啓発する」ために「行動分析学という分野に対する責任」があるということに気付いた。その後、B博士は、「イヌはどのように学習するか（How Dogs Learn）」というドッグトレーナーのための本を執筆していた同僚と協力した。その本は、行動分析学の基本的な原理に基づいていた。

　創造的な行動分析家が市民へ行動分析学のメッセージを伝えることができる分野は他に何があるだろうか？

■ ここに示すガイドラインに精通する（7.03）

> 行動分析家は、ここに示すガイドラインと、その他の適用倫理規範と、それらの行動分析家の仕事への適用について、精通する義務を負う。行動規範を意識していないことや誤解することは、それ自体、非倫理的行為としての責任が問われることになる。

　これらのガイドラインは、行動分析家が専門家としての生活を送るうえで手助けとなるようにデザインされている。我々全員が、これらのガイドラインならびに他の関連のある倫理規範に精通していなければならない。万が一、非倫理的な行動が告発されたとき、基準を知らなかったと言っても、それは何の言い訳にもならない。

◇ 事例7.03：仲を取持つ

　ダーラは行動的サービス会社で働く認定行動分析士補（BCaBA）であった。その会社は居住型施設、保護作業所、いくつかのグループホームを所有していた。ダーラは熱心に働いた。彼女は多少内気であったが他の従業員からとても好かれていた。ダーラの監督者のケンは、幸せな結婚生活を送っているBCBAであった。そして、彼はダーラの周りで不適切に振る舞うことはなかった。しかし彼は、親しい友人の他の職員たちに、ダーラをデートやパーティ、あるいは昼食や夕食に招待するようにしばしば促した。ケンは彼女がもっと活動的に社会生活を送った方がよいと感じていた。ダーラはすぐにこの扱いに気付き、ケンと話し合うことにした。ダーラは、自分が不愉快になっていて、ことによると責任ある行為基準1.07aという行動分析家のガイドラインにケンは違反している可能性があるとい

うことを彼にわかってもらわなければならないということをケンに話した。ケンは、彼の善意から出た振る舞いに気分を害し、ダーラに「冷静になるように」助言した。ガイドラインは、専門職の問題に関係するものである。したがって「自分がどう生きるかを自分に伝える」ためにそれを使うことはできないだろう、と彼は言った。

　ケンが非倫理的な行為を行っていたとダーラは指摘しすぎたのだろうか？

■ 資格のない人々による虚偽の陳述を阻止する（7.04）

> 行動分析家は、資格のない実践家が、資格があると虚偽の陳述を行うことを阻止する。

　万が一、BCBA あるいは BCaBA として自分を紹介している人にあなたが偶然に出会ったなら、ガイドラインを指摘し、その人が、認定された行動分析家であると自分を紹介するのを思いとどまらせなければならない。

◇ 事例7.04：学校当局に真実を語る

　2名の BCaBA が自閉症児のための私立の全寮制学校で勤務してきた。この6カ月間、財政を健全にするための方策として、学校は行動分析学の管理者と職員であった3名の BCaBA を解雇した。子どもたちの親は、そのプログラムを子どもに受けさせるために年50,000ドル以上を支払っていた。十分に訓練されたBCaBA たちは、行動的プログラムがもはやこの学校で提供されていないことがわかりショックを受けた。保守的な新財政管理の下、そのプログラムはいつの間にか、自閉症児に対する会員制のベビーシッターサービスになっていた。その学校を記した全ての印刷物と Web ページ上に、その広告はサービスのひとつとして「行動分析的治療」を明示している。

　二人の BCaBA は何をすべきか？　そのような学校当局を引き受けることは、多くの問題を引き起こし、彼らは職を失う可能性があるかもしれない。

事例の回答

◇ 事例7.01：本拠地にとどまる

　S博士は、専門家としての成長を続けるための学会に参加しないことに言い訳できない。学会は、同僚とのネットワークを築き、最新の革新的な研究や最先端の行動的治療技術について学び、行動的共同体の一員となる機会である。学会は、行動分析学における一流の専門家たちと出会う機会を与えてくれる。グラフの作成、データ収集の方法などを学習することによって、専門技術を改善することができる。クライエントに新しいサービスやプログラムをどのように提供するのかについてのアイデアが得られるかもしれない。

◇ 事例7.02：用語を広げる

　行動分析家たちは、保護者と教師の組織（PTO）の会議で発言することで、親の教育を促すことができる。また、サービス業で働く人々にパフォーマンス・マネジメント（PM）について話すことができる。さらに、仕事上で非公式に優れた行動的手続きを用いることができる。地方新聞が行動的な内容の記事を掲載するとき、行動分析家なら、その編集者に優れた行動的解決法の概要を投書できるだろう。

◇ 事例7.03：仲を取持つ

　ガイドライン7.03によれば、BCBAとしてのケンには、ガイドラインに精通する責任がある。もしも彼がガイドラインに精通していたなら、今回の問題がセクション1.07a、監督される者への「搾取」関係に該当することが理解できただろう。ケンは、自分の善意から出た行為が非倫理的であるとは思っていないけれど、ダーラはそう思っている。彼は彼女のニーズに敏感になること、操作に過敏に反応してそれを搾取の様態とみなす人がいることを理解する必要がある。

　ケンはセクション1.06についても理解した方が良い。このセクションは、多様な関係について扱っている。ケンが、彼の「良き友人」である従業員を監督する関係にあるなら、彼は多重の関係を持ったり、さらに利益相反の問題を持ったりする可能性がある。他にも見逃していることがあるかもしれない。それを理解させるには、ケンには、BCBAガイドラインを注意深く読むようにきちんと助言し

たほうが良い。

◇ 事例7.04：学校当局に真実を語る

　最初の問題は、これら2名の同僚がBCBAによって監督されていないということである。2番目の問題は、このWebページの記述から考えると、そのプログラムは誠実なものではないので、BCaBAは、その組織との提携を考え直したほうが良いということである。まず、彼らは経営者のところに行き、彼らの懸念とそれらに関係する倫理的問題を指摘するべきである。次に、もしも回答を得られないならば、彼らは仕事を辞めて、BACBまたは国際行動分析学会（ABAI）にその組織を通報することを考えるべきである。最後に、彼らが親たちとどのような関係を築いているかによって、彼らは、退職の際に彼らの懸念のいくつかを親たちと共有するという方法もある。

第 13 章

同僚に対する行動分析家の倫理的責任
（ガイドライン 8）

　行動分析家には、やるべき膨大な量の仕事の中で、同僚に対してきちんと責任を果たすべき事柄がいくつかある。実践家あるいはセラピストであれば、おそらく他の行動分析家が起こしかねない倫理違反に関心があるだろう。このような状況に注意を払ったとしても、それによって「おせっかい屋」だとか「密告者」になるわけではないということをまず理解したほうが良い。私たちの多くは、文化の面から両親や教師たちから「自分のことに専念しなさい」と躾けられてきた。そして私生活では、これは守るべき非常に優れたルールである。もちろん、他の人々が実際どのように生活するかは、それがある意味であなたの生活に影響しない限り、その人たち自身の問題である。これは、行動分析に関わる同僚が「責任ある行動のための行動分析士資格認定協会（BACB）のガイドライン」に反していることがわかったとき、基本的にあなたが直面する状況である。倫理に違反する同僚は、彼らの評判を損なうばかりではなく、あなたの評判をも損なう。そうであるからこそ、これは、あなたの問題となるのである。したがって、ガイドライン 8.01 は、その内容があなたをかなり不快にさせるかもしれないけれど、あなたを勇気づけ、その人に当該の問題に注意を向けさせるために、そして解決を模索するために書かれている。理想的に言えば、その人が、自分のやり方が間違っていることにすぐに気付いて、謝罪し、適切なやり方でその状況を正すことであろう。その行為をあなたが指示したり、それどころかその分野や巻き込まれているかもしれないクライエントの代わりとして、その人に対して「信頼できる同僚」として振る舞ったりすることは行うべき

> 倫理に違反する同僚は、彼らの評判のみならずあなたの評判をも損なう。

ではない[5]。ここでは、あなたは、その問題の倫理的解決策を探し、次に可及的速やかにその事態を収束させるという役割を取るべきである。これは、大抵の場合にうまくいく。しかしながら、その同僚がその問題を断固として認めなかったり、その問題について何かをすることを拒んだりするようなことが起こるかもしれない。こうなると、ガイドラインでは対応しきれないジレンマに直面するだろう。もしもこのようなことが起こるならば、次に行うべき事柄のさらなる詳細については、BACB ウエッブサイト（BACB, 1998-2010）の「懲戒規範、訴えるための手続き」の個所を確認するとよい。

■ 同僚に対する行動分析家の責任（8.0）

> 行動分析家は、同僚による倫理違反に対して注意を喚起し、それを解決する義務を負う。

　一般的に、人々は対立を好まない。そして行動分析家も例外ではない。このような理由から、ガイドライン 8.0 は、有能な行動分析家さえも若干気分を悪くさせるかもしれない。大抵の場合、倫理に反すると思われるような行動に対する最初の反応は激怒である。特に、他の専門家の非倫理的行動によって、クライエントが治療を受ける権利や、クライエントの秘密が守られる権利、あるいはクライエントの安全への権利が侵害されるときそのようになる。しかし、倫理違反に直面した日は、冷静になり用心しなくてはならない。まず、自分の目で証拠を確実につかんでいなければならない。例えば、「彼女は彼を怒鳴って彼の顔につばを吐いた！」というような、虐待かどうか疑わしいうわさを聞いても、それは自分で扱えるものではない。教師からこれを聞いたならば、当人が事実を報告するべきであり、自分は報告できないということを、その教師に伝えるべきである。自分が虐待を目撃したときは、それを報告しなければならない。同僚がクライエントについて語った

> 行動分析家が倫理違反に気付くとき、その問題を正すために何も行わないことは、良い結果をもたらさない。

原註5　このガイドラインは、実際の違法行動といえるあらゆる行為をもカバーするものではない。このケースでは、あなたは関係当局に連絡をとり、その問題を彼らに対処してもらう必要がある。

り、クライエントの名前を持ち出しているような会話を小耳にはさんだならば、対決したり非難したりするためではなく、起こったことを明らかにして理解しようとするために同僚に近づくのは正しい。こちらの観察が正しく、その人がその行為を認めたなら、関連するガイドラインをその人に教育しようとしなければならない。

◇ 事例8.0：危害は何か

　ターニャは、経験豊かな認定行動分析士（BCBA）であり、独立業を営んでいる。彼女は、RBC代理店で1週間に4時間行動的サービスを提供している。RBCコンサルタント会社のオーナーであるT博士もまたBCBAである。ウェルズ夫人は、ターニャのクライエントの一人であった。彼女が最近ターニャに報告したことによると、T博士は、彼女に電話して、とても親しげな声で、RBCのサービスがいかに素晴らしいかを記した教育委員会への支援投書を書いてくれないかと求めた。さらにT博士は、もしもウェルズ夫人が多くの投書を集めることができなかったなら、彼女はもはや学区と契約することはできず、彼女の子どもへの行動的サービスを失うかもしれないと付け加えた。ターニャは腹がたった。というのも、博士号を持っているBCBAなら、クライエントからの感謝状をせがむことよりもっと良い方法を知っているはずだからである。

　ターニャが次に行うことは何か。

■ 行動系と非行動系の仲間による倫理違反（8.01）

> 行動分析家が、他の行動分析家や、非行動系の仲間によって、倫理違反がなされている恐れがあることに気付いた場合、非公式の解決が適切であって、その介入がそれに伴う機密性の権利を損なわないように思われるならば、そのことをその個人に注意喚起して、問題を解決しようと努力する。もしも解決が得られない場合、そして行動分析家がクライエントの権利が侵害されていると確信するならば、行動分析家はクライエントを保護するために必要なさらなる措置を講じてもよい。

　行動分析のサービスを提供していれば、他の行動分析家や、行動分析家ではない同僚が、非倫理的と思えるような行為を行っていると思えるような場面に遭遇するかもしれない。そのようなとき、（1）その問題を非公式に扱うこと

ができると思えるなら、そして、（2）そのようにしても、クライエントの秘密の権利が守られるのであれば、問題の行為をしているその人にその問題に注意を向けさせて問題を解決しようとするのは行動分析家の義務である。

　職員と、対決的な口調ではなく、普段のような口調で語り始めるのが最良である。そして自分が真実であると思っていることを明らかにするための質問を単に投げかければよい。自分が間違っているということがわかったのであれば、その人の時間を使ったことを詫びて話を終わらすことができる。もし、その人がこちらの観察したことを認めたなら（うわさに基づいて動くのではなく、自分の目で証拠を確実につかまなければならないということを忘れてはならない）、関連するガイドラインの特定の項目を示して進めることができる。この時点でその問題は解決されるかもしれない。行動分析家ではない同僚の場合、この同じ方策を繰り返し、クライエントの権利を守るための重要な基準の例として、我々のガイドラインを指し示すことができる。他の専門職は、彼ら自身の倫理規定を持っていることを忘れてはいけない。行動分析家ではない同僚と会話する前に、それらの倫理規定に目を通しておくことは意味があるだろう。

　行動分析家や、行動分析家ではない同僚の双方に対して納得できなければ、倫理行為違反の重大さに応じて次の段階に進むことが必要となるだろう。もしその人が協会に認定されているのであればBACBに、行動分析家でなければ、該当する専門協会に連絡することになるかもしれない、

◇ **事例8.01：居眠りする医師**

　ミランダは、クライエントとともに定期的に受診に出かけた。最近、精神科医に見てもらうために出かけたところ、予約診療が5分したところで、その医師の頭は前方にうなだれ、眠っているように見えた。それを見てミランダは愕然とした。1分ほど後に、その精神科医はまっすぐ背筋を伸ばして座り、会話を続けた。その後、再びそのようになった。今度は2分間近く、彼は眠っていた。クライエントは何が起こっているのか気付いていなかった、しかしミランダは葛藤していた。彼女は何かを言ったほうが良いのだろうか？　彼を起こした方がいいのだろうか？　何が適切なのかわからず、彼女は何も言わなかった、その結果、通常20分間で終わる診察が、このときは45分近く要した。

　ミランダはどうすべきか？

# 事例の回答

◇ 事例8.0：危害は何か

ウェルズ夫人の会話は非常にはっきりとしていたし、ターニャが彼女を信用するのももっともであるが、これは、人から聞いた情報であった。ターニャは、自分の耳でその会話を聞いたわけではなかった。ターニャは信頼する同僚に相談した。その同僚は、ターニャがオーナーに直接アプローチするのではなく、ウェルズ夫人に我々の倫理規則を教えることができるのではと助言した。ウェルズ夫人は支援投書をまだ書いていなかったので、ターニャは、夫人に手紙を書く必要はまったくないと話した。さらに、もしＴ博士が再び夫人に連絡を取ってきたときには、Ｔ博士にBACBガイドラインと条項9.07を自分は知っていると告げたら良いと、ターニャはウェルズ夫人に話した。

◇ 事例8.01：居眠りする医師

ミランダは、施設に戻ってスーパーバイザーに相談し、受診した医師について話した。ミランダのスーパーバイザーは、「私は何もできないわ。私はそこにはいなかったのだから。それはあなたの責任よ」と言った。２～３日間その出来事についてあれこれ悩んだ末、ミランダは精神科医のオフィスに電話して、そこの看護師に話すことにした。起こったことを彼女が説明したところ、看護師は何度も謝った。「普通は、面談に看護師の一人が同席するようにしています。医師がうとうとし始めると、看護師は彼をつついて起こそうとしています。彼は、ここのところ、この問題を抱えていますが、しかし少しもそれが問題であるとは思っていないのです。どうしたらよいのかわかりません」ミランダは、当面、その問題から手を引いた。彼女は、（１）記録には、自分がその問題を報告したとなっている、そして（２）その問題が続くような場合、何かを行える人にその問題を自分は報告した、と思った。

第 14 章

社会に対する行動分析家の倫理的責任
（ガイドライン 9）

全てのよき市民と同様に、私たち行動分析家は、私たちの社会の一般的な福利を促進することに関心を持っている。とりわけの関心は、強化の随伴性の分析に精通することで、過去60年にわたって積み重ねてきた知識を、その文化により

> 行動分析家は、行動についての基礎的な原理について私たちが知っている知識を利用するために、文化を振興させることに特に関心を持っている。

よく利用してもらえればということである。強化の随伴性に基づいていない方法が問題行動の対処に使われているのを見ると、こうした方法の多くのものには何も効果がないか、逆効果しか持っていない。刑務所は罪を犯した人を収監し、それを「罰」と呼んでいるが、檻の中に人を入れてしまうことが、本当に標的行動（犯罪）が生じる可能性を低くする機能を持つという確かな証拠はどこにもない。非行や犯罪に対するいわゆる矯正ブート・キャンプに効果がないという証拠はあっても、政治的には人気があり、そのために多くの地域で行われ続けている。多くの学校は、嫌悪統制（例えば、休憩時間を取り上げる、放課後の居残り、打擲、停学）をベースに運営されている。正の強化を使うことで教室内での並外れたパフォーマンスの獲得に確かに効果があることが、これまで30年近くにわたって示されてきているにもかかわらずである。自閉性障害を持つ多くの子どもたちが、行動的な介入を受ける機会があれば、社会性や言語能力に長足の進歩を示すだけでなく、極めて多数の子どもたちが通常学級に参加できるのである。

しかしながら、特別な食事法、異様な薬物[6]の注射、あるいはファシリテ

訳註6　症状を軽減させるためにキレート試薬（体内の有害な重金属を除去するのに用いられる金属と化合してキレート環を形成する化合物）やセクレチン（十二指腸粘膜の細胞

イティド・コミュニケーション（FC, Singer & Lalich, 1996)[7]などの明らかに効果のない手続きについての神話は生き続けている。臨床心理学において、ボイトラー（2000, p.1-2）は近年の発見を次

> 実践家のコミュニティの中で使われているアプローチのほとんどが、経験的な証拠によってサポートされていない。

のようにまとめている。「積み重ねられている証拠が示しているのは、実践家のコミュニティの中で使われている理論やアプローチのほとんどが、効果についての経験的な証拠にサポートされていないということである」

　こうした理由、またここにはあげられていない理由から、行動分析士資格認定協会（BACB）のガイドラインが行動分析家に促していることは、「治療や介入のもうひとつの選択肢」として社会において行動の原理を使うことを薦めるために、自分ができることを行うことである（ガイドライン 9.0 と 9.1）。行動の原理を促すだけでなく、私たちは利用者に、経験に根ざした治療やデータに基づく意志決定を行うことを考えるように奨励する。私たちがこの文化に本当に望んでいることは、私たちの文化が科学にもっと目を向けるようになることであり、そうすることで人間の行動は理解されるようになる。これをわかってもらう機会は、障害児を対象としたリハビリの集まりの中にあるのかもしれない。そこでは、治療について何らかの決定がなされようとしていたり、クライエントとの話し合いの中ではどのような選択肢が考えられるかについて決定がなされようとしていたりする。私たちの倫理ガイドラインには、こうした機会を見つけて、その過程で敵をつくらないように最善を尽くすことが指摘されている。

　心理学には観察可能な行動から他の分析レベルに注意をそらそうとする長い歴史がある。喫煙者は喫煙する「要求」があるといわれたり、働かない被雇用者は「悪い態度」があるといわれたりする。私たちのガイドライン 9.02 は、非常に単純な言葉で、行動分析家に対して、私たちの科学研究のそしておそら

　　　が分泌する消化管ホルモン）などを投与することがある。
訳註7　コミュニケーションにかなりの障害を持つクライエント（通常、自閉症と診断された人）に、ファシリテーターが身体的に援助して、コンピュータやそれに類する装置のキーボードの文字に触れさせて、言葉の文字をつづらせる手続き。1970 年代にオーストラリアの教員によって開発され、1980 年代後半に合衆国やカナダでその有効性が過大評価された。しかし、科学的な裏付けが乏しいとされている（Schlinger & Poling, 1998）。

第14章　社会に対する行動分析家の倫理的責任

くはセラピーの焦点として、「行動そのもの」にたえず目を向けさせようとしている。このガイドラインは、議論を、説明的な理論や疑似科学、政治的には正当な「心理バブル」で塗り固められたもの

> ガイドライン9.02は、私たちの科学的研究や治療の中心として「行動そのもの」に目を向けることを行動分析家たちに促している。

ではなく、行動の原理の応用を促進するのと同様に、実際の行動に戻す機会を私たちが見いだすことを提言している。いつも「オフタスク」である子どもに注意欠陥多動性障害（ADHD）というラベルを貼り付けたり、その行動をコントロールする薬物治療のために子どもを小児科医に紹介したりするのではなく、実際のオフタスク行動を分析することを行動分析家は提案すべきであると、このガイドラインは示している。その目的は、機能的な先行条件を明確にし、反応型や反応の頻度、さらに機能の変動を調べ、有能な教師が教室内で実行できるような実際に効果のある環境的介入を探すことである。

　最近のコンピュータ技術の進歩は世界をすっかり変えてしまった。かつては限られたアプリケーションに巨額な投資ができる会社に限られていたが、現在ではコンピュータも電子機器も、ごく平均的な家庭で使える価格になっている。行動分析治療のひとつの新しい現象は、双方向のビデオ会議を行っているコンサルタントがいることである。ラップトップコンピュータとウェブカメラがクライエントの家庭にあれば、行動の専門家は、クライエントが遠く離れたところに住んでいても、サービスを提供できるのである。遠隔コンサルティングの利点には、（1）クライエントの家庭で実況的なサポートを提供できること（その子どもの両親がコンピュータの電源を入れて行動分析家とやりとりするだけでよい）、（2）クライエントが距離的に遠くに住んでいる場合、近くに行動分析家がいなくてもビデオを通じての行動分析によるサービスを受けることができる、（3）コンサルタントが飛行機を利用しなければならない場合の旅費と時間に比べれば、遠隔コンサルティングではかなりな額のコストを削減できる。

　一方で明らかな不利な点が遠隔コンサルティングにあるとすれば、倫理的な問題が持ち上がる場合である。

1. コンサルタントの中には、行動プログラムを計画したり家族を訓練したりするときに、きちんとしなければならないのに、そのようにしないで、

やっつけ仕事のためにこのモデル（遠隔コンサルティング）を使う者がいるかもしれない。
2．行動的手続きには、クライエントや家族（あるいは他の専門家）が実際にそこにいたほうがよりうまくデモンストレーションできるものがある。とりわけ教えられるスキルがモデリングや身体的なプロンプトを必要とするような場合はそうである。
3．遠隔コンサルティングは、この方法のみでサービスを提供しようとする行動分析家にはとりわけ有効であると言えなくもないが、こうした場合にはクライエントと対面で接することが一度も無くなってしまう。
4．遠隔コンサルティングを主たる手段として採用してしまうと、取り扱い件数が膨大なものになり行動分析コンサルティングの質を維持できなくなりかねない。
5．小さな子どもや十代の子どもたちが家にいるような場合には、遠隔コンサルティングに使う装置をきちんと管理して使い方を十分に指導していないと、使い方を誤ったり故障させたりする危険性がある。
6．どちらか一方の側でコンピュータが動かなかったり、電話やケーブル回線がつながらなかったりすると、クライエントはサービスを受けられなくなる。

最後にクライエントにはプライバシーが守られていることを確信させなければならない。最近あったペンシルバニアの高校でのケースでは、コンピュータの担当者が学校から配られているラップトップのウェブカメラを使って生徒たちを密かに見張っていたことがあった。こうした実例は、この新しい技術に対して重大なプライバシーの問題を提起する。

もし読者が遠隔コンサルティングに関心があるなら、ガイドライン9.06bで示されているように私たちの倫理基準がインターネットの時代にも適用されることを忘れてはならない。インターネット上でクライエントに繋がるホームビデオがあれば、プライバシーや秘密性の問題が常にあふれている。

行動分析家が社会に対して負うさらな

> インターネット上でクライエントに繋がるホームビデオがあれば、プライバシーや秘密性への問題が常にあふれている。

第14章　社会に対する行動分析家の倫理的責任

る責任には、公的な発言や宣伝において誠実であること、他の人々が行動分析の実践を誤解しないように常に警戒していることが含まれる（ガイドライン9.04）。また、行動分析の効果について誤った主張がなされないようにしたり、あらゆる公的な発言が事実に基づいていることを確認したりするという責任もある（ガイドライン9.05）。

■ 社会に対する行動分析家の倫理的責任（9.0）

> 行動分析家は、行動の原理の適用を通じて、一般的な社会福祉を発展させる。

行動の基本的な原理を倫理的に適用することを通じて、私たちの社会をよりよくしていくために行動分析家が活動できる方法は数多くある。これらのガイドラインは、読者がそのようにすることを勧めている。

■ 社会の向上（9.01）

> 行動分析家は、他の手続きや方法に代わる行動系の代替選択肢を提示することによって、社会における行動原理の応用を促進する。

社会に違いを生み出し、それと同時に行動分析の分野を促進するひとつの方法は、一般に受け入れられているやり方に代わる行動系の代替選択肢を提示することである。

◇ 事例9.01：キャンセルされた保険適用

ジュディ・N博士は認定行動分析士（BCBA）で、発達障害を扱う施設でコンサルティングをしている。N博士は生まれながらの愛犬家である。ジャーマンシェパード（彼女の常にお気に入りの犬種）を手に入れてほどなくして新しい家を購入した。N博士は、住宅所有者の保険会社から、保険適用外の犬種があり、イヌのために彼女は別の家を探さなければならないだろうと言われて、とてもびっくりした。その理由を彼女が問うと、「攻撃行動」があるために、いくつかの犬種を保険適用外にするというのが会社の方針であるとの回答であった。

N博士が保険代理店に、そして必要ならば彼女の上司に示すことのできる行動

169

分析的な解決法があるだろうか。

　行動分析家が行動の原理を社会に適用していくことを促進できる例は他にも数多くある。教育場面との関連では、学校での行動が理由で身体的に活発な子どもたちが小児科医から薬を処方してもらう傾向が増えつつある。学校で働いている行動分析家であれば、親たちに行動的な選択肢を考えたことがあるかを尋ねる機会があるだろう。

■ 科学的問い（9.02）

> 行動分析家は、行動の分析を、科学的探究の正当な学問分野として、発展させなければならない。

　行動分析学について語ったり書いたりする機会があれば、行動分析学が人間の行動を理解するための合理的で妥当なアプローチであることを指摘すべきである。

◇ 事例9.02：統計と町

　スコット・J博士はBCBAで経験を積んだ研究者である。J博士は町内会でも活発で地元の政府機関との橋渡し役としても活動し、町や地方の委員会などにも参加している。町の委員会では委員会のプログラムの効果を評価しようとしている。町の職員が提案してきたのは調査と統計的な研究である。
　この状況でJ博士が行動分析を用いる提案をすることは適当だろうか。

■ 公的発言（9.03）

> （a）行動分析家は、自らの専門的サービス、製品、出版物に関係する、または行動分析学の分野に関係する公的発言において、ここに示すガイドラインに従う。

　これらのガイドラインは、いついかなるときにも、自分の成果や自分が行っているサービス、あるいは行動分析の分野について、一般の人々と話し合うときに関係しているということを覚えておくことは重要である。例えば、専門家

としての行動（1.0）の高い水準を維持し、秘密を守り（2.07）、自分がやっていることの効果を誇張せず（10.0a）、そして他者の貢献を十分に認め（10.21）なければならない。

> **（b）公的発言に含まれるのは、有料または無料の広告、パンフレット、印刷物、ディレクトリーへの掲載、個人の履歴書、メディアに使われる面接やコメント、訴訟手続きにおける発言、講義と公的な口頭発表、および出版された教材などであるが、それらに限らずその他も含まれる。**

公的発言には、いかなる形の広告、専門機関の名簿リスト、個人の履歴書、法廷や公的な場所での口頭発表、さらには、いかなる形の出版物が含まれると考えられる。

◇ 事例9.03：メディアの魔法

　ルネは BCBA で、薬物依存の母親のもとに生まれた幼児期初期の子どもたちのための場所で働いている。このプログラムに参加している多くの子どもたちはまた、胎児性アルコール症候群と診断されていた。ルネは、子どもたちを助けるために行動分析を使うことには意味があると固く信じていた。マスメディアが電話をかけてきたりこのプログラムを見にきたときには、いつもルネが対応した。ルネは、メディアに接触しても、ものがはっきり言える人で、同時に「カメラ写り」もよかった。マーケティングや広報活動の経験があったことから、ルネは、視聴率が高まるようにメディア上のメッセージが勝手に解釈されたり誇張されたりすることも知っていた。あるテレビのインタビューでは、彼女らのプログラムや行動分析が大いに注目されるように、ルネが次のように言っているところが使われた。「ここの子どもたちに、行動分析は奇跡を提供しているのです。幼児期初期の子どもたちの教育において、行動分析が行っているようなことを行える方法は他にはひとつとしてありません。ここにいるような子どもたちが、幼稚園に入る前に行動分析のプログラムを受けたら、成功した大人になること間違いなしです」

　メディアの目的のために、ルネが自分のメッセージにこうした誇大表現を加えたのは果たして正当といえるだろうか。

■ 他の人々による発言 (9.04)

> (a) 行動分析家が、専門的実践や製品や活動を促進するための公的発言を、他の人々に創作させるか掲載させる場合、そのような発言に対する専門家としての責任を保持する。

誰かを雇って、公的な発言を行ってもらうなら、彼らが行ったものに対する責任は自分にある。つまり、誤りや誤った陳述に対する説明責任は自分にある。

> (b) 行動分析家は、自らが制御していない他の人々（例えば、雇用主、出版社、スポンサー、組織体のクライエント、活字や放送メディアの代表）が、行動分析家の実践や、専門的・科学的活動について、人々を惑わせる発言をすることを阻止するため、相応の努力をする。

専門家として活動していると、自分とは実際に関わりのない人たちが、行動分析学の分野について、誤った、あるいは偽ったコメントをしているのに出合うことがある。そのような場合、十分な気配りをしながら、そうした発言や記述を阻止するように、あるいは、少なくともうまく取り扱う努力をしなければならない。

◇ 事例9.04：熱心なジャーナリスト

9.03の事例で、ルネが働いていた幼児期初期のプログラムは、メディアの注目を浴び続けていた。女性誌の熱心なあるジャーナリストが、ルネに電話でインタビューを行った。そのインタビューの終わりに、ジャーナリストは次のような提案をした。「あなたのお話を記事にするときにいい考えがあるの。タイトルを例えばこんなふうにしてみてはどうかしら、"クラックベイビー[8]を治す画期的な新プログラム"とかなんとか」

メディアの注目を浴びることで、寄付や研究費がそのプログラムに寄せられるようになることはルネには明らかである。けれども、その雑誌の立ち位置が彼女にはよくわからない。彼女は何か語るべきだろうか？

> (c) 行動分析家は、他の人々によって彼らの業績について人々を惑わせる

訳註8　コカイン中毒者（妊娠中にコカインを乱用した女性）から生まれた子。

第14章　社会に対する行動分析家の倫理的責任

> ような発言が行われていることを聞き及んだ場合、そのような発言を
> 修正するための相応の努力を払う。

10.01fのように、もし自分の仕事について誤った、あるいは不正確な発言がなされていることに気付いたら、それを訂正するように努める義務がある。

> （d）行動分析家の活動に関連する有料広告は、すでに文脈から明らかである場合を除いては、有料広告とみなされなければならない。

新聞やインターネット、あるいはテレビに何か広告を載せるのであれば（それが有料のものであることがはっきりしていれば別だが）、きちんと有料の広告であることを明示しなければならない。

■ 虚偽または人を惑わす発言を回避する（9.05）

> 行動分析家は、その研究、実践、その他の作業活動に関して、または自らが関係している人々や組織体の研究や実践やその他の職業活動に関して、自分が述べること、伝えること、あるいは指摘することの理由で、あるいは、自分が削除したことの理由で、虚偽の公的発言、人を惑わす公的発言、誤解を招く恐れがある公的発言、または不正な公的発言は行わない。行動分析家は、自らの行動系の著作について、その内容が主としてまたは独占的に行動分析学である程度においてのみ、資格証明の業績として主張する。

行動分析家は、常に自分たちの仕事や分野について真実を語らなければならない。行動分析における資格証明をする際に、行動分析以外の資格証明を用いるのは不適切である。

◇ 事例9.05：専門的知識の錯覚

　リリー・O博士は、BCBAで、発達障害の施設やグループホームで20年に渡って仕事をしてきた。頭部に損傷を受けたクライエントのための施設を運営していたある会社がO博士のいる州に移ってきていた。彼女は、行動分析家が従事できるいくつかの仕事がその新しい施設にはあるとわかっていた。O博士は、人々に、頭部損傷の行動的介入について自分が多くのことを知っており、また自分がそうした仕事に長けているという話をした。州レベルの行政官も出席するいくつかの集まりで自らそうしたことを話した。O博士は、自分をうまく売り込んでいた。

そして、多くの耳目を集めている人々に推薦書を書いてもらうことになった。

O博士は、実際、嘘を言ったわけではなかった。彼女は、自分が頭部損傷について多くのことを知っていると本当に信じていたのである。このような例をガイドラインは、どのように扱うのだろうか。

■ メディアへのプレゼンテーションと新興メディアベースのサービス（9.06）

> （a）行動分析家が、公的場面における講義や、実演や、ラジオまたはテレビプログラムや、事前に録音録画されたテープや、印刷された論文や、郵送された教材や、その他のメディアなどの手段によって、アドバイスやコメントを行う場合、（1）その発言が適切な行動分析学の文献や実践に基づくように、（2）その発言はここに示すガイドラインとその他の点で一致するように、そして（3）その情報の受け手が、彼らとの間に個人的な関係が成立していると思われないように、それらを保証するための相応の予防措置を講じる。

行動分析について公の場で何かを話すように頼まれたときには、自分の発言は、研究文献とこのような（本節でのガイドラインだけにとどまらない）全てのガイドラインに必ず一致していなければならない。また、自分と観衆や聴衆との間に個人的なつながりが実際ない場合には、そのような印象を彼らに与えないことも重要である。（注：後者については、例えばラジオのトーク番組のような場合にあてはまるだろう）

◇ 事例9.06A：" ダッグ、私が聴いているのは……"

G博士は、偉大な「ラジオボイス」のとてもよく知られた行動分析家だった。博士は、しばしば地方ラジオの視聴者参加番組で行動問題についての質問を扱うことが求められた。番組をいきいきとまた興味深いものにするために、G博士は、自分が指摘することは実証的な研究によって裏打ちされているということを視聴者に気付かせるために腐心し、自身の臨床経験からいくつかの例を紹介した。番組のプロデューサーは、G博士に、回答するとき質問者の名前を呼んで「柔らかい声で」話すように促した。「さて、私があなたにお願いしているのは、そうですね、こんな感じで話すことなのです。『ダッグ、私はあなたが言っていることはちゃんとわかっている。あなたがどんな風に感じているかも理解できる。だから、この

場合、私ならこうするわ』といった感じです」。G博士は、もっと淡々としたアプローチを好んでいた。

彼はプロデューサーの言うことに耳を傾けるべきなのだろうか。

> （b）行動分析家が、既存のメディアや新興メディア（例えば、インターネット、eラーニング、インタラクティブ・マルチメディア）を利用してサービスを行い、教育を行い、研究を行うときは、メディアベースの配信によって提示される全ての倫理的問題（例えば、プライバシー、機密性、エビデンスに基づいた介入、継続中のデータ収集とプログラム修正）を考慮し、ここに示す倫理基準を忠実に守るために可能な限りあらゆる努力を払う。

この基準は、2010年のガイドラインに付け加えられたものである。この基準は、行動分析家が最先端の技術を用いる場合にも、標準的な1対1のセラピーや教育、さらに研究のために定められた基準がなおも適用されることを要求している。私たちのクライエントは、今もなお、苦痛からも、人目からも、そして証拠に基づかない治療からも守られるべき必要がある。高速インターネットを用いて家庭で療育サービスを行う行動分析家は、クライエントに、家庭からの送信が保護されていること、ハッキングを受けないこと、そして、いかなる記録も保護されることを保証する必要がある。そして、BCBAがこの新たな分野に足を踏み出そうとするときには、新しいやり方の治療提供について批判的思考を維持しなければならない。遠隔コンサルテーションが対面法と同じくらいうまくいくということを示した証拠はあるか。クライエントには選択肢が与えられるか。対面のコンサルティングが可能であっても遠隔コンサルティングが行われるべきか。提供されるサービスは第三者機関からどのように評価されるか。

◇ 事例9.06B：ダーシーはインターネットに挑戦する

ダーシーは、独立請負のBCBAで、中西部の大きな町にある彼女のオフィスからは2時間離れた家に出かけて仕事をしていた。その家は遠く離れた田園地帯にあったが、家族は、高速インターネット接続とルーターを持っていて、それらを在宅ビジネスにも利用していた。その家のリビングルームにウェップカメラをセットアップすれば、車で移動する時間を節約できるとダーシーは思いついた。そ

のリビングルームで、それまで彼女は３才の自閉性障害の子どもに言語訓練を行っていたのである。ダーシーは、月に１度は車で行き続けることを計画したが、その家族が隔週でインターネットに接続すれば、それだけでさらにうまく時間が使えると感じていた。子どもへのダーシーが行う治療セッションを観察してきた母親は、遠隔コンサルティングを試してみてもいいのではないかと感じていた。コストが３割安くなると聞けばなおさらである。

　この家族は、ダーシーにどんな質問をするべきだろう。この新たな時間を節約できる挑戦を始める前に、ダーシーはどのような倫理的な検討事項を考慮すべきだろう。

■ 証言広告（9.07）

> 行動分析家は、現在のクライエントや、患者や、その他の人々に対して、証言広告を求めてはならない。彼らがおかれた特殊な状況ゆえに、不当威圧を受けやすいからである。

　行動分析家が、その時に関わっているクライエントに自己宣伝に資するような支持的なコメントを要求するのは適当ではない。そのようにすると、今行っている治療に関してクライエントをやっかいな立場に置くことになりかねない。例えば、クライエントは、治療を継続してもらうためには何か良いことを皆の前で発言しなければならないと考えるかもしれない。以前に関わったクライエントで、こちらのサービスに満足してもらえた人たちにはそのようなコメントをお願いしてもよいかもしれない。その場合でも、何のためにお願いしているのか、もらったコメントや情報をどのように使うのかをきちんと話す必要がある。（注：行動分析家は、常にクライエントについての守秘義務を心にとどめておかなければならない。この守秘義務ゆえに、このような情報を用いることはできない場合がほとんどである。推薦状には注意書きも添えるべきである。その注意書きには、個々のケースはユニークであるから、そこに示されたようなうまくいった結果が全ての場合に得られるわけではないことを示す。）

◇ 事例9.07：スクラップブック記念品

　サンディ・Cは行動分析士補（BCaBA）で、メディケイド（低額所得者のため

の国民医療保障）を放棄したクライエントに関わっていた。彼女は大学院生で認定行動分析士の資格を取ろうとしていた。サンディは自由な時間があると趣味のスクラップブックをしており、スクラップブックのページは、写真や、言葉、切り抜きや、絵などで、入念に飾られていた。サンディは、クライエントに関わる仕事が本当に大好きで、自分のクライエントについてのスクラップブックをある種の記念品として、また感謝祭のときに訪ねる自分の母親に見せるようなものとして作ることにした。サンディは、現在のクライエントや少し前のクライエントに自分がどんなふうに役に立っていたかを書いてほしいとお願いした。サンディは、もらった言葉をクライエントの写真やネット上で見つけた可愛いクリップアートなどと一緒にスクラップブックに見事に並べた。彼女がケースマネージャーとはじめて会った日に、彼女は自分の宝物であるスクラップブックを自分の仕事の紹介として見せた。

　これには問題がないだろうか。

■ 対面による勧誘（9.08）

> **行動分析家は、現下のまたは将来のサービス・ユーザーに対して、直接的にまたは仲介者を通じて、対面による自分のビジネスの勧誘をしてはならない。彼らがおかれた特殊な状況ゆえに、不当威圧を受けやすいからである。ただし、組織行動マネジメント・サービス、ないしパフォーマンス・マネジメント・サービスを、財政見積情況を度外視して、企業体に売り込む場合は例外である。**

　行動分析家は、日々の活動を進める中で、明らかに自分たちのサービスを必要とする人と出会うことがある。近所に住む人たちかもしれないし、仕事で知り合った人かもしれないし、親戚、あるいは自分がコンサルティングをしていたり介入を行っていたりする場所で、危機的な状況にありその種の即時の援助を必要としている人かもしれない。そうした時に援助を提供することは、そのような人たちのストレスフルな状況を利用することであり、極めて不適切であると考えられる。もし、彼らが「ちょっとどうしていいかわからないので、助けていただけますでしょうか」といった要求をするのであれば、その問題をきちんと扱える専門家に照会することは適切である。

◇ 事例9.08：クライエントを買う
　ローマンは、大学院を修了したてのBCBAで、その大学院からそれほど遠くない中規模の町で開業したばかりだった。新しい友人も何人かできて、専門家として自分がやっていることをしばしば説明するようになった。真新しい名刺が印刷屋から届いたばかりのある日、食料品店でレジに並んでいたら、背後でよちよち歩きの子どもが母親のそばでギャアギャア泣き叫んでいるのに気付いた。母親は子どもを無視しようとしており、ちょうど泣き止む瞬間を捉えておとなしくするという行動を強化しようとしているように見えた。そのときレジ係がキャンディを取り出して子どもに与えた。子どもはすぐに泣き止み、レジ係はその子の飲み込みの早さを喜んでいるように見えた。母親はあぜんとしていた。ローマンは、自分のポケットから名刺を取り出して、母親に「お電話をいただければ、お手伝いできることがあります」と話しながらそれを手渡した。レジを済ませる間にもう1枚の名刺をレジ係に渡して「あなたが今このお子さんになさったことが正しいかどうかは私にはよくわかりません。一度お電話をいただけないでしょうか」と話した。
　ローマンはこの状況で倫理的に振る舞っていたのだろうか。

事例の回答

◇ 事例9.01：キャンセルされた保険適用
　N博士は犬を責任もって飼い続けており、彼女の犬は現在もオペラント条件づけのおかげで十分にしつけられている。彼女は、一人の行動分析家として、保険代理店のスーパーバイザーに会うことを申し出たり、保険の会議で以下のような話をすることを申し出たりして、保険会社のやり方を変えようとすることができるだろう。彼女なら、犬の行動、犬のトレーニング、そして、飼い主が自分の犬を安全で威嚇的でない良き市民（優良家庭犬）にするための確立された訓練技法として、行動分析学をいかに使えるかについて話ができるはずである。N博士はまた、アメリカケンネルクラブ（AKC）にコンタクトして、犬をさらにトレーニングしてAKCの優良家庭犬認定試験（Canine Good Citizen）を受けさせようとしている飼い主のために、保険のロビー活動の支援をAKCに求めることもできるだろう。

上記の提案は、多くの人々に影響する問題（つまり、特殊な血統の犬を持っているために保険に入れないという問題）であるということをN博士なら認識していると考えたからである。また、行動的な技法を知っている一人の人間には、効果的な行動的解決についての適切な専門家を育成する責任が幾分かあると考えたからである。その他の関連のない場合であれば、影響を及ぼすために、関連する国立の組織にコンタクトできるだろう。

◇ 事例9.02：統計と町
　行動分析家は、行動分析学が科学的探求の正当な学問分野であることを宣伝すべきである。J博士は、いくつもの方法で、コミュニティのプログラムの効果を査定するための行動分析的研究を提案できる。こうしたプログラムが社会的に重要な発展をもたらすことに行動分析家が関心を寄せているとすればなおさらである。

◇ 事例9.03：メディアの魔法
　行動分析家は、行動分析学の分野に関係する公的発言をする場合、ガイドラインを遵守する必要がある。ルネは、奇跡的な治療を約束すべきではなかった。奇跡という言葉を用いるのは全く不適切である。彼女は、長期にわたる研究が行われていないのであれば、この発達初期の子どもたちへのプログラムの長期的な効果についても主張すべきではなかった。

◇ 事例9.04：熱心なジャーナリスト
　ガイドラインによれば、行動分析について公的発表を行うために他の人々と活動している行動分析家は、それらの発言に責任を保持している。ルネは、その記事が自ら受け入れることができるように書かれていることに確信を持つべきである。そうでなければ、インタビューを断るべきである。注意すべきなのは、ほとんどの書き手は、記事が印刷される前に、インタビューされた対象（この場合ではルネ）は記事を見直すことができるという考えに抵抗する。ルネがインタビューを録音し（雑誌記者は、もちろん、録音されていることを知らされるべきである）、そして、電話が終わったらすぐに録音を聞き直して自分が行った主要な発言を印刷して記者に送ることは良い考えである。こうした仕事を加えることで、印刷さ

れようとしている内容がルネの話したことそのものであることを確認することができる。また、記事が出版された後になって彼女が記録を訂正しなければならないということがなくなるのである。

◇ **事例9.05：専門的知識の錯覚**
　行動分析家は、誤った記述あるいは人を惑わすような発言をしない。自分が頭部損傷について多くを知っているとＯ博士が語れば、自分がその領域のトレーニングを受けており、そうしたクライエントに関わる仕事をこなしていると言っていることになるのである。彼女は,「私もこの領域にとても関心を持っていて、それについて学びたいと思っています。もしその施設が完成したら、自分が現在持っている技術がその仕事に適しているかどうかを調べるつもりです」と、きわめて率直に言う必要がある。

◇ **事例9.06A："ダッグ、私が聴いているのは……"**
　Ｇ博士はメディアでうまくやること（もしできなければ、クビになって行動分析家のメッセージを公にすることができなくなってしまう）と倫理的であることとの間でうまくバランスをとらなければならない。彼は、プロデューサーが助言した少し温かい言い方をいくらか取り入れることはできるが、自分が相談者について知っている以上のことを知っているというような言い方は避ける必要がある。

◇ **事例9.06B：ダーシーはインターネットに挑戦する**
　その家族は、単に興味深いとかいくらか節約になるというだけで、すぐにダーシーの提案を受け入れるのではなく、その前に十分に考えてみるべきである。例えば、彼らが送信する居間の映像を近所の人たちが目にすることは絶対にないと彼らは確信しているだろうか？　家族は、ダーシーがビデオ画像をコピーしようとしているのかどうか、するとすればそれをどのように保管するつもりなのか、彼女に尋ねるべきである。提案された治療のタイプがどんなものであれ、サービスを受ける側であれば誰でもするように、両親は、自分の子どもが抱えているのと同じ問題に対する行動的サービスを遠隔で提供している研究があるかどうか、あるなら勉強のためにその写しをもらえるかどうか尋ねた方がよいだろう。
　ダーシーは、可能な別の選択肢を考えて家族に提案すべきである。例えば、自

分では毎週訪問できないとしても、行けないときに代わりにサービスを提供できる（地元の）資格を持ったアシスタントをダーシーは訓練できないだろうか。ダーシーは、行動分析を用いた遠隔治療を扱った雑誌論文を探す時間を作るべきである。彼女は、始める前に、遠隔コンサルティングを行っている行動分析家に相談して自分がしっかりした素地を持っていることを確認したいのかもしれない。ダーシーは、「害をなさない」、「効果的な治療が正当である」ということがここでも適用されるということ、さらに守秘性はビデオカメラを家庭に持ち込んだときには深刻な問題になるということを忘れてはならない。

◇ 事例9.07：スクラップブック記念品

ガイドラインによれば、行動分析家はクライエントから証言広告を求めない。サンディは証言広告を求めただけでなく、他の人にそれらを見せたという両方の点でガイドラインに違反している。サンディは、自分のスクラップブックを、家族の写真や友だちとの楽しい写真といったことでのみ用いるべきである。

◇ 事例9.08：クライエントを買う

ローマンは自分の仕事に熱心であり、また啓蒙的でもある。しかし、泣き叫んでいる子どもの母親に自分の名刺を渡したところで一線を越えてしまった。レジ係に名刺を渡したことは単に時間の浪費に過ぎない。ローマンは店長に会って、レジ係（名前はあげずに）について自分が見たことを話し、小売店に適した行動の原理に基づく従業員の訓練が可能であるということを提案するとよい。

第 15 章

行動分析家と研究
（ガイドライン 10）

　行動分析学の分野において研究するためには、ここに示す「行動分析士資格認定協会（BACB）ガイドライン」の中に見出される最も複雑な一連の要件を満たす必要がある。要件の中には極めて一般

> ガイドライン 10.0 は、「傷つけるな」が応用行動分析学の研究者のモットーであることを明らかにする。

的なものがある。例えば研究を計画するときは、研究成果が他の人々に悪用されないように（ガイドライン 10.0a）、また他の研究者からも、たぶん消費者からも倫理的に容認されるように（ガイドライン 10.0e）設計する。その他の要件としては、行動分析家である研究者が、デブリーフィング（任務終了後の事後説明と意見交換）（ガイドライン 10.11）や、参加者への謝礼の支払い（ガイドライン 10.15）において、細部に細かな注意を払うことが要求される。最も一般的な意味では、このガイドラインが明らかにしているのは、「傷つけるな」が、まぎれもなく応用行動研究者のモットーであるということである（ガイドライン 10.01b）。助手を注意深く監督することに関してであろうと（ガイドライン 10.0b）、インフォームド・コンセント（情報を示した上で同意を得ること）に関してであろうと（ガイドライン 10.04）、あるいは後の段階で研究結果を教育目的のために用いることに関してであろうと（ガイドライン 10.02）、このモットーは変わらない。もちろん、参加者を危害から守る最善の方法は、地元の施設内研究審査委員会（Local Institutional Review Board, IRB; ガイドライン 10.0e）から必ず前もって承認を得ることである。また研究を設計するときは、同僚とのコンサルテーションを通してガイダンスを求めることである。言うまでもないが、行動系の研究者は、州法や連邦法を守り（ガイドライン 10.03）、参加者からインフォームド・コンセントを獲得し（ガイドライン 10.04）、デー

タがどう使われるかを参加者に説明する（ガイドライン 10.06）。参加者がどんな実験（または治療）に参加する場合であれ、たんに傷つけられないようにするだけでなく、可能な限りよい待遇を受けられるようにする。そうすることは、行動分析学の研究者に対してもこの分野に対しても最大の利益をもたらす。大部分の応用行動研究は、参加者が住む環境において実施されるため、研究者はできるだけ干渉することを避けて、研究に必要なデータだけを収集するという義務を負う（ガイドライン 10.07）。参加者の匿名性は保証されなければならない（ガイドライン 10.09）。いつでも参加を取りやめられることも伝えておかなければならない（ガイドライン 10.10）。そして研究の終わりにはデブリーフィングを実施しなければならない（ガイドライン 10.11）。大部分の行動系の研究には、だますことは含まれないが、それが研究の遂行にとって不可欠であり、他に選択肢がない場合は、肉体的危険や有害な情緒的経験を伴わない限り、だますことは容認される（ガイドライン 10.05a-10.05c）。行動分析家が動物を使って研究する場合は、連邦動物福祉法（Federal Animal Welfare Act, 1990）を守り、動物が人道的に処遇されることを保証しなければならない（ガイドライン 10.18）。

　これは礼儀でもあり、またガイドラインでもあるが、一旦研究を終了して、発表するために論文を執筆する場合、行動系の研究者は研究に貢献した人々に対して謝意を表するとともに（ガイドライン 10.21）、著作者として認められるのは誰か（publication credit）という問題に特別な注意を払う（ガイドライン 10.20、10.21、10.22）。

■ 行動分析家と研究（10.0）

> 行動分析家が研究を設計し遂行し報告する場合は、科学的能力と倫理的研究についての承認された基準に従う。行動分析家が、人間と動物を対象にして研究を行う場合は、地元の人間対象研究審査委員会（local human research committee）、およびまたは施設内研究審査委員会（Institutional Review Board）に提出し承認された研究提案通りに行う。

　研究に関わる行動分析家は、高い能力基準に達するまで、特別な訓練を受けなければならない。また倫理的に振る舞うように心がけなければならない。そ

第15章　行動分析家と研究

して、研究計画案を持っていなければならない。次いでその研究計画は、施設内研究審査委員会（IRB）や、その他の地元の人間対象研究審査委員会に提出される（例えば、教育研究ならば、地元の教育委員会の研究委員会から承認を受けなければならない）。さらに、倫理的な行動分析家は、その研究計画が承認されたあかつきには、その計画に従わなければならない。

◇ 事例10.0：柔軟な研究

　ロンは大学院生である。応用行動分析学の免許を取ろうとしている。ロンは心理学部の訓練の一部として、2つの中学校で行動サービスを提供するパートタイムの仕事をしている。この仕事は、一人の認定行動分析士（BCBA）によって厳密に管理されている。ロンは、行動分析学によって社会を改善する可能性を心から信じる信奉者として、行動的安全性、パフォーマンス・マネジメント（PM）、行動スポーツ心理学を含む多種多様な領域における行動分析学の研究に関心を抱いている。彼は研究者になることを願い、論文を発表することを強く希望している。ロンは、高校時代は、テニスをしていた。そして大学のテニスチームの優勝回数を増やすように支援することができると感じていた。ロンは、テニスコーチに働きかけて、テニスチームのメンバーのパフォーマンスを向上させる研究をしてよいかどうか提案した。これは心理学部がロンに与えた公式の課題ではないため、彼はコーチに次のように話した。「できるだけ柔軟にやるつもりです。おわかりでしょう。いわば、パンチをかわしながら、やっていくうちに作り上げていくみたいな」柔軟になる必要を、コーチが理解することを願った。ロンは数週間すれば、実行すべき介入がはっきりしてくるだろうと思った。

　コーチはロンにその研究を行い、チームを指導することを許可した。他に何か承認が必要だろうか？

（a）行動分析家は研究の結果が誤解を招く恐れを最小限にするように、研究を設計する。

膨大な数の計画が実行に移される。そして研究目標のひとつは、その結果が得られたとき、それらが真実であることを保証することである。

185

◇ **事例10.0A：データを紡ぎ出す**

　事例10.0を使って考えてみよう。このケースでは、ロンの指導教授は、この研究プロジェクトについて話を聞いた。ロンはようやく軌道に乗り、研究提案を起草し、承認を受け、提案した介入の細部を作成した。ロンは研究の最初から最後までデータを収集した。自分が収集できないときは、観察者にデータを収集してもらった。そして結果を書き上げるときがきた。データをグラフ化するひとつの方法では、その介入がテニスチームのメンバーの遂行に何の影響も与えないことが示された。もし何らかの統計的検定を使うか、少数の参加者に限ってデータを提示するようにすれば、結果はもう少し良くなりそうだった。ロンはコーチと選手に対して、できるだけ最もいい形でデータを示すことが、自分の義務であると感じた。

　研究をできるだけポジティヴに見せるデータの提示方法を選ぶことに、何か問題があるだろうか？

> **（b）行動分析家が研究する場合は、一定水準の研究遂行能力を持つとともに、参加者の尊厳と福祉に対して十分配慮する。研究者と補助者に許される研究課題は、それに対して適切に訓練され、準備ができている課題のみとする。**

行動分析家に期待されるのは、高い研究遂行能力を身に付け、参加者の安全と福祉を最優先的に配慮することである。

◇ **事例10.0B：安全な横断**

　数年前、小学校の児童に安全のスキルを教える研究が行われた。この研究では、子どもたちは、放課後、道路を安全に横断することを教えられた。想像できるように、このような研究のベースライン段階では、観察者は両側を見ずに道路を横断する子どもや、危険な行動を行う子どもを黙って見ている可能性がある。

　ベースライン段階でどんなルールが必要だろうか？

> **（c）行動分析家は、自らが行う研究や、管理監督している人々が行う研究に対して、倫理的に行動する責任がある。**

研究に関わる行動分析家は、観察者であれ、セラピストであれ、データ分析

第 15 章　行動分析家と研究

家であれ、研究チームに参加する全ての人々に対して、責任があることを忘れてはならない。

◇ 事例10.0C：あの観察者を警戒せよ

　ユンハ・Ｃ博士は、BCBA（認定行動分析士）であり、大学で心理学のプログラムを教えていた。Ｃ博士はある学校で研究をしていた。その研究テーマは、教師が与える是認とプロンプトが、子どもたちの行動に及ぼす効果についてだった。この研究では、観察者が教師に合図を送り、子どもたちの標的行動に強化を与えるタイミングを知らせた。Ｃ博士は、観察システムについて学部学生に訓練を実施した。研究室で学生らに週１回会い、研究の進行状況について話し合った。さらに、一人の大学院生が、一人の教師助手に、データを収集し、信頼性をチェックする観察者になるための訓練を実施した。研究を始めて数週間が経過した。一人の学部学生の観察者が、データを収集している教師助手カーステンについて、Ｃ博士に苦情を訴えた。カーステンは明らかにこの研究の一人の子どもを好きではなく、その子に強化を与える合図を教師に出していないというのである。ときどきカーステンが、信頼性のための一人の観察者の隣に座ると、教師の下手な指導を物笑いの種にして、小声でぶつぶつ文句を言っていた。「いまのは素晴らしかったわ。じつにお見事。どうしてあの子に授業をさせないの？」

　あなたがＣ博士なら、どうしますか？

> （ｄ）応用研究を行っている行動分析家が、同時に臨床か福祉サービスを提供することがある。その場合は、提案した臨床研究に要求される外部のレビューを受け、クライエントとして、かつ参加者として介入と研究の双方に参加する人々の必要条件について注意を払う。

　臨床場面や、教育場面や、リハビリテーション場面における行動研究者は、研究したいクリニックや学校や病院から研究提案について承認を受け、同時に関連する外部レビュー委員会（すなわちIRB）からも承認を受けなければならない。

◇ 事例10.0D：研究の承認

　カールは大学院生である。行動心理学の修士課程で学んでいる。低所得層の居

住地域にある高校で研究したいと考えた。その高校でボランティア活動を始め、校長と一部の教師との間で素晴らしい協力関係を構築した。研究をスタートさせることになったとき、カールは委員会のメンバーのそれぞれに研究提案書を提出した。彼はその学校と接触して、研究を実施することについて承認を受けた。彼の研究委員会の委員全員に対して電子メールを送り、「研究をスタートさせるための承認」を得ましたと報告した。

　カールは、この研究に関与する学校長と教師らから承認を得ている。彼はいつでも研究を開始できるだろうか？

> （e）行動分析家は研究を計画するにあたって、ここに示すガイドラインに従って、その計画が倫理的に容認できるものになるよう検討する。もしも倫理の問題がはっきりしないときは、行動分析家は施設内研究審査委員会（IRB）や、動物保護活用委員会（animal care and use committee）や、同領域専門家のコンサルテーションや、その他の適切な機構とのコンサルテーションを通して、その問題を解決する方法を模索する。

　ここに示すガイドラインは、行動分析学の研究者に要求される倫理的要件を詳しく説明する。もしも倫理の問題について何か疑問があれば、研究を始める前に解決を求めて、関連委員会やIRBと連絡を取るべきである。

◇ 事例10.0E：おもちゃのトラブル

　ショントラは、BCBAだった。近隣のコミュニティセンターで、幼児を対象にした研究を始めるため、必要な承認を全て取り付けた。ショントラは、自分の委員会のメンバーからその研究を承認してもらい、コミュニティセンターの所長はその研究を承認し、IRBも承認を与えた。ショントラは、IRBと委員会から承認を受けるため、研究のベースライン段階と介入段階の両方に関して計画の概要を説明した詳しい趣意書を提出した。ショントラの研究のねらいは、トークン強化子の有効性を評価することだった。子どもたちはトークンを獲得して、それを小さな安価なおもちゃと交換することができた。研究に着手してから、ショントラは、おもちゃが教師の側の一定の非倫理的行為の原因になることに気付いた。教師らは、プログラムに参加しているどの子が低所得家庭出身であり、どの子が中流階級出身であるかを十分承知していた。教師らは、おもちゃが必要ではないと考え

た子どもを、組織的に冷遇し始めた。ションドラの研究はうまくいかなくなった。彼女がうつべき次の手は何か？

■ 学問と研究（10.01）

> （a）調査と研究に携わる行動分析家は、個々の行動の分析を大事にすることを含む行動の科学の慣例によって導かれ、そして職業生活において適切な応用の模範となるよう努力する。

行動分析家の研究者は、スキナー（Skinner, 1953）のオペラント条件づけのモデルの伝統を受け継いで研究を行い、自らの職業においてこの実践に見習うよう努力する。

◇ 事例10.01A：ブルースのバンド

ブルースはBCBAであり、大学院生だった。歩行能力と言葉のある成人の発達障害者の在宅型の施設で働いていた。彼は2つのハウスを監督し、それぞれに16人のクライエントがいた。ブルースは趣味として音楽が大好きだった。小さなバンドで演奏し、さまざまな種類の音楽を聴いて楽しんでいた。ブルースは、行動プログラミングの責任者として、音楽療法がクライエントに与える効果を評価する研究プロジェクトに取り組んでみようと考えた。彼がハウスで毎日1時間音楽を演奏する。そして演奏した音楽の種類を記録する。それから、演奏時間の終わりにクライエントに、音楽を聴いてどう感じたか質問するという方法を考えた。

ブルースがこのアイディアを行動系の仲間に話すと、それはいいとは言ってくれなかった。彼はショックだった。何が問題だったのだろうか？

> （b）行動分析家は、クライエントや、研究参加者や、学生や、そのほか彼が影響を与える人々を傷つける（危害を加える）ことを回避し、そして予測できる不可避の害悪を最小にとどめるために、合理的な措置を講ずる。傷つける（危害を加える）こととは、ここでは、特定の事例において行動分析学が与える肯定的影響を上回る否定的影響ないし副作用のことであり、それは行動的ないし物理的影響であって直接観察できるものとして定義される。

傷つけることなかれ。研究者は、実験の参加者が研究過程において、どんな

形であれ、傷つけられることのないように、可能なことは全て行う。行動分析家は、その研究によって参加者にもたらされる利益が、すべからく否定的影響を上回るように、とりわけ注意を払う。

◇ 事例10.01B：もっと速く仕事をしよう

サム・H博士はBCBAであり、PM（パフォーマンス管理）の分野でコンサルテーションと研究を行っている。H博士は医療コンピューター・データ入力サービス会社に雇われ、生産性向上に取り組んでいる。この会社の従業員は、デスクに座り、ヘッドホーンを装着して、医者がボイスレコーダーで入力した患者の記録をタイピングしていた。もっと大量の仕事をより速くこなしてもらうため（そうしてそのデータ入力会社の収益を上げるため）、H博士はデータ入力を担当する従業員に生産性を20％向上させるよう要請した。これは休憩時間を短くするか、タイピングをもっと速くするかのいずれかを意味した。H博士は一定の割り当て量を超えてタイプし終わった個々の追加記録に対して、従業員に奨励金を支払うほうがよいと考えた。

利益として生じるのは従業員がより多くの収益を得られることだった。H博士が考慮しておくべきだった何らかのリスクが存在したか？

> （c）行動分析家の科学的・専門的判断と行動は、人々の生活に影響を与える。そのため、その影響の乱用につながる恐れのある個人的、財政的、社会的、組織的、または政治的要因に注意を払い、乱用を防ぐようにする。

研究者は、この国の文化においては、やや高い地位を占めている。そして、しばしばアドバイスや提言を期待される。そういう事情にあるため、利用できる科学的データとは無関係な要因によって、その意見が影響されることのないよう、注意を払う必要がある。

◇ 事例10.01C：時流に乗る

X博士は有名な行動分析家であり研究者だった。多くのジャーナルに論文を発表しており、その存在が学会やセミナーで認められている話し手だった。別の州で発達障害者総合サービスを手がける民間企業が、X博士に地位の高い高収入の仕事を提案してきた。その会社は、在宅型の施設や保護作業所や私立学校を経営

していた。Ｘ博士は、この会社の新しい研究委員長としての仕事を引き受ける魅力に勝つことはできなかった。しかしその新しい仕事に慣れてくると、Ｘ博士はその民間企業が博士の名前と名声を利用して自分たちのしたいことを正当化したいと考えており、健全な行動プログラムと行動研究に対してはあまり関心がないことに気付くようになった。その会社は幾つかの分野において、まだ研究によって立証されていない、人気上昇中の流れに便乗しようとしていた。

Ｘ博士は何らかの意思決定をしなければならなかった。彼には何ができるだろうか？

> （ｄ）行動分析家は、人々が自分のスキルやデータを乱用する恐れのある活動には参加しない。ただし、同業専門家による評価や、外部の専門家による審査や、独立した審査など、何らかの是正措置を講じることができる場合は、その限りではない。

行動分析家の研究者は、データで支持されていない訴訟や団体を支援するために、自分の実験業績が利用される恐れのある公開討論の場に関しては、警戒しなければならない。

◇ 事例10.01D：研究という武器

Ａ博士はBCBAであり、優れた名声を博していた。多数の発達障害機関のコンサルテーションをしていた。またある大学の教授を務めていた。Ａ博士は社会奉仕を信じており、地方の人権委員会の委員を引き受け、地域の親の会（発達障害と自閉症児の親の会）の理事も務めていた。Ａ博士は、発達障害児にソーシャルスキルを教える研究を発表した。より強硬な一部の親の活動家が、Ａ博士の研究に関する情報を発見した。彼らはＡ博士の社会化の研究を自分たちの攻撃手段として利用して子どもたちが就学している学校に行き騒動を起こし、子どもたちを普通教育学級に措置すべきであると主張した。Ａ博士はこの事件が起こったことが悔しかった。この不祥事が最悪だったのは、博士の研究が発達障害や自閉症の子どもを通常学級に措置することとは全く関係がなかったということだった。

Ａ博士は何をすべきか？

> （ｅ）行動分析家は、特定の手続きや、行動分析学一般が有効であるという

主張を強調しない。

　研究結果を人々に説明するとき、行動分析家は「データに忠実に従う」。それはわれわれの領域の信頼性にとって重要である。とりわけ、倫理的な行動分析家にとって大切なことは、自らの手続きや、より一般的には行動分析学における成功について決して誇張しないことである。誇張すればこの分野の信用性を低下させる。

◇ **事例10.01E：誇大宣伝文句**
　バージニア・G博士は、自閉症児治療の研究者だった。G博士は二人の就学前の自閉症児を対象にしてひとつの研究を行った。G博士は二人を障害のない子どもの幼稚園の教室に就学させた。G博士はこの二人に1日中、一人の1対1指導の行動専門家と、一人の追加助手を配置した。研究の結果、自閉症児がその教室にいる間に多くの新しいスキルを獲得したことが明らかになった。そして二人の行動問題には容易に対処することができた。G博士は感動した。彼女はこの研究結果を論文にした。自閉症児に特別支援教育学級は必要ではない、一般の子どもたちの教室の文脈で、全て治療できると、思い切った記述をした。
　G博士は参加児が非常に伸びたことを示すデータを持っていた。彼女の結論に何か問題があるだろうか？

（f）行動分析家が個人的な研究の所産を悪用されたり、誤って伝えられたりしていることを知ったならば、その悪用や誤伝を正すか最小にするため、合理的で実行可能な措置を講ずる。

　行動分析学の重要な研究の中には、メディアや擁護者に取り上げられ、そして支援を確立するため、実際の結果が歪められる恐れのあるものがある。もし自分が発表した何らかの事柄に関して、そうした事態が起こった場合は、その記録を修正する義務を負う。

◇ **事例10.01F：事実を歪曲して伝える**
　事例10.01Eの場合、研究が終了した時点で、G博士は大学の広報担当部長に自分の研究成果についてのプレスリリースを、いくつかの雑誌に送信してもらった

第15章　行動分析家と研究

（G博士は、その研究を科学ジャーナルに発表する計画だったが、その結果を同時に大衆雑誌にも送りたいと願った）。G博士は、先の広報担当部長がプレスリリースに次のようなひねり文句を追加したことを知った。「自閉症の劇的な新しい進歩：自閉症児に特別支援教育はいらない」

G博士は何をなすべきか？

■ 教育や啓蒙の目的のために秘密情報を使用する（10.02）

> （a）行動分析家は、自らがサービスを提供する個人や団体のクライエントや、学生や、研究参加者や、その他の受け手について、業務上知りえた秘密の個人情報を、著作や講義やその他の公共媒体に開示することはしない。ただし、個人または団体が文書で同意するか、そのようにすることに対するその他の倫理的、法的承認を得ている場合はその限りではない。

行動分析家は、出版物や口頭発表において、実験に参加する人々の身元を常に保護するように格別に努力する。文書ないしはその他の方法によって同意を得ることが必要であることが予想される場合は、文書によって同意を得るほうが賢明である。まれな例ではあるが、法律制度によって秘密情報を開示することを要求されることがある。

◇ 事例10.02A：暴露

リチャード・J博士は、精神保健機関で働くBCBAだった。J博士は職場のアシスタントの一人であるコートニーを、15歳のときから知っていた。その時コートニーは、薬物治療機関で行った彼の研究の参加者だった。コートニーはいま22歳である。19歳のときから「クリーンになって」（麻薬中毒から立ち直って）いた。彼女はその精神保健機関の事務室においてパートタイムで働いており、コミュニティーカレッジの授業も受けていた。彼女はついに自分の人生を自ら管理しているように思われ、J博士はコートニーの成功にすこぶる感動した。J博士はコートニーの背景や、彼女がいかに人々に対して感動を与えずにはおかないかを、スタッフメンバーに何度も話した。また学会で口頭発表するとき、成功例としてコートニーについての話をした。J博士は守秘義務をめぐる問題は承知していたが、

行動系の処遇を受けた結果、人生が変化した人物事例について、聞いておく必要がある所属機関の同僚と、学会に参加する専門家に対して、コートニーの事例は感動を与えるだろうと考えた。

　J博士がコートニーについての話をした同僚は、この分野の専門家だった。彼らがコートニーについて人々に触れ回らないことはわかっていた。このことを考えれば、J博士が他の人々にコートニーについて話すことは認められるだろうか？

> **（b）** 通常、科学的、専門的プレゼンテーションにおいては、行動分析家は個人や団体が人々から個別的に同定されないように、そして身元確認できる参加者が議論によって傷つけられないように、彼らに関する秘密情報は秘匿するようにする。

　自分の参加者についての情報を発表したり講演したりする場合、偽名やその他の架空の身元照会先を使うのは良い考えである。それによって研究に参加した人たちを傷つけることを回避することができるからである。

◇ 事例10.02B：誇り高い親

　ジョージ・S博士は、大学教授を務めるBCBAだった。心理学と特別支援教育を専攻する学生に講義を行い、学会で頻繁に口頭発表とセミナーを行っている。その個人生活においては、S博士とその妻は、7歳児のビリーの里親になることを決めた。ビリーは、幼児期に薬物乱用の母親から養育拒否されていた。ビリーは年齢4歳のとき、1回の性的虐待の出来事（そしてより多くの性的虐待の疑惑）の後、実父母の家から引き離された。4歳から7歳まで、ビリーは児童養護施設を転々としていた。彼は非常に魅力的な子どもだったが、重度の行動問題を抱えていた。ビリーは7歳のとき、S博士とその妻の元に移された。その後2年間、ビリーは温かい家庭に恵まれ、非常に集中的な行動分析学のプログラムを適用された。彼の行動は著しく改善した。S博士と妻はビリーを養子にした。S博士は人生においてビリーのこと以上に誇りに思ったことはほかになかった。S博士はしばしば自分の授業や学会において、ビリーのことを話した。ビリーの性的虐待や、診断情報や、家族史を含む全ての背景について話した。あるセッションが終わったとき、誰かがS博士のところへ来て、「先生はビリーに対して素晴らしいことをされ、良かれと思ってそうされたことはわかりますが、ビリーの個人的秘密の権

第15章　行動分析家と研究

利を侵してはいないでしょうか？」と述べた。

　S博士は、ビリーは自分の子どもであり、自分には親としてその情報を開示する権限があると答えた。これは正しいだろうか？

■ 法律と規制に従う（10.03）

> 行動分析家は、全ての適用法令と規定、および研究行為を規定する専門的基準、そしてとりわけ人間の参加者と動物の被験体を用いた研究を規定する基準と矛盾しないように研究を設計し実行する。行動分析家はまた、義務づけられた報告要件に関係するその他の適用法令と規定に従う。

　研究に関わる行動分析家は、人間と動物が研究に参加する仕方について、連邦法と州法の一部によって規制されるかもしれないことを自覚する必要がある。そして研究活動の報告に関連するこれらの規定をはじめ、ほかのあらゆる規定に従わなければならない。

■ インフォームド・コンセント（10.04）

> （a）行動分析家は、よく理解できる言葉を使って、参加者に研究の特徴を説明し、また参加することも、参加を断ることも、研究から退くことも、自由に行えることを伝え、さらに断ったり退いたりした場合に予測できる結果を説明し、そして参加への意欲に影響を与えることが予測される重要な要因（例えば、危険、不快、不都合な影響、機密性の限界、ただし以下の基準10.05に規定されるものは除く）について参加者に説明し、かつ参加予定者が尋ねるその他の事柄について説明する。

> （b）法的にインフォームド・コンセントを与えることができない人々に対しては、行動分析家はそれでもなお、（1）適切な説明を行い、（2）もし本人が参加を継続することに対して明らかに不本意であることを示すサインを出した場合は研究を中断する、（3）法的権限を持つ人物の代理同意が法律によって許されている場合は、その人物から適切な許可を受ける。

　行動分析家は、苦痛や強制から参加者を保護する意図を持って、参加者に参

195

加は完全に自由意思によるものであり、どの時点でも辞退できることを伝えなければならない。さらに参加者は、書面によって、傷害の危険が生じる全ての研究側面について説明を受けなければならない。そして行動分析家は、研究に参加してくれる人が質問する可能性のある全ての疑問に完全に答えなければならない。

相当量の行動系の研究は、実際には同意を与える能力を持たない人々を相手にして行われる。これらのケースでは、倫理的な行動分析家は、常にその人の法律上の代理人から許可を得ることになる。さらに行動分析家は、もしその個人がその実験計画案に同意を与えることができなくても、苦痛のサインと、参加を撤回したいという願望とを示しているかどうかを判定できるような何らかの随伴性計画を組み込むようにしなければならない。

◇ **事例10.04：バスケットボール・ブルース**

カレンは博士課程のBCBAであり、博士課程の大学院生だった。彼女は歩行可能な言葉のある発達障害の成人クライエントのグループホームにおいて、ある研究を開始していた。カレンは、クライエントが保護作業所から戻った後にグループホームを訪ね、彼らの余暇スキルを観察した。カレンは4人の若い女性がいるひとつのハウスで研究することにした。美術工芸に焦点を絞りたいと考えた彼女は、地元の工芸店から多数の魅力的な新しい教材を購入した。介入（4人が教材を使えるようにし、その使い方をプロンプトし、社会的賞賛を与える）を開始して数週間たったとき、一人のクライエント、ワンダが工芸に従事したくない、戸外でバスケットボールをシュートして過ごしたいと言ってきた。これはカレンにとって最悪だった。その研究には参加者を4人以上確保するように指導教授から指導されていたからだった。カレンは、ワンダのバスケットボールに対する興味は短期間のめずらしいもの好きではないことを数日間観察して確かめた。また不運にも、雨の多い夏の天気は終わりをつげ、運動系のワンダは毎日戸外に出る準備ができていた。

カレンがワンダだけのためにいくつかの強力な強化子を追加することは、非倫理的だろうか？

■ 研究におけるだまし（10.05）

> （a）行動分析家は、だましのテクニックを使うことが、その研究のもつ将来の科学的、教育的、応用的価値によって正当化され、そして、だましを使わなくてよく、有効性の等しい代替手続きは実行できないことが確認されない限り、だましを必要とする研究をしてはならない。

通常、行動分析家は、だましを伴う研究には関わらない。また研究に参加する者はインフォームド・コンセントを与えなければならないという要件があるため、この真実性に欠ける行為を伴う研究形態は、さらに減ることになる。何らかの形式の口実が許されるのは、ごくまれなケース（例えば、標的行動や介入の種類についての正確な知識を与えることが行動に悪影響を与える場合）に限られる。

◇ 事例10.05A：フランクのだまし

フランクはBCBAであり、博士課程の大学院生だった。フランクはパフォーマンス・マネジメントの分野で研究の準備をしていた。倉庫で働く従業員を対象にして安全行動について研究するつもりだった。倉庫は2階建てで、従業員はしばしば梯子を上って箱を2階に収納しなければならなかった。従業員は梯子を正しく「安全に踏む」ことをたびたびしていなかったので、マネジメントが懸念された。これまでに落下事故が2回あった。誰かが梯子からコンクリートに落下すると重傷になる恐れがあった。フランクは、自分の観察行為によって影響されないベースラインを収集できるようにするため、従業員に適切な荷物の引き揚げ作業を訓練した。この訓練はフランクの研究とは何の関係もなかったが、従業員に自分たちが観察されているのは引き揚げのテクニックであると思わせることになった。

行動分析家はだましを伴う研究には関与しないとガイドラインは述べているが、フランクはこのガイドラインに違反しただろうか？

> （b）行動分析家は、例えば、身体の危険や、不快や、不愉快な情緒的経験など、研究参加者の研究への参加意欲に影響する重要な側面に関して、参加者を絶対にだまさない。

参加することが身体的危害を増大させるか、情緒状態に悪影響を及ぼす恐れ

がある可能性が少しでも存在する場合は、行動分析家は当然のことながら個人をだまして参加させることは絶対にしない。

◇ 事例10.05B：カルロスの内気な提案

カルロスはBCBAであり、州立病院の重複診断（精神保健と知的障害）部門で働いていた。彼は肉体的に非常に攻撃的な、特に女性に対して攻撃的な二人の男性を対象とする研究プロジェクトを遂行していた。カルロスは、女性がこの攻撃的な男性に対して、断固とした声と指示を使って話す方が、（自分はおとなしいというそぶりを示すよりも）攻撃性が減るかもしれないことを突きとめたいと考えた。カルロスは、この施設の周りの何人かの女性のスタッフメンバーに、彼の研究に参加するつもりがあるかどうか尋ねた。セッションによっては、この二人の男性におとなしく気弱そうに近づくようお願いすること（そして、そうすれば攻撃が起こるだろうと想定していたこと）については、具体的に説明しなかった。

もしカルロスの想定が正しくて、この研究から明白な研究結果が得られたとすれば、こうした攻撃的なクライエントには攻撃性を抑えるように関わることを、女性に教育すればよいことを示唆する知見が得られるかもしれない。そのように考えれば、カルロスが計画通りに進めることは倫理的であるといえるだろうか？

> （c）実験を設計し遂行するうえで欠かせないそのほかのだましについては、参加者にできるだけ早く、できれば参加が終了した時点で、説明するようにしなければならない。遅くとも研究が完了するまでには説明するようにする。

もし研究者が「真実を隠すための作り話」を使って、研究の一部を隠した場合は、参加が終わり次第できるだけ早く、研究が完了する前に、参加者にそのことを知らせなければならない（参加者にデブリーフィング、すなわち任務終了後の事後説明と意見交換と、質問の機会が与えられなければならない）。

◇ 事例10.05C：任務終了の事後説明と意見交換

M博士は、春学期の終わりに一人の学生に、秋学期にどの科目をとるべきかについてアドバイスしていた。話し合っているうちに学生が、彼女の参加した「デートの研究」について話し始めた。約束では「理想の相手」が見つかるはずだっ

たのに、見つからなかったのでとてもがっかりした、と言う。M博士が「その研究の終わりに任務終了後の体験聴取（デブリーフィング）を受けましたか？」と尋ねると、学生は「いいえ」と答え、そのうえ研究の責任者だった大学院生は、彼女が送信した留守電にも、電子メールにも、返答しなかったと話した。

M博士はその研究について知っていた。その研究はデートには全然関係がなく、人種的固定観念を調べる研究だった。行動分析家としての博士の責務は何か？

■ 将来の使用を伝える（10.06）

> 行動分析家は、個人を識別できる研究データについての今後予想される共有利用や、将来の予期せぬ使用について、研究参加者に知らせなければならない。

参加者は研究者から、そのデータを他の人々と共有利用（例えば学会発表や出版）する計画があることを、知らされなければならない。「個人を識別できる研究データ」を共有利用することは、1996年の新しい「医療保険の相互運用性と説明責任に関する法律」（Health Insurance Portability and Accountability Act, HIPAA）のことを考えれば、ある種のデータは問題になることに留意しよう。研究者は、クライエントに対して、その研究を将来の学会で引き続き発表する可能性があり、その際個人の名前や居住地などの識別可能な情報は一切開示しないことを伝えておかなければならない。

■ 干渉を最小限に抑える（10.07）

> 行動分析家は、研究を行う場合、参加者や環境に干渉する。そのデータ収集は、適切な研究計画によって、正当と認められている範囲内で、科学的な研究者としての行動分析家の役割と矛盾しないように、行わなければならない。

数多くの応用行動研究は、参加者自身のいる環境で行われる。そのため、行動分析家はあらゆる手を尽くして、侵入しないように、面倒を引き起こさないようにしなければならない。そのうえ、行動分析家は、その研究計画書に忠実に従い、参加者によって最初に同意され、IRB（施設内研究審査委員会）に承認された範囲を超えては、いかなるデータも収集しようとしてはならない。

◇ **事例10.07：ハワード廊下を飾る**

　ハワード・Sは、大学院生である。老人ホームで、ある行動系の研究をしようとしている。彼は行動老人学の分野の文献を展望した。そして高齢者の歩行プログラムについて研究したいと思った。老人ホームの人々はしばしば歩行や運動を拒否するため、これは重要な研究領域だった。ハワードは老人病専門病院の研究部門で行われたひとつの研究を読んだ。この研究施設で、歩いていける距離を延ばす研究を行ったとき、研究者らは参加者に老人ホームの宿舎の長い廊下を歩いてもらった。彼らは参加者がどれほど遠くの距離まで歩いたかを表示するため、テープを壁に貼って印をつけた。クライエントが部屋に戻され落ち着いた頃、研究者らは測定テープを持って出かけ、歩行した距離を測り、マスキングテープの小片を壁から剥がしていった。ハワードは自分の研究が承認された後、歩いた距離を測定する方法について別の考えを思いついた。テープを壁に貼ったままにして、テープのそれぞれの小片に日付を書き、クライエントが１日ごとの自分の進歩を見ることができるようにすることだった。老人ホームの所長はこの考えが気に入らなかった。施設としては老人ホームを魅力的な、自分の家のような環境にすることに最大限努力してきており、多くのクライエントのテープの小片を毎日廊下に貼っておくのは良い考えではないと、所長はハワードに話した。これは小さな問題のように思われたが、しかしそれが因になってハワードと所長との間で大きな問題に発展した。ハワードは、顔を真っ赤にして、激怒しながら、指導教授にこう話した。所長は愚か者であり、研究の重要性を理解していない、と。

　ここに示すBACBガイドラインは、壁のテープに関してハワードに何らかの指針を与えるだろうか？

■ 研究参加者への誓約（10.08）

> 行動分析家は、研究参加者と約束したことの全てを守るため、合理的な対策を講じる。

　もし参加者に何らかの約束をしたならば（例えば、参加すれば謝礼や何らかのサービスを提供しますと言ったとすれば）、研究者はそれを最後まで守ることが大切である。

■ 参加者の匿名性を保証する（10.09）

> 行動分析家は、研究発表において、参加者か代理人が匿名性の権利をはっきり限定して放棄しない限り、参加者の匿名性を保証する。

　行動分析家は、参加者の名前を印刷物や将来の口頭発表において公表しないことを、約束しなければならない。留意すべきことは、参加者がこの匿名性についての提案を自発的に放棄するときは、それを受け容れてよいということである。しかしながら、一般的な研究計画書では、名前は一切使われない。研究者が研究しているのは現象であって個人ではない。したがって現実には名前は関係しない。

■ 参加取り止めを伝える（10.10）

> 行動分析家は参加者に対して、いつでもペナルティなしに参加を取り止めてよいことを伝える。ただし、例えばプロジェクトの完了を条件とする支払いを前金で行うことを約束している場合は例外とする。

　行動分析学の研究者は、研究の最初の時点で、参加者に対して、研究への参加をいつ取り止めても（もちろん、開始時点で何らかの同意された随伴性が存在する場合以外は）何ら悪影響は生じないことを知らせなければならない。

■ デブリーフィング（任務終了後の事後説明と意見交換）（10.11）

> 行動分析家は、参加者に対して、参加者の研究への関わりが終了したときデブリーフィング（任務終了後の事後説明と意見交換）が行われることを、知らせておかなければならない。

　また、研究を始めるときに、研究が終了するときデブリーフィングを行うことになる旨を、研究の参加者に伝えておかなければならない。

■ 研究の課題について答える（10.12）

> 行動分析家は、研究についての参加者からの全ての質問に、研究を遂行し

うることと矛盾しないように、答える。

行動分析家は、デブリーフィングの間に、研究に関する全ての質問に答える。

■ 文書による同意（10.13）

> 行動分析家は、研究を始める前に、参加者か代理人から、文書による同意を得ておかなければならない。

個々の参加者か法的代理人から、文書（こちらが事前に用意した署名入りの記入用紙）による同意を得た後でなければ、研究を開始することはできない。

■ 特別な単位（10.14）

> もし行動分析家が教室で参加者を募集して、参加者がその研究に参加すれば特別な単位を取れる場合は、参加しない学生にも、同程度の単位が取れる代替活動を与えるようにしなければならない。

行動分析家は、（例えば、大学の授業で）学生を対象として研究する場合、しばしば研究に参加することに対して特別な単位を与える。そういう場合は、参加しない学生にも同程度の単位を取れるように何らかの方法を提案しなければならない（すなわち、研究参加者として選ばれないことによって、その科目の成績に不利が生じないようにする）。

◇ 事例10.14：アブダル・Z博士の報酬システム

アブダル・Z博士は、学部学生に行動分析学の授業を教えている。Z博士は研究者でもあり、学生に対してもし自分の研究プロジェクトのひとつにおいて観察者になることを希望すれば、最後の成績評価で特別な単位を取ることができると伝えた。特別な単位は、授業の点数に追加され、科目の成績は分布曲線によって（誰が最高の点数をとったかに基づいて）評価された。データ収集の機会を得られなかった一部の学生は、この方法は非常に不公平であると受け止め、博士に文句を言った。「先生は、行動分析学の原理の使用を信奉している、そしてよりイニシアティヴを示す学生に報酬が与えられるべきである、そうおっしゃっていましたよね」と。

第15章　行動分析家と研究

このことについて BACB ガイドラインはどう言っているか？

■ 参加者に謝礼を払う（10.15）

> 参加者が研究に参加してくれたことに対して行動分析家が謝礼を払うか、強化子としてお金を使う場合は、そうすることに関して、施設内研究検討委員会（Institutional Review Board）か、人権委員会（Human Rights Committee）から承認を得なければならない。そして承認の過程で特別な要件が作られれば、それに従わなければならない。

研究に参加してくれたことに対して、金銭を強化子として使う場合は、特別な問題が生じる。お金を使うときは、施設内研究検討委員会（IRB）、または人権委員会（HRC）に対する申請書類に、そのことをはっきりと明記しなければならない。

◇ 事例10.15：ガソリン代の値上り

　ビバリーは、博士課程の院生だった。低所得層の親とその子どもたちを支援していた。ビバリーは学位論文の研究に取り掛かっていた。そして自分がコンサルタントになったクライエントが研究対象に含まれないようにするため、隣の郡（25マイル遠方）に住む家族を対象にすることにした。ビバリーの研究は、子どもを大学の児童行動研究所に連れてきてもらって、行動系の手続きを使って子どもに新しい言語スキルを教える方法を親に教える研究だった。ビバリーの研究は、論文審査委員会と、親の紹介機関と、施設内研究審査委員会（IRB）から承認された。ビバリーは親にガソリン代として均一料金を支払うことの承認を IRB から受けた。3 回目のセッションが終った後、ある家族の母親がビバリーに、ガソリンの値段がずいぶん高騰しており、セッションに来るのにとてもお金がかかると話した。ビバリーは、この家族が自分の研究から脱落することを恐れた。彼女はこの親にセッションに来るための奨励金を払うことにした。ビバリーは、「家族がセッションに参加するたびにお母さんにガソリン代として 5 ドル追加してお支払いします」、それから「帰りがけにお子さんにハンバーガーを買ってあげられように、私から別に 20 ドル差し上げましょう」と言った。
　こうした追加奨励金が認められるとすれば、どんな状況だろうか？

■ 謝礼を保留する（10.16）

> 参加者が獲得した謝礼の一部の支払いを、研究への参加が完了するまで、行動分析家が保留する場合は、実験を始める前にそういう条件を参加者に知らせなければならない。

　研究者が強化子に金銭を使い、参加者が受け取るのは実験が全て完了してからであるという随伴性を持っているときは、研究を始める時点で、このことを参加者に伝えておかなければならない。

■ 研究助成金審査（10.17）

> 研究助成金審査委員会の委員になる行動分析家は、彼が審査した助成金申請書に説明されている研究を行うことは避ける。ただし先行研究者の業績として全面的に認められた研究を再現する研究は、その限りではない。

　プロの行動分析家の研究者の中には、研究助成機関に招かれて、研究提案を評価する同業専門家審査委員会（peer-review committee）の委員を務めることになる者がいる。その委員となる者は、このことによって、他の研究者による研究のアイディア、すなわちまだ発展段階の早期のアイディアに触れることになる。その種の委員会の委員を務める行動分析家がそれらのアイディアを自分自身の研究に利用することは非倫理的であると考えられる（ただし、再現研究の場合は除く。この場合は、その業績は先行研究者に与えられなければならない）。

◇ **事例10.17：助成金獲得術**

　ダニエル・V博士は、大学の行動系の研究者だった。彼の専門は学習障害と、読みの教授だった。彼はまた大学院のセミナーも教えていた。V博士は、研究助成金審査委員会の委員を務めるよう要請された。助成金審査委員会における役目として、V博士は、年に2回、首都ワシントンに出張した。彼と他の研究者が大きな会議室に招集され、3日間、研究提案書を審査した。ひとつの会合で、学習障害児に読みを教える複数の研究提案書が提出されていた。V博士は、この研究提案書において、読みスキルを査定し、読みを教える、ある新しい戦略が提案さ

第15章　行動分析家と研究

れているのを見て驚いた。彼は、その研究を助成するよう推薦した。V博士は、大学の自分の研究室に戻るや否や、ただちに審査した研究提案書で読んだ手続きを用いて同一主題のパイロット研究に着手した。助成した研究の結果はいずれにしろ論文として発表され、彼の研究が実行されるまでには、おそらく他の研究者の業績が文献上認められているだろうと考えた。

V博士はその行為と仮定において正しかったか？

■ 動物研究（10.18）

> 動物に関わる研究を行う行動分析家は、動物を人道的に、そして、適用可能な動物福祉法に則って処遇する。

動物研究に携わる行動分析家は、動物に対して思いやりを持って、さらに連邦動物福祉法と規定（1990）の合衆国法典第7編第54章に従って処遇する。

■ データの正確さ（10.19）

> 行動分析家は論文発表においてデータをねつ造したり、結果を改ざんしたりしない。もし行動分析家が、発表したデータに重大な誤りを発見した場合は、訂正、撤回、正誤表、その他の適切な出版方法によって、そうした誤りを訂正するための合理的な措置を講ずる。

われわれの研究分野の生存は、そのデータにかかっている。そのため、発表されたデータは完全に真実であって、研究成果は正しく表現されるように、格別の注意を払う。したがって、行動分析家は、熱意を持って几帳面に、自らのデータをチェックし、ダブル・チェックして、出版のために送付する前に、データが正しいことを確認する。出版過程で何らかの誤りが生じ、最終の草稿に誤りが含まれた場合、行動分析家はその誤りを修正するための必要な措置を講じる。

■ 原著者と研究成果（10.20）

> 行動分析家は、たとえ他人の業績やデータ・ソースをときに引用することはあっても、他人の業績の一部や要素ないしはデータを、自分のものとして発表することはしない。また行動分析家は、彼らの業績や行動分析学一般についての他の人々による解釈を変えかねない研究成果を省略することはしない。

剽窃はどんな形であれ、容認できない、非倫理的な行為である。これには書かれたテキストだけでなく、データと概念も含まれる。自らの情報源には常に引用を示そう。

◇ **事例10.20：剽窃を暴露する**

ブレントはBCBAであり、ワークショップに参加することが好きだった。彼は毎年、継続教育単位（CEU）として必要とされる単位数を習得したいと思っていたが、それと同時に州レベル、全米レベルのワークショップに参加して、行動分析学の分野の最新の情報に通じていたいとも思っていた。ブレントは、同じ発表者が別の機会に行った同じワークショップに3回出席した。彼はそのワークショップの発表者が、ブレントの知っている別の人の業績のスライドとデータを発表し始めたとき非常に驚いた。そのワークショップの終わりに、ブレントは発表者のところに行って、「今日あなたが発表したスライドとグラフの一部は、私が別の場所で目撃した情報に類似しています。あなたのデータの幾つかは、○○博士が行った研究のデータだったのでしょうか？ 博士はこれを彼のワークショップで発表しています」と言った。発表者は心外そうな様子でブレントに、もし6時間のワークショップの最初から最後まで、引用と参考文献をいちいちあげるとすれば、人々の注意を非常に散漫にするだろうと話した。自分が他人の業績を活字にするときはその出典を示すが、ワークショップの情報は共有利用できると話した。

ここに示すBACBガイドラインは、このような状況を扱っているか？

■ 貢献に謝意を表する（10.21）

> 行動分析家は、研究発表するときは、研究の遂行に協力した他の人々を共著者に加えるか、彼らの貢献を脚注に記すかして、彼らの貢献に謝意を表する。

第15章　行動分析家と研究

行動分析家が業績を発表したり出版したりする場合は、重要な貢献をした人々を共著者に加えるか、脚注でそのことに言及するかして、彼らに謝意を表しなければならない。共著者に加える人々は、その研究に対して相当の量の貢献をした研究チームのメンバーである（例えば、彼らの貢献なしに研究を成し遂げることができたか？　彼らは研究の目標と設計に対して入力、すなわち情報や考えを提供したか？　彼らは方法論に関して入力、すなわち情報や考えを提供したか？）。データ収集者や、文献を調べてくれた研究補助者などは、脚注で言及することが適切である。

◇ 事例10.21：誰を最初にするか？

　ローラは、大学院生であり、中学校を対象にして修士論文を完成させた。教室行動に関する研究の過程で、ローラは何人もの教師や、教師助手や、スクールガイダンスカウンセラーとともに日常的に活動した。教師と助手はデータを収集し、ガイダンスカウンセラーはローラに4回面談して、子どもたちの学業的背景についての情報を提供した。ローラは少なくとも週1回、指導教授と会って指導を受けた。教授はローラの研究とデータ収集システムの設計を指導した。その上、週1回夜行われる院生のための研究会議に参加した。彼女は毎週、研究の進捗状況を報告し、院生らは質問して、研究に対するサジェスチョンを与えた。研究が完成して、執筆が終わり、ジャーナルへの投稿の準備が整ったとき、ローラは誰を著者とし、どの順序で記載すべきかを決めるために非常に悩んだ。自分を筆頭著者として、次は指導教授とし、その次に教師らをアルファベット順に列挙し、助手もアルファベット順に記して、最後にガイダンスカウンセラーと、研究会議の二人の院生の名前を記した。草稿には10人の著者が記載された。ローラの指導教授は、記載された一部の人々を脚注に移して、彼らの貢献の典拠を示す必要があると教えた。

　脚注に誰を移動させるべきか？

■ 主著者と他の著者の表示（10.22）

主著者と他の著者の表示には、彼らの相対的な地位とは無関係に、参加した個人の相対的な科学的、専門的貢献を正しく反映させる。学科長のような機

> 関の地位を単に所有することは、著者としての表示に正当性を与えない。研究や、出版のための著作に対してなされたマイナーな貢献については、脚注やしがきなどにおいて、謝意を表するようにすることが望ましい。さらに、ここに示すBACBガイドラインは、アメリカ心理学会の倫理規定に含まれる著者表示と出版慣習に関する倫理的要件を受け容れ、それを支持する。

　研究に関わる行動分析家は、査読のために論文を提出する時点で、複数の人々が重要な貢献をしている場合は、著者として含める人々の名前と、どんな順序で記載するかを決定しておく必要があるだろう。一般的ルールとしては、最も重要な貢献をした人に最初の地位（「筆頭著者」）が与えられ、それ以後のその他の人々の名前には、貢献の順位が低くなっていく程度（「共著者」）が反映される。筆頭著者は、その研究にわずかな貢献をしただけの人の名前も含める誘惑に抵抗しなければならない。より少ない仕方で助けてくれた人々は、脚注かおそらくは論文の最初の部分で謝意を表すべきである。

◇ 事例10.22：全員を脚注に

　大きな精神保健機関が、地域社会への総合的な奉仕活動を行っていた。それにはスタッフ訓練、クライエントに対する行動コンサルテーション、地方病院における精神保健部門のコンサルテーションが含まれていた。時々、大学の行動系の研究者がこの機関のプロジェクトに関与することがあり、応用研究が行われることがあった。2つ以上のプロジェクトにおいて全てがうまくいき、その研究に基づいてひとつの論文が提出される段階になった。その研究を計画して草稿の第1稿を執筆した大学教授が自分を筆頭著者とし、彼の考えによれば寛大な措置として残りの全てを脚注に記載しようと考えた。データ収集者として仕事をした学生たちは、共著者として記載されなくなることを知って憤慨した。学生らは、出版物に名前を記載されることが「大学院に入る切符」であると大学院生から聞かされていた。そして今やこのプロジェクトに6カ月も費やしたのに大学院に入るチャンスを失ったという気持ちになった。

　振り返ってみて、この事態はどうすれば別の処理の仕方ができただろうか？

■ データを発表する（10.23）

> 行動分析家は、すでに発表したデータを、オリジナルなデータとして発表することはしない。ただし、すでに発表した事実があることを認めた文章を添えて、そのデータを再発表することは排除されない。

　自分の研究をまとめて出版する場合は、オリジナルなデータは１回だけ発表してよいことを忘れてはならない。もしも以後の論文において後にこれらのデータに言及する場合は、自分のオリジナルな出版物を引用することが求められる。状況によっては、草稿が２つ目のジャーナルに発表されることがあるが、通常これには編集者か著者による注記が付される。

◇ 事例10.23：重複発表

　マルゲリットは、心理学専攻の学部生であり、行動分析学の具体的な活用例を示す論文を探し出す行動分析学の科目をとっていた。学生らは自分が見つけた論文を読み、一つ一つの論文について短いレポートを書いた。学生が方法論について疑問を持っている場合や、学生が特定の概念について理解していないと判断した場合は、教授がそのレポートに論文のコピーを添付するよう要求した。マルゲリットは自分に興味のある主題を扱った論文を見つけた。彼女はレポートを書き、原著論文を提出した。数週間後、新しい論文を探していたとき、最初の論文の著者らの名前が彼女の目を捕らえた。その論文は別のジャーナルに発表されていたが、そのデータと記述は最初の論文と同一だった。マルゲリットは、その論文のコピーを授業に持ってきて、教授にこれはよく行われていることかと質問した。

　ここに示す BACB ガイドラインはこのような状況を扱っているか？

■ データを使わせない（10.24）

> 行動分析家は、研究結果を公表した後は、参加者の機密性が保護されることを条件とし、特許データに関する法的権利がその公表を排除する場合以外は、彼らの結論のもとになったデータを、他の優秀な専門家が再分析してその重要な主張を検証する目的のためだけに使おうとするとき、彼らにそのデータを留保してはならない。

自分のデータを人々に分かち合い、透明性と再現研究を通じて研究成果を強固にすることは、行動分析家の倫理である。別の行動分析家がローデータを見たいとリクエストしてきた場合は、再分析という目的のためにそれを彼らに提供する義務がある。もしも誰かがデータをリクエストしてきた場合は、その前提として参加者の機密性を保護するために必要な措置を講じることとする。データを共有使用することに対する唯一の例外は、商標登録され、特許とされ、あるいに何らかの方法でひとつの会社に排他的に保有されているデータの場合である。

◇ **事例10.24：学問的石垣**
　ゴードンは、認定行動分析士だった。彼は大学院の行動分析学プログラムにおいて博士論文の研究に取り掛かった。ゴードンは彼の研究の概要作りに着手し、最初のステップとして、全ての文献を展望した。出版されたひとつの研究が、彼の興味を強く惹きつけた。その研究者はゴードンがしようと計画していることに非常によく似たことをしていた。ゴードンは、もしこの研究の著者らが用いたと称する査定ツールを使うことができれば、ずいぶん時間が節約できるだろうと考えた。そのツールは論文では言及されていたが、ジャーナルの論文には発表されていなかった。ゴードンは指導教授の承認を得て、その研究の筆頭著者に連絡を取り、その査定について質問した。ゴードンは何度も電話や電子メールを送ったが、その筆頭著者からは何の返事もなかった。そこで彼の指導教授が、その著者らに連絡を取ってみた。しかし彼も何の返事も得ることができなかった。最後にゴードンはもう一度電話をしてみた。そのときたまたま研究の筆頭著者が電話に出た。相手はゴードンに、私は論文に公表していないいかなる情報も人と分かち合うつもりはない、と言った。そして今後も研究する必要があるかもしれないので、ゴードンがその査定を入手して使うことはできないと告げた。
　このBACBガイドラインは、ゴードンが自らの主張の正しさを説明するために、何か役立つことを言っているか？

事例の回答

◇ 事例10.0：柔軟な研究

　ロンがこの研究をするためには、コーチの許可を得るだけでは十分ではなかった。彼は、人間参加者を対象として行う全ての研究の手続きに従わなければならなかった。施設内研究審査委員会（IRB）と、他の関連する人間対象研究審査委員会（HRC）に詳しい研究提案を提出することが必要だった。ロンの指導教授は、キャンパスの別の場所で彼が研究をしていることを承知しているべきだった。さらに、彼が「やっていくうちに」形にしていくという介入戦略の開発方法は、ここで示すガイドラインと一致しない。介入は文書化された研究提案の形で詳しく示すべきであり、発表された先行研究をベースにして研究の正当性を明示すべきである。

◇ 事例10.0A：データを紡ぎ出す

　ここに示すガイドラインに従えば、研究の結果は、できるだけ最も真実な正確な方法によって提示されなければならない。行動分析家は、結果を、誤解を招くような形で提示すべきではない。データ提示のために、最も都合のいい参加者を見つけ出して選択することは適切ではない。ロンは、応用研究を行う心構えができていないようである。基本的な倫理と、必要な手続きをよく理解しているとは思われない。彼には倫理に関するセミナーと、大学院における研究法の授業の両方が必要である。

◇ 事例10.0B：安全な横断

　ここに示すガイドラインは、研究をしている行動分析家は、参加者の安全と福祉に配慮するようはっきり述べている。道路横断研究では、観察者は、ベースライン段階では、もっぱらデータを収集した。しかしながら、観察者は非常によく訓練されており、子どもたちの安全以上に重要なことはないことを理解していた。観察者は近くの重要な場所に陣取っていた。そして、もし子どもが危険な状況にあるように思われれば、即座に介入する準備をしていた。

◇ **事例10.0C：あの観察者を警戒せよ**
　C博士は、彼の研究チームの誰であれ、倫理的に行動することは、彼の責任であることを忘れるべきではない。彼はその学校を訪問して、カーステンを指導する必要がある。もし彼女が研究手続きに従うことが期待できないか、信頼できる観察者であることが期待できなければ、研究プロジェクトから彼女を排除する必要がある。

◇ **事例10.0D：研究の承認**
　カールは、学校でどんな研究を始める場合であれ、事前にIRB（施設内研究審査委員会）の承認を得なければならなかった。学校の職員からの承認では不十分だった。

◇ **事例10.0E：おもちゃのトラブル**
　ションドラは、アドバイザーと委員会に通知する必要がある。研究初心者でこのことに気付く者はほとんどいないが、彼女はまた、IRBにも状況が変化したこと、そして修正した研究提案が間もなく提出されることを、知らせなければならない。IRBには、研究プロジェクトの最初から最後まで、アドバイスと支援を求めることができる。IRBは研究のスタート時点で、一度だけ承認を与える組織ではない。

◇ **事例10.01A：ブルースのバンド**
　ブルースは、行動プログラミングの文脈で研究している行動分析家として、行動分析学のモデルに従って研究するよう期待されるだろう。彼は介入として音楽を選び、標準的データ収集システムと単一事例デザインを使ってデータを収集することもできたはずである。クライエントに音楽を「どう感じたか」と尋ねるよりも、音楽によって特定の不適応な標的行動が減少したかどうか、または向社会的な行動が増加したかどうかを評価することもできたはずである。

◇ **事例10.01B：もっと速く仕事をしよう**
　肉体的により努力するよう人々に圧力をかける場合は、その努力がもたらす利益が、いかなる否定的影響も確実に上回るようにしなければならない。H博士の事例では、スタッフメンバーが十分な休憩を確実に取れるようにしなければなら

なかった。1日中座ってタイピングすることは難しい。したがって休憩時間（人々があちこち移動して筋肉をストレッチできる時間）を少なくする介入は、首や背中の故障や、手根管症候群や、その他の問題を引き起こす恐れがある。

◇ 事例10.01C：時流に乗る

X博士は、元の仕事がまだ空位であることを期待してもよい。新しい仕事を探すのもいいだろう。あるいは会社のオーナーや役員に働きかけて、信頼できる行動分析学プログラムが必要であると説得することができる。外部の専門家を紹介して、彼らに引き合わせることもできるだろう。行動分析学の研究を行うことによって、そのプログラムに対する適切な承認を得ることに着手してもよいだろう。

◇ 事例10.01D：研究という武器

ここに示すガイドラインは、行動分析家に自分の研究がデータによって裏付けられていない主張を擁護するために利用される恐れがある公開討論会の一翼を担うことに対して警告を与える。もし親たちが全体として道理をわきまえ、この問題が一度限りのようであれば、A博士は学校と接触して、自分が運動の一員ではないことを説明し、親たちにこれはなぜ間違いかを教えて、事態を収拾することができたかもしれない。しかし、A博士はある程度考えた結果、自分は制御しにくい過激な一部の親たちの渦中にいるので、理事会を退いたほうがいいだろうと決断した。こういう姿勢を示すことは難しいが、行動分析家は他人や集団が専門家としての自分の名声を傷つけることを許してはならない。

◇ 事例10.01E：誇大宣伝文句

簡単に言えば、G博士は事実を誇張した。彼女はわずか二人の子どもを指導しただけであり、この事実をもとにして全ての子どもに一般化することはできない。彼女は自分のデータを明瞭に提示して、子どもによってはその治療では効果がなかったかもしれないことを説明する必要がある。ここに示すガイドラインは、行動分析家が自らの手続きの有効性を誇張することに対して警鐘を鳴らす。

◇ 事例10.01F：事実を歪曲して伝える

G博士は、プレスリリースを「やめさせ」なければならない。行動分析家は、

自分の業績については、いかなる歪曲であれ、修正しなければならない。G博士の研究は、わずか二人の子どもを対象にした研究だった。これまでに途方もなく大きな支援制度が整備されてきているが、それは、現実には子どもは普通教育では自立して機能していないということを意味する。したがってG博士の主張は虚偽になる。

◇ **事例10.02A：暴露**
　J博士は、同僚や学会参加者に、コートニーの身元がわかる情報を提供したり、彼女の過去について話したりすべきではなかった。行動分析家は、その著作において、クライエントや研究参加者の個人情報は開示しない。コートニーについて同僚に話すことによって、人々が彼女と関わったり、彼女に話したりする仕方に影響を及ぼす可能性がある。もしコートニーが自分から身の上話をすることを選ぶなら、それは彼女の権利、すなわち憲法修正第1条（表現や宗教の自由）によって保護される権利である。

◇ **事例10.02B：誇り高い親**
　ある時点で、ビリーは里子であり、S博士はそれらの経験について語り、ビリーの名前を用いた。本書で示すガイドライン通り、行動分析家は機密情報（すなわち、ビリーの診断と家族史）と、個人の身元を隠蔽しなければならない。S博士はビリーを養子にした。だからビリーはこれから何年も博士のそばにいることになる。ビリーに会う人々が全て彼の過去を知っていることになれば、ビリーは恥ずかしい思いをするかもしれない。S博士は、例えば「息子に集中的なトイレットトレーニングをしたとき、息子は過剰修正に抵抗しました」のように、手続きのことや、それに対するわが子の反応のことならば、話しても差し支えなかった。行動分析家にとってこれは、人々がどのように扱われたいと思っているかを考える、絶好の場所である。多くの人々は、性的に虐待されていた等々のことを他人に知られたくはないだろう。

◇ **事例10.04：バスケットボール・ブルース**
　カレンは、参加者が中途で止めることを選択できるように、随伴性計画を作っておくべきだった。また余分の参加者を用意しておき、誰かが辞めても研究に支

第15章　行動分析家と研究

障が起こらないようにすべきだった。研究者は、研究に参加する参加者が不正な理由から、例えばその活動が楽しいからというのではなく、ただ強化子をもらいたいから参加するというようなことを望むべきではない。参加者が中途で止めないようにするためには、最初の時点での注意深い予備選抜や参加者選択、強化子サンプリングなどの方法を用いるべきである。望ましい強化子サンプリング査定を行っていれば、ワンダが坐って微細運動スキルを必要とする室内活動を、ことのほか好む訳ではないことが、カレンに明らかになっただろう。

◇ 事例10.05A：フランクのだまし

このケースは、どちらともいえる。もし、フランクが従業員にリフティングの技法を特定して観察していると話したが、実際には階段の安全性に関連する行動を観察していたとすれば、参加者をだましたことになる。従業員に対して、彼はさまざまな安全行動を観察していると伝えるべきだった。その会社を支援するため、適切なリフティングを訓練しようと思えば訓練することができた。そしてもし従業員が、フランクが観察していたのはリフティングであるという結論に達したとすれば、これは彼ら自身が憶測したことになる。

行動分析家は、特にだましの研究、「大学生がだまされたときどのような対応をするか」といったような研究には、普通は参加しない。

研究における非倫理的な、だましの慣例にはさらに次のようなものがある。教師には、子どもの行動を観察していると言っておきながら、実際は、教師の行動のデータを取っているというような場合である。最低でも、教師には、教師と子どもの相互作用を観察していると伝えておくべきである。

◇ 事例10.05B：カルロスの内気な提案

身体的危害や不快の起こる恐れが少しでもある場合は、必ずそのことを参加者に知らせなければならない。このケースでは、もしカルロスがクライエントへのひとつの関わり方が攻撃を予防すると感じていたならば、彼はそうした条件の下でのデータを検討することができたはずである。しかしながら、彼が知っている関わり方をすれば、クライエントが女性たちに肉体的な攻撃を加える結果となる可能性があることを、研究参加者に具体的に教示するという実験条件は設定すべきではない。まれなケースとしては、攻撃行動をプロンプトして（研究参加者で

はなく）特別に訓練された治療チームが治療できるようにすることがある。

◇ **事例10.05C：任務終了の事後説明と意見交換**
　M博士は微妙な立場にある。この学生は明らかに動揺していた。また博士は心理学部の彼の同僚が行った実験に参加したとき彼女がだまされたことを知っていた。同僚は行動分析家ではないから、行動分析学の行動規範は彼には必ずしも適用されない。しかしM博士は、アメリカ心理学会（APA）に類似の倫理規範があり、その項目は適用されることを承知している（基準6.15および6.18）。M博士には、この件について同僚に伝えなければならない。

◇ **事例10.07：ハワード廊下を飾る**
　ここに示すBACBガイドラインはいう。行動分析家はあらゆる手をつくして、侵入や混乱を回避すべきである、と。ハワードはこの施設において侵入的だった。多くのスタッフを要求したからというわけではなく、所長が維持したいと願っている環境を変えようとしたからである。

◇ **事例10.14：アブダル・Z博士の報酬システム**
　BACBガイドラインに従えば、教室の一部のメンバーに特別な単位が与えられるとき、教室にいる全てのメンバーにも、特別な単位を所得できるチャンスを与えなければならない。Z博士は彼のプロジェクトの観察者にならなかった学生には、それに代わる特別な単位のための課題を出すべきだった。

◇ **事例10.15：ガソリン代の値上がり**
　ビバリーがもしこの研究のための奨励金を変更することにしたならば、IRBに再提案してガソリン代を増やすことについての承認と、昼食代についての承認を得る必要があった。ビバリーが一家族だけにより高いガソリン代を支払い、食事代を提供して、このことを全員に対してするつもりがないならば、それは倫理的ではない。この特別扱いが彼女に許される唯一の方法は、家から研究所までのマイル数に基づいて支払うことである。こうすることによって、一部の家族はガソリン代としてより多くのお金を得ることになる。

第15章　行動分析家と研究

◇ 事例10.17：助成金獲得術
　合法的であることと倫理的であることとはしばしば2つの別個の事柄である。V博士が秘密の助成金審査委員会で見た作品を利用することは非倫理的である。V博士は倫理的に正しいと思われることをすることにした。そして他の研究チームに属する研究のアイディアを、その業績が出版されるまでは用いないことにした。

◇ 事例10.20：剽窃を暴露する
　ガイドラインの10.20節によれば、「行動分析家は、他人の業績の一部や要素を自分のものとして提示することはしない」。倫理的な行動分析家は、使用するいかなる業績についても、それが出版されていようといまいと、その著者の典拠を示すだろう。倫理的であることと合法的であることとは、ときに2つの異なることがらであることを思い出そう。数年前、B博士が研究法に関する著作を執筆した。その本は自費出版され、大学生の教育課程として、何年間も使用された。その本は、版権を取得していない本であることを知る人物の手に渡った。その人物はその資料と目次を利用して、ほとんど同一の書物として大きな出版社から出版した。B博士のオリジナルな業績は、参考文献のひとつにあげられすらしなかった。これは明らかに非倫理的である。

◇ 事例10.21：誰を最初にするか？
　ローラは自分を筆頭著者にすべきである。彼女が主たる研究者だからである。指導教授を2番目にあげなければならない。特にこの研究に対してガイダンスを行ったからである。一部のケースでは、指導教授は、単独で行ったプロジェクト以外は、全ての論文において共著者の最後に名前をあげることを選ぶことがある。これはその教授の「署名」である。他の教授は、その学生と研究チームの他のメンバーと比べて自分が相対的にどれほどインプットしたかを判断して、第三か第四の著者として名前をあげるように希望するだろう。これは二人の学生が基本的にプロジェクトの共同研究者であり、指導教授が二人にガイダンスを行った場合にみられるケースである。もしも一人か複数の教師が研究に重要な貢献（インプット）をした場合、例えばデータシートを設計し、方法論を開発するなどした場合は、共著者として記載するべきである。それ以外は、残りの名前を全て脚注において明記すべきである。

◇ 事例10.22：全員を脚注に
　主著者と他の貢献者の表示は、参加した個々人の相対的貢献を反映する。主著者の名前を最初に記載し、それから共著者として他の研究者が記載される。データの収集者や、文献を調査した学生らや、クライエントへの介入の一部を遂行した人々は、通常、脚注において名前をあげて謝意が表される。アメリカ心理学会は、APAマニュアルにおいて「出版慣習」(publication practices) という見出しの下で著作者についてのガイドラインを示している。この事例では、基本的には、過去に間違いなくこの道を歩んできた大学教授や研究者が、もし研究が成功して、最終的に論文にされ、出版のために投稿されることになった場合、一人ひとりの名前をどのように掲載すべきか（クレジット）を、あらかじめ特定しておくべきだった。

◇ 事例10.23：重複発表
　研究者は以前に発表したデータを発表することができる。ただし、すでに発表した事実があることを認めた文章を添えなければならない。ここでの主要な問題は、研究者は実際には同じグラフとテキストを別々のジャーナルに投稿して、同じ材料を使ってもうひとつの出版（二重稼ぎ）をしようとしてはならないということである。

◇ 事例10.24：学問的石垣
　ここに示すBACBガイドラインは、行動分析家が、自分の結論のもとになったデータを人に使わせないことをしてはならない、とする。これは研究の背景となる材料にも適用されるものと考えられる。倫理的な研究者は、必要な情報を提供する。他の人々が彼らの研究を容易に再現できるようにする。あるいは他の人々が非常に類似した研究プロジェクトを始めようとするとき、わかりきったことをやり直す必要がないようにするためである。

第3部

倫理的な行動分析家のための専門的スキル

第3部（第16章から第18章）では、倫理的な問題への対処力を高めたいと願っている行動分析家のための3つの重要なスキルを紹介する。第16章では、日々の実践活動に役立てていただきたいリスク便益分析を行うためのモデルを提供する。第17章では、1対1の場面やグループ場面で必要になったときの倫理的なメッセージを効果的に提示するためのいくつかの提案について要点を述べる。第18章では、認定行動分析士のための新たなツール「行動分析家による専門的な実践と手続きについての宣言書」を提示する。この宣言書があれば、行動分析学会（Association for Behavior Analysis）のサービス提供法についての誤解をさけることができるし、倫理的問題でクライエントとのかかわりに費やされる時間の浪費を防げるはずである。

第 16 章

リスク便益分析

「行動分析家がクライエントを虐待したとして告訴される」ことは、行動分析家協会（Association for Behavior Analysts; ABA）の大学教授であれ、いたるところの専門家であれ、最悪の悪夢である。この衝撃的な仮想の見出しが意味しているのは、我々がトレーニングし一緒に働いた誰かがとんでもない状況に陥ってしまうことである。つまり、物事がコントロールできないままに回り、決定的なミスが生まれ、クライエントが深刻なほど傷つき、そして我々のうちの一人が有罪判決と刑期とが言い渡される可能性の高い裁判にかけられる、ということである。この悪夢のようなシナリオでは、すでにクライエントに与えられた言いようのない危害に加えて、行動分析家と行動分析学の評判と専門家としての生命に与えられるダメージは破壊的なものとなり得る。波及効果はクライエントの家族に永遠に及び、コミュニティは障害を持つ子どもが行動治療の名の下に傷つけられたことを決して忘れることはない。

　しっかりとした、倫理的な行動分析家として私たちは、こうした悲劇をどんなコストを払ってでも避けたいのだが、しかしどのようにすればよいのだろうか。最も単純なやり方は、注意深く、徹底したリスク便益分析を治療開始前に行うことである。リスク便益分析とは、状況に関するリスクと便益とを比較することである。

　"The BACB Task List-Third Edition"（BACB.com）の第 1 ～ 6 項には、何が必要かについて正しく記述されている。「行動分析サービスの導入、継続、変更、あるいは中断は、リスク便益分析の比率が、それぞれをしなかったときよりも低いときにのみ行われる」そして、2010 年 6 月の責任ある行動のガイドライン（The Guidelines for Responsible Conduct）は、リスク便益分析を有効なツールとして薦めている（3.05a）。現在刊行されている ABA の標準的なテキストを眺めて見ると、リスク便益についての情報はごくわずかしかない。

ひとつのテキスト、Van Houten and Axelrod (1993) には、リスク便益分析を詳細に説明した歴史的に重要な章が含まれている。その第8章「最善の治療手続きを選択するための意志決定モデル」(Axelrod, Spreat, Berry, & Moyer, 1993) で著者らは、(ABAにしては) この比較的曖昧な過程を明瞭にする単純でエレガントなモデルを呈示している。第二著者であるスプリートは、さまざまな要因に重み付けをした治療選択のための数学的モデルとして、自身の公式をオリジナルに呈示している (Spreat, 1982)。スプリートは考慮すべき4つの要因を示した。

1．治療がうまくいく確率
2．行動の除去にかかる時間
3．手続きによってもたらされる苦痛
4．行動によってもたらされる苦痛

この章で、筆者らは、薦められる個々の行動手続きを探る、またリスクと便益を決定するストラテジを提案する（過去の文献と専門家としての経験の両面から）。リスクと便益をこの方法で消費者に呈示することで真摯で誠実な議論を促し、その結果、セッション中に治療の予期しないような副次的な効果が生じたとしても誰も驚かずにすむだろう。スプリート (1982) のモデルは重要な初期の試みのひとつであった。しかしながら、行動分析やリスク分析の実践が発展していることを考慮して、筆者らは新しい4つの手続きを提案する。

1．個々の行動手続きによって生じるリスク要因を査定する
2．行動治療によって生じる一般的なリスク要因を査定する
3．行動治療の便益を査定する
4．治療に関わる主要なメンバーとリスクと便益について調整する

リスクとは何か？

2008年、ウォール街の銀行員たちが、巨万の富を得るために我々のお金を

使ったクレジット・デフォルト・スワップ[9]を用いて巨大なリスクを冒していたことが一夜にして発覚した。それ以来、リスクという言葉はアメリカ人にとって重要な新たな用語となった。

> 私たちは、その治療過程に「不安定性」をもたらす要因を決定するリスク分析家であると部分的に自認する必要がある。

　金融上のリスクマネジメント（Crouhy, Galai, & Mark, 2006）というこの分野から直接行動分析に一般化はできないものの、我々の専門と明らかな類似点もいくつかある。この章の冒頭にしめした仮想の見出しのような大惨事を避けるために、私たちは、その治療過程に「不安定性」をもたらす要因を決定するリスク分析家またはリスクマネジャーであると部分的に自認する必要がある。リスクは、損害、損失、あるいは危険への暴露である。行動の場面でリスクについて語るときに最も多く言われることは、クライエントが傷ついたかもしれないという現実である。しかしながら、行動分析家にとっての危険や損失は、その人の評判に関わる可能性があり、行動分析という分野を傷つける可能性もある。認定行動分析士（BCBA）にとって**不安定性**は、治療計画の予期しなかった結果である。行動治療計画における不安定性の例をあげれば、手をばたばたさせるといった自己刺激行動が有意に減少するというのでなく、ターゲット行動がさらに悪くなったり、顔を叩いたり、かんしゃくを起こして叫び声を上げたりといったものに形を変えてしまうことである。「リスク要因」は、このようなことが起こる可能性があるという手がかりとなる。このリスク要因を特定することによって、こうした予期しない結果を防ぐことができる。

リスク ― 便益分析

　公衆衛生の分野ではリスク便益分析は、死亡リスクを査定するために用いられる。喫煙によって肺がんになる、トラクターによる農民の死亡事故、警官が公務中に殺害される、あるいは教授が頻繁に飛行機を利用する（Wilson & Crouch, 2001）といったリスクは、全て公衆衛生機関によって評定される健康関連状況の例である。生命保険会社は、スカイダイビングや登山などの特定の

訳註9　クレジットデリバティブ（信用リスクの移転を目的とするデリバティブ取引）の一種。一定の事由が発生したときに生じる損失額の補てんを受ける仕組みをとる。

趣味に関連したリスクを計算する。

特定の職業や活動によって起こる死亡リスクを計算するためには、証明可能な記録を長期にわたって取り続けることが必要である。応用行動分析は死に至る確率の高い活動ではない。そのために、公衆衛生や保険会社が用いるリスク計算の方法は意味をなさない。意味のあるものにするのは、私たちが日常的に用いている手続きについてのリスク便益分析を行うことである。目標は、行動変容の効果的なテクノロジーから人々を驚かせて遠ざけることでなく、それに直面させることである。行動分析家は、意図的でない行動の生起確率を上げてしまう手続きがあることを実践者に明示する必要がある。例えば、タイムアウトは、泣き、攻撃、ひきこもりなどの情動反応を産み出してしまうことがある (Cooper, Heron, & Heward, 2007, p. 363)。何もしないこともそれ自体がリスクである。選択肢を消費者に詳しく説明するときには、ある選択肢とそれがもたらしうる結果について消費者に気付かせる必要がある。

> 行動分析家は、意図的でない行動の生起確率を上げてしまう手続きもあることを実践者に明示する必要がある。

リスク要因と研究の欠落

リスク要因の決定を先行研究に基づいて行うことは難しい。なぜなら、膨大なリスクを伴う研究や治療は、治療の失敗を意味しており、そのため公表されることがないからである。行動プログラムの失敗を予測しうる要因は、リスク要因について経験から学習してきた実践的行動分析家の記憶に深く刻み込まれている。リスク要因の手がかりには論文から拾い集められるものもあるが、そうした場合は、明らかに、研究者は、治療のプロトコルが字義通りに行われたことを確認するためにいくつもの努力を重ねている。さらに、研究の文脈では、介入は何年も何年も訓練と経験を重ねてきている修士や博士レベルの治療者によってしばしば行われている。最後に、行動分析の実験はほとんどの場合、実験室で行われるような厳密さに匹敵する統制された状況で実施される。しかし、都市部周辺の低所得のクライエントに関わっている実践的行動分析家にとってはまた別の話である。治療の査定をするために、ごくまれにやってくる治療者からごく間欠的な援助をもらうだけで、高等教育も受けていない親たちがごく

短期間でいくらかは洗練された手続きを実行するための訓練を受けなければならないかもしれないのである。

行動手続きのためのリスク便益分析

　あらゆる行動手続きは、良性のもの（正の強化のような）であっても、それ自体に関連するリスク要因を持っている。このようなことが「留意事項」（Cooper et al., 2007, p. 370）として言及されているテキストもある。もちろん、行動手続きには利点もある。行動分析家が特定の行動手続きのリスクと便益判断をするのに役立つように、筆者らは一連のワークシートを開発した。図16.1に示すように、反応コストのワークシートの例では、**留意事項**（すなわち、リスク）に攻撃、回避、そして望ましい行動の減少が含まれている。このワークシートには、反応コストの便益として、行動の中程度以上の早さでの減少、簡便さ、そして反応コストを他の行動手続きと組み合わせて用いることができる点が示されている。責任ある認定行動分析士（BCBA）であれば、提案されている個々の行動手続きを調べたいだろうし、また手続きワークシートを準備したいだろう。ページの下段に示されている要約で、リスクと便益の釣り合いがとれて客観的であることが確認されていることに注意を払ってほしい。

8つの一般的なリスク要因

　リスク要因がどのように治療計画の結果に影響するかを理解するために、ごく一般的な8つのリスク要因を特定した（図16.2）。これらのリスク要因の全てで、クライエント、仲介者、傍観者、認定行動分析士、あるいはより広い意味で行動分析の専門家を含む誰かを傷つける危険性がある。

治療される行動の性質

　一般に、問題行動の深刻さや激しさが増せば増すほど、その計画が失敗するリスクは高くなる。激しい深刻な行動は一晩でそうなってしまったわけではない。深刻な行動の問題にはほとんどいつも長い潜伏期があり、その期間を通じてそれほど深刻でない反応型から危険なものに発展した結果として、クライエ

リスク便益ワークシート	
応用行動分析手続き：タイムアウト	
特別な方法：（1）非排除型タイムアウト（計画的無視、正の強化子であった刺激の排除、随伴観察、タイムアウトリボン）、（2）排除型タイムアウト（タイムアウト用の部屋、仕切りをつかったタイムアウト、廊下でのタイムアウト）	
リスク	注
1．予期しない結果をもたらす。	問題とはなりうるが、BAが最初の数日間立ち会うことができる。
2．情動反応をもたらす。	母親がこれを気にしている。
3．使用された場面でクライエントが非難される。	この教師に関してこれまでにこれが問題となったことはない。
4．タイムアウトを用いる仲介者が他の人にも使ってしまう。	このBAが学級支援員を観察する必要があり、教師も認められないままにこれが使用されないように見守る必要があるだろう。
便　益	注
1．適用が容易。	教室の学級支援員がいるためにこの点はプラスとなる。
2．タイムアウトは適切な処遇であると広く受け入れられている。	両親からの承認が得られれば学校でタイムアウトを使うことは問題ない、タイムアウト用の部屋もあり、その部屋が安全であることもわかっている。
3．行動の速やかな抑制。	教師はターゲット行動の速やかな減少を評価してくれるだろう。
4．他の手続きと組み合わせることができる。	適切な行動に対して教師によるトークン・エコノミーが用いられることになるだろう。
リスク便益の要約：全体的にはこの場面でのタイムアウトの便益はリスクよりも大きいように見える。導入後1週間はBAが同席してうまくいっていることを確認する必要があるだろう。母親は少なくとも1カ月はうまくいくかどうかを見るためにタイムアウトの使用に同意している。	

図16.1　タイムアウトのリスク便益ワークシートの例

リスクと便益を十分に調べた上で、個々の応用行動分析手続きについて1枚のワークシートにまとめられる。一番下の要約は、当該のクライエントにとってリスクと便益をバランスよく率直にまとめたものである。

行動治療の一般的リスク要因	
教示：個々の提案されている手続きのリスク便益分析ワークシートを仕上げたら、この用紙に記入して関係者と見直しをすること。	

リスク要因	注
1．治療される行動の性質 — 自傷あるいは他害の恐れのある行動か？	ターゲット行動は、指示に従わない、走り去る、きょうだいに対する威嚇攻撃である。
2．治療を適用するに十分な人員や仲介者がいるか？	母親が主要な仲介者となる。
3．実行する人たちはプログラムを正しく適用できる技術を持っていてそれを適用できるか？	彼女が行動プログラムを体系的に実践するのは今回がはじめてである。
4．状況は治療に適切か？　安全で、十分に明るく、清潔で、室温もコントロールされているか？	家は清潔で安全だが、他に二人のきょうだいがいて、彼らが問題になるかもしれない。クライエントよりも幼くて脆弱で、彼らが何らかの不適切行動を強化することが観察によって示されている。
5．行動分析家は、このタイプのケースの治療経験があるか？	在宅コンサルテーションの経験が3年間ある。
6．この状況にいる他者に何らかのリスクはないか？	攻撃が少しでも高まれば二人のきょうだいにリスクが生じる。
7．このケースに深く関わる主要な人からの援助はあるか？	母親はまじめだが、祖母と義理の母がプログラムの一貫性を損なうかもしれない。
8．行動分析家に法的責任はないか？	この行動分析家は経験も持っており、プログラムは標準的で特別な強化子、制約手続きもない。スーパービジョンも十分である。

一般的リスク要因の要約：治療を始める前に考慮すべきリスク要因がいくつかある。安全を期してこの治療に関して在宅で母親を援助する人を雇うべきである。またこの介入プロジェクトがうまくいっていることを確認するために行動分析家は最初の数日間は終日対応可能にしておく必要がある。

図16.2　行動治療の一般的リスク要因ワークシートの例
　これら8つの要因はほとんどの行動的な適用をカバーしているが、必要に応じてこれら以外のものも加えられる。

ントは行動分析家に紹介されることになるのである。修士２年課程に在籍する大学院生がこうした危険な行動への対処の仕方を熟練した専門家から学ぶ機会はほ

> 一般に、問題行動の深刻さや激しさが増せば増すほど、その計画が失敗するリスクは高くなる。

とんどない。何十もの論文を読み、基本原理、その詳細やこうした治療の微妙な点は、それを専門にしている人によっても獲得するのが難しいことがわかる。中堅の行動分析家でさえ、彼らやクライエント、あるいは他の介助者を救急室に送ってしまうような深刻な攻撃に対処するプログラムを計画する際に、容易にミスを犯しかねないのである。

行動プログラムを適用するに十分な人員

行動分析家として、私たちはクライエントの環境内における仲介者を治療で重要な役割を呆たしてくれる人に数え入れている。認定行動分析士の仕事は、機能的査定を行うこと、行動の機能を正確に指摘すること、そしてその上でプラダウィリ症候群やエンジェルマン症候群、あるいは脳性麻痺などの特定のクライエントに正しいプログラムを考案することである。通常は、プログラムを効果のあるものにするにはクライエントが覚醒している時間帯のより望ましいときに行われる必要がある。これは、居住型施設では少なくとも１日に２つのシフトが必要であることを意味する。認定行動分析士の行動治療計画が特定の時間でのみ実施されるなら、常時行われるよりも遙かに効果が小さくなるだろう。

仲介者は十分に訓練を受けているか

十分な数のスタッフがいたとしても、彼らがプログラムを高いレベルで遵守するように訓練されていなければ、成功は保障されない。正の強化のプログラムであっても、仲介者がしばしば間違えて不適切な行動を強化してしまえば失敗することもある。ある施設で、夕方のシフトに入った人が、大きな体の気分変動の激しい１０代のプラダウィリ症候群の患者さんを怖がっているのを目にした。定められた計画に従わずにお菓子を持ってきては自分たちのシフトでクライエントが騒ぎを起こさないようにするために買収したのである。夕方シフトの一人の援助者は、自分とクライエント（逃走の履歴がある）が数ブロック

第16章　リスク便益分析

先のコンビニエンスストアに出かけてお菓子を買ってこようと決めた。その援助者が自分の彼女との携帯電話に夢中になっている間に、ちゃんと見守られていなかったその10代の患者さんは赤信号を

> 十分な数のスタッフがいたとしても、彼らがプログラムを高いレベルで遵守するように訓練されていなければ、成功は保障されない。

無視して大通りを渡ってしまい、軽トラックにはねられてしまったのである。彼は、ひどい頭部外傷のために1時間後に亡くなってしまった。この夜の外出が許可されたものではなく、またリスク便益分析が何も行われていなかったことが明らかとなった。患者さんの家族は、この起こるはずのなかった悲劇に慄然として施設を訴えたのである。

状況は提案されている手続きに適切か？

　BACBのガイドラインでは、行動手続きの効果がありそうな状況でのみ行動分析家は働くということが定められている（3.01, 3.02, 3.08）。なぜなら、望ましくない状況は手続きを失敗のリスクに晒してしまうためである。さらに、そのような治療状況が、行動分析家をもリスクに晒すものであってはならない。

　あるケースにおいて、行動分析家が在宅型の行動サービスを頼まれたのは母親が動物愛好家の家庭であった。ペットが悪いわけではない。しかし、この場合は母親が家のいたるところに、台所も含めて、巨大な水槽を亀のために置いていた。水槽は濁ったみどり色の水でいっぱいになり、子どもたちの一人がサルモネラ菌に感染していると診断されるまでに長い時間はかからなかった。感染症にかかるリスクがあると判断して、スーパーバイザーはその行動分析家をその家から引き上げさせた。在宅型のサービスを提供していた別のケースの行動分析家は、離婚していた母親の恋人が家の中でドラッグを使用しているのを見つけた。そのコンサルタントは、子どもを守るために家に留まるべきと感じていたのでサービスを中止させたくなかった。私たちのアドバイスは、適切な担当局に連絡して、その家から即座に退出するというものだった。

その行動分析家はこのタイプのケースの治療経験があるか？

　これは厄介な問題となりうる。資格を取ったばかりの認定行動分析士（BCBA）や認定行動分析士補（BCaBA）の場合は、自分たちでは歯が立たな

いということを認めたくないために、特にそうである。私たちのガイドラインは、はっきりと認定行動分析士に自分の能力の範囲内で活動するように求めているが (1.03)、だからといって自分の能力の及ばないところでの活動が、手続きの適切な導入やクライエントの安全性へのリスクをもたらすと明言しているわけではない。

この状況にいる他者に何らかのリスクはないか？

在宅や学校での適用も、保護作業場での実施と同様に、行動プログラムの成功を微妙なリスクに晒してしまう。こうした状況でプログラムが実施されると、近くにいるクライエントやスタッフの安全もリスクに晒されてしまう。例えば、タイムアウト使用の「留意事項」には、情動反応や予期しない結果をもたらす可能性があるというものがある。タイムアウトに行きたくないクライエントは、時には、辺りにいる人を殴ったり、蹴飛ばしたり、叩いたり、唾を吐きかけたりして逃れようとするかもしれない。行動手続きのリスクは、その過程の同意を得るために決して軽視されるべきでない。そうでなく、全ての関係者と率直に意見を交換して誰もがあり得るリスクに気付くようにすべきである。リスクに気付けば緩和の計画もなされるべきである。そして、単に誰もが安全であるということを確実にするために治療の最初の数日間はスタッフの増員が必要かもしれない。

> 行動手続きのリスクは、その過程の同意を得るために決して軽視されるべきでない。

このケースに深く関わる人からの援助はあるか？

援助 (Buy-In) というのは、別の人があなたの提案したプログラムに同意するだけでなく、計画に従ってそのプログラムが確実に実施されるように、彼らができること全てを行うことを意味する。援助は状況によって大きく異なる可能性がある。

学校で活動しているなら、親、教師、そして校長からの援助が必須なのは自明のことだが、教師の補助者のことも忘れてはならない。この立場にいる人は、熱心に関わろうとしたり、あるいは「私には関係ない」という態度を示したりして、手続きを実行することもあれば中断させてしまうこともある。プログラ

ムの成功を確かなものとするためには、学校心理学者、スクールカウンセラー、ソーシャルワーカーなど他のキーとなる専門家からの援助も受けるべきである。これらのうちの誰でも、噂を広めたり競合する反応をしたりして、さぼったり治療を行わない場合がある。結果としてプログラムの効果を損なってしまうことがあり得る。その場所に一人でもアンチABAの人がいれば、行動分析家は治療を始める前にその人を説得するように働きかけるべきである。

個人的責任：認定行動分析士協会に対するリスク

このリスク要因は、行動分析士資格認定協会（BACB）がこのケースを扱う能力の問題に関する点で第5節と関連している。行動分析士個人に直接責任が及ぶことがあるだろうか？　タイムアウトが用いられることになり、行動分析士資格認定協会がその手続きを示したとしても、幼いクライエントがその過程においてたまたま怪我をすることがあるだろう。その子の両親は資格認定協会に責任を問いたいのだろうか。教師やその補助員に前もって直接身体接触しないようにデモンストレーションをしておくなどして責任が軽減されるような方法があるのだろうか？　もしそうなら、望ましいことであるし、また責任を軽減することになるだろう。

行動治療の5つの便益

バランスの取れたリスク便益分析を行う上で、リスクと同様に治療の便益についても見直す必要がある。筆者らは図16.3に示すような用紙を用いることを薦めたい。この用紙は、関わる人たち全てと話し合って便益を書き込むようになっている。

クライエントへの直接の便益

行動分析家としての私たちの専門は、まず何よりもクライエントが、提案された介入によって直接便益を受けることにある。しかしながら、多くの場合、何が予測されるかについてはっきりとしているわけではない。これを行動の生起率やうまくいった時間枠の変化で表現することがここで重要である。注に示されているように、この部分におけるターゲット行動のひとつひとつについて

行動治療の便益	
教示：個々の提案されている手続きのリスク便益分析ワークシートを仕上げたら、この用紙に記入して関係者と見直しをすること。	
便　益	注
1. クライエントの行動は大きく改善して多くの新しい強化子やより多くの選択肢と接触するようになる。	クライエントは要求に従うようになり、走り回ることは減少し、暴力的に脅かすこともなくなる。
2. 行動の変化があるためにクライエントの環境は大きく改善する──世話する人たちや仲間へのストレスも低減する。	当該児にも誰にとっても穏やかな環境が生まれて、ストレスが下がる。
3. 世話する人たちはより関わっていると感じて、士気は高まり、クライエントと一緒に前に進んでいこうと感じる。	母親は子どもを可愛がったり、栄養に気を配ったり、手引きをするなどの、本来望んでいた役割に立ち戻ることができる。
4. その場にいる仲間は、クライエントに対する行動を変えるかもしれない、それによって社会的強化子を提供する機会をより増やすかもしれない。	仲間はもはやクライエントを怖がることなく、一緒に遊ぶ時間を望むようになる。
5. 状況に対する責任は大きく低減する。	母親は責任を受け止めて、関わりを持っている。
便益の要約： このクライエントのこの状況における便益は非常に大きく、この手続きは、効果があれば、彼を大きく変化させて、生活の質を大きく高めることになるだろう。	

図16.3　行動治療の便益
これら5つの要因は多くの行動場面をカバーしているが、必要に応じて他のものも加えられる。

話し合うべきである（図16.3を参照のこと）。

状況に対する間接的な便益

　しばしば便益の査定において見過ごされてしまうものに治療場面の「空気」のようなものがある。それまでは反抗的で攻撃的だった子どもが、要求に耳を傾けてすばやくそれに従う、しかも微笑みながら行うといったことは、家庭や

教室の雰囲気を一変させる。そしてこのような前進が、可能性のある間接的な便益として考慮されるべきである。

仲介者や世話をする人への便益

しばしば行動治療の便益として無視されてしまうものに、うまく治療を進めた仲介者やその場で世話をした人に帰せられるものがある。うまく準備して、介入を行い成功に導く仲介者や世話をした人は自信を持つことができ、またその成功を誇らしく感じることもできる。

> うまく準備して、介入を行い成功に導く仲介者や世話をした人は自信を持つことができ、またその成功を誇らしく感じることもできる。

その場面での仲間への便益

私たちがクライエントに注意することに大部分の時間を費やしてしまう一方で、その場にいる他の人たちも治療の成功に間接的に恩恵を受ける人として見過ごされるべきではない。クライエントの仲間の場合、とりわけ彼らが攻撃の対象だったり無視されたりしてきたとすれば、彼らは、親や教師からさらに注目されるようになることや恐怖や不安が小さくなったことを評価するだろう。

状況の一般的な責任が低減する

クライエントがリハビリや教育場面にいて危険な行動を示していたとしたら、それを見過ごしている組織に何がしかの責任が問われることになる。その場にいる生徒たちや他のクライエントの親や代理人は損害の訴訟を起こしかねないし、施設の持ち主や管理者に、自分たちの家族に及ぼされる可能性のある損害の責任があると見なしてしまうかもしれない。走り去る、脅かす、あるいは他のクライエントやスタッフに危害を与えることを止めたクライエントは、管理者の頭痛の種を軽くするし、あるかもしれない訴訟に備えてきた弁護士への電話も少なくて済むことを意味する。

認定行動分析士と行動分析学にもたらされるさらなる3つの便益

認定行動分析士がリスク便益用紙に記載されることはおそらくないだろう。

また、クライエントと話をすることもないだろう。しかし、さらなる3つの便益を考慮する価値がある。まず、ターゲット行動の有意な改善をもたらすだけでなくクライエントなどの生活の質を高める

> 好結果をもたらすことができれば、自信が持てて、士気は高まりそして将来の仕事への参加が促されることになる。

ことのできる行動分析士や行動分析士補は、計画に従って全てのことがうまくいったとして安心するだけでなく、自分が将来同じようなケースを担当する能力についての自信を深めることにもなる。好結果をもたらすことができれば、自信が持てて、士気は高まりそして将来の仕事への参加が促されることになる。便益の2つめは行動プランの計画者に対する責任が軽減することである。あるケースでうまくいったとすれば、不確かさという暗い影はどこかに消え去る、少なくとも現時点においては。最後にあげられる便益は、応用行動分析の知識体系に貢献できる、応用行動分析の分野と一般とを良い関係に保つことに貢献できることである。私たちはクライエントに感謝状をお願いすることはできないにしても、クライエントが他の人たちに自分が満足しているとか、自分たちの生活を改善してくれた行動分析のサービスを非常に嬉しく感じていると話すことはよくあることである。

リスク便益分析の実際

　私たちの標準的な手続きでリスク便益分析を行うことは、基本的に倫理的な治療を提供する過程で重要な一歩を進めることになる。インテークの後に機能分析が行われる。そして文献を確認することで、最も制約の多いものから少ないものの順に並べられたふさわしい介入のリストが示される。

　この時点で、提案された手続きのリスク便益分析が前述したのと同様な用紙に記入して行われる。そして利用者（または代理人）との会合が持たれて注の見直しがなされる（図16.4を参照）。副次的な効果や予期しない行動の効果について質問があれば、その場でやりとりが行われるだろう。これらについても記録して、必要であれば見直すべきである。もし話し合いの後で利用者が手続きについて満足していなければひとつの方法を取り下げて別のものを取り入れる必要があるかもしれない。この話し合いをはじめに行うのが、治療の途中で

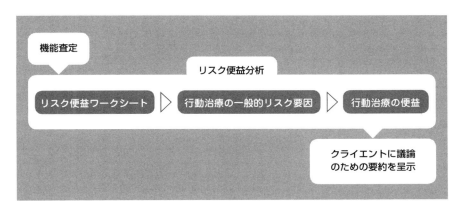

図16.4 リスク便益分析フローチャート
この手続きは機能分析から始めて、リスクと便益について十分に
考慮をした上で、クライエントに議論のための要約が呈示される。

押さえきれなくなって議論が出てくるよりは、はるかにましであると知っておくことは重要である。話し合いの最後には、とるべき一連の行為について全ての関係者からコンセンサスを得なければならない。必要な書類にサインし、記入して、誰もが満足できるようにリスクが明示され、リスクが最小限になっていることを確認してはじめて治療は開始できるのである。

第 17 章

効果的に倫理メッセージを伝える

　サービス中でのトレーニング、書物、継続的な教育機会、そして国内のさまざまな会議を通じて、行動分析家は責任ある行動についてのガイドラインの内容を理解するようになっており、より洗練されてきている。行動分析家にとって難しいのは、倫理的な問題が明らかになったときに、別の人に何を話し、その状況を厳密にどう取り扱うかである。誰かがしていることを否定したり、適切でないとフィードバックするのは多くの人にとっては難しい課題であり、倫理的な問題に直面したときに厳密に何を話し、何を行うべきかを理解することは、その問題や特定のコード項目をはっきりさせるよりもはるかに難しい。

> 行動分析家にとって難しいのは、倫理的な問題が明らかになったときに、別の人に何を話し、その状況を厳密にどう取り扱うかである。

コミュニケーションスキルの重要性

　ひと味違う行動分析家になりたい者に必要なスキルの最初にあげられるのは、よいコミュニケーター（伝達者）である能力である。『専門職の行動分析家の25個の必須スキルと戦略 ── コンサルティングの効果を最大化するための専門家の智恵』(Baily & Burch, 2010) で、筆者らは3つの章を、同僚との、スーパーバイザーとの、そして直接のレポートとの対人コミュニケーションに充てた。筆者らはまた、効果的なコミュニケーションや、逆にコミュニケーションスキルの不足がいかに他者を説得したり影響を与えたりする能力に関わっているかを論じた。倫理についてのメッセージを伝えることについては、行動分析家であると同時に伝達者である必要がある。

　倫理的な問題をしばしば取り上げなければならないときがすぐにやってくる

だろう。これは、自分の足下を見つめて責任ある行動についてのガイドラインを知る必要があるということを意味する。ガイドラインを参照して正確な項目番号や表現を知る必要はあるが、ガイドラインが扱っている内容を知って理解することが個々の行動分析家の責任なのである。

ガイドラインを知ること

その場で反応が求められる

　ある認定行動分析士（BCBA）は、アミという5才になる女の子と関わっていた。彼女の両親はそのときすでに離婚していた。彼女の父親は裕福なビジネスマンで、全国的に知られた電気店チェーンのオーナーだった。しょっちゅう出張していたために、幼い娘にはごくたまにしか会えなかった。アミはもともと言葉が不自由な子であったが、それほど長くない時間でその行動分析家によって単語や短いフレーズを獲得した。彼女が3語文を話し始めてすぐに、父親が、彼女とのセッションを頻繁な旅行の合間に家で見る機会があった。彼の頬を涙が伝い、その場を離れて彼は言った。「アミに本当に素晴らしいことをして下さって……。まだ始まったばかりだということはよくわかります、そしてたぶん資金も十分ではないのでしょう。こころばかりのお礼を差し上げたいのです。あなたと、ルームメイトの方がお使いになれるフラットスクリーンのテレビとブルーレイディスクプレイヤー。悪くないでしょう？」。その行動分析家はその場で答えなければならなかった。そうでなければ、配達のトラックが2,000ドルの高解像度のテレビを彼女のアパートに届けることになってしまう。彼女は自分の住んでいる州の協会の集まりで倫理のワークショップに出席したことがあったので、彼女は行動分析家が贈り物を受け取ってはならないことを知っていた。たとえガイドラインの項目番号は言えなくても、彼女はすぐに完璧に答えられた。「娘さんに対しての私の仕事を評価して下さってどうもありがとうございます。私たち行動分析家には倫理基準があって、贈り物を受け取ることは許されないのです。アミちゃんが成長していることを喜んでいただいてとても嬉しく思っています」

第17章　効果的に倫理メッセージを伝える

先延ばしにする

即座に反応する必要のある場面と違う、倫理的な問題に出会うときが他にもある。それは「この問題については夕方にでもまたお伺いして後ほどお知らせいたします」「ちょっと確認しなければなりませ

> そこで持ち上がっている倫理的な問題がグレーゾーンに含まれていると思われる場合、先延ばしにするというのはよい方法である。

んので、火曜日にお会いしたときにお答えをお持ちいたします」と言って先延ばしにする必要があるようなときである。先延ばしにするというのは、そこで持ち上がっている倫理的な問題がグレーゾーンに含まれていたり、あなた自身がガイドラインをチェックしたり、スーパーバイザーに相談したり、あるいは信頼できる同僚に意見を聞いたりする必要があると感じるときには、よい方法である。

修士課程に在籍中のある行動分析家は、さまざまな子どもたちの家でコンサルティングを行っていた。ある時、ある母親が、「とっても忙しくて、平日にセラピーセッションの時間をうまく作れない時ってあるじゃない。あなたは週末には授業もないわけだし、セッションを土曜日の午前中にしたらどうかと考えてるの。どうかしら」これは、その若い行動分析家にとってはグレーゾーンに含まれる問題であった。彼女は、週末には、ゆっくり休んだり、同じ勉強の仲間と会ったり、試験の準備をしたりしなければならない。この提案については何かがどうもしっくりとこなかった。彼女はガイドラインのことを十分に知っており、「そうした週末の過ごし方をやめると倫理的に問題がある」といった項目がないことも確かだった。「指導の先生にお話しして、またのちほどお答えいたします」というのが完璧な反応だった。その日の遅くになって、スーパーバイザーは彼女からの電話に応えて、そうしたお願いは専門と倫理とが入り交じった問題だと話した。会社のポリシーは、セラピーセッションは、万一の場合に備えてスーパーバイザーとコンタクトすることが可能な間に行う（すなわち、週末ではない）ということであった。

倫理面では、その親は、当初、セラピーを特定の条件で（つまり、平日のみに）受けることに同意していた。彼女が現時点でセッション時間をその時々の気分で、あるいは社会的な状況によって変更しようとしているのであれば、自分の子どもの言語行動のトレーニングよりも他に大切なものがあることを知る

239

よい機会になる。その母親へのフィードバックは単純なものだった。「土曜日にセッションを変更することについて指導の先生と検討しました。先生が非常事態に対応可能な時間帯にだけ働くことが許されているという私たちの会社のポリシーに違反することになるとのことでした。申し訳ありませんが、元々の平日のスケジュールで続けなければなりません。もしも本当に別の日に変更したいということでしたら、先生にお電話をということです。電話番号をお伝えしましょうか？」

場合によっては、倫理的な問題についてのフィードバックを、クライエント、親や家族の人たち、別の行動分析家、行動以外の専門家、スーパーバイザー、あるいはスーパーバイズをしている人にしなければならない。個々の場合で、そのメッセージが十分に伝わっているかどうかを行動分析家は考えるべきである。スーパーバイザーにコンタクトを取る必要があるか。スタッフの人たちにクライエントがしている何かについて情報を伝える必要があるか。目撃された何かについて、エージェンシーに連絡する必要があるかといったように。

クライエントに倫理的なメッセージを伝える

ガイドラインは、クライエントを個人的な存在としてだけでなく、家族やクライエントの仲介者と同様に位置づけている（Code 2.01）。以下の例では、ターゲット行動を持つ個人を、クライエントと呼ぶことにする。ほとんどの場合、クライエントは子どもであり、したがって非倫理的な行為に巻き込まれることはない。しかしながら、行動分析家が高機能の大人のクライエントと関わる場合には、倫理的な課題に直面しうるのである。

シャリは認定行動分析士補（BCaBA）で、高機能の男性のクライエントのグループホームに配属されている。クライエントの一人、ダンが彼女になれなれしくするようになり、彼の不適切な発言を消去しようとした。彼は、「シャリ、金曜日の夜に一緒に出かけようよ。君が僕を迎えに来てくれたら、映画に行って食事もできるよ」と求めた。グループホームのクライエントには共同で出かける機会が沢山あり、これは明らかに「デート」への誘いだった。シャリはすぐにクライエントとデートすることはガイドライン違反になることに気付いた。彼女は何と言うべきなのだろう。

第17章　効果的に倫理メッセージを伝える

　以下は、彼女が言うべきでないことのいくつかである。

「そうね、いいわ、ダン。それであなたのソーシャルスキルのことを練習で
　きるでしょうから、少し考えてみるわ」
「金曜の夜は忙しいの」
「え〜、ダメ、ダン、私には彼氏がいるの」
「ごめんなさい、私そんなにあなたにぞっこんではないのよ」

　こうした言い訳は、シャリが忙しくはなく、しかも彼氏がいなければ、彼女は一緒に外出してもいいということを暗に伝えることになってしまう。出かけるときにソーシャルスキル訓練をするような誘いを受け入れるのは、ダンには複数のメッセージを伝えることになる。彼はただデートに応じてくれたと考えるだろう。ここで、望ましいコミュニケーションの基本を思いだそう。複数の意味を込めない、そして嘘は言わない。シャリはこんな風に言えただろう。「ダン、私あなたを友人としては嫌いなわけじゃないけど私はここで働いていて、クライエントと一緒に外出することは適切なことではないの。スタッフはグループと一緒に外出するの。訓練のためにクライエントを外に連れ出すスタッフもいる。でも、私たちは、クライエントと一緒にデートに出かけることはできないの。私の場合、倫理規範というようなものがあって、それはいくつかのルールでできていて、クライエントと出かけてはいけないということになっているの。ただもう適切じゃないの」

　シャリが彼女に起こったことを私たちに話していたとき、私たちには彼女が言う前から、その後どうなるかがわかっていた。彼女はダンに、前にあげたようなメッセージをうまく伝えられたが、次のように言われたのである。「これから数週間のうちに、自分の居場所を確保するよ。そうなればもう僕はクライエントではないし、親善事業で紹介してもらえる仕事をしているだろう。そうしたらつきあってくれる？」

　クライエントやその家族のメンバーが「もうクライエントではない」という立ち位置に変わると、ある特殊な倫理のジレンマが発生する。その組織にもう一度彼らが戻ってくる可能性はないのだろうか。あなたの会社はかつてのクライエント（あるいは患者）とデートをすることについてのポリシーを持ってい

表17.1　デートへの誘いに対するシャリの最初の反応の分析

すること	言うこと
オートクリティックを使う	「ダン、私は友だちとしてはあなたを嫌いではないけど……」
事実・状況を述べる	「けど、私はここで働いていて、クライエントと一緒に外出することは適切なことではないの……」
ガイドラインを参照する	「私のしている仕事には、倫理規範というようなものがあって……」
ガイドラインに書かれていることを伝える	「クライエントと出かけてはいけないということになっているの……」
まとめ	「ただもう適切じゃないの」

るだろうか。シャリは返事をして、「ダン、私はあなたを友だちとしては嫌いでないけど、ごめんね、興味がないの」と言った。表17.1にはあなたが何か倫理的でないことを誰かから頼まれたときにどのように言えばよいかがわかるガイドラインが示されている。

親と家族に倫理的なメッセージを伝える

　親が自分の子どもや家族を愛して、助けたいと思っていればいるほど、親が行動分析家にもたらしてくる倫理的な課題が多くなるのは驚きである。データを取らない、お話をでっち上げる、プログラムを実行しない、そして自分たちの躾をしようとして虐待という一線を越えるなどは、行動分析家が報告してきた問題の一部に過ぎない。

　エリカ・Mはクーパーという自閉性障害と診断された10才の男の子の母親だった。クーパーはごくわずかな表出言語しか持っていなかった(「ミルクほしい」「お外行く」といった1～2語文)。物音や自分がほしいものがもらえないといっては頻繁にかんしゃくを起こしていた。彼は下唇あたりをなめるという自己刺激行動も頻繁で、下唇にはいっぱいたこができていたほどである。他

第17章　効果的に倫理メッセージを伝える

に二人の子どももいて家は賑やかだった。BCBA であるメルビンは、次第に挫折感を募らせていった。というのは、クーパーの行動は学校でも家でも悪くなっていき、母親は必要なデータを取ってくれないし、さらには他の子どもたちによれば、クーパーがかんしゃくを起こすと母親はクッキーを与えて「彼を鎮めようとする」というのである。

　メルビンは M 夫人を家に訪ねた。彼は、データが「クーパーの行動をよくするために」どれほど重要かを彼女に話した。こころの通った話し合いによって、以来数回の訪問では M さんがデータシートを準備してくれるといった奇跡が起こったかのように思えた。それからほどなくして、メルビンはデータがおかしいことに気付き始めた。ある日のデータはメルビンにもクーパーが放課後の行事に参加しているとわかっていた時間に取られたものだった。さらに、そのデータによればクーパーは下唇をなめるという自己刺激行動はしていなかったことになるのだが、彼の顔は非常に赤く腫れていて、たこの端では出血も見られたのである。メルビンは M さんがデータを作り上げたことを知って、車で家にかけつけた。

　ここでメルビンが、やったり、言ったりすべきでないことは次のとおりである。

　　家に駆け込んで「M さん、データをねつ造しましたね。私はあなたのことを信じていたんです。私に嘘をつくなら、もう私は辞めます。私にはこのデータが本当のものじゃないことがわかっています」と言う。

メルビンが言うべきなのは次のとおりである。

　　この状況を解決する必要なデータを得るためのもっといい方法を見つけて、次のセッションを始めるときに M さんに次のように話した。

「M さんこんにちは。新しいバラの木を植えられたのですね。いい感じですねえ。私の母は私が小さい頃いつも庭にバラを植えていたんです」。(M 夫人は自分の庭について話した)。データ表を渡すことを要求しないで、メルビンは「クーパーのことについて少し話しましょうか。あれからどんな感じですか」。(M 夫人はただ、「大丈夫」とだけ答えた)。「かんしゃくは増えたり減ったりしていませんか。それ

ともあまり変わりないですか」。(M夫人はときどき悪くなることがありましたと答えた)。メルビンは「これはMさんには大変ですねえ。本当にお忙しいでしょうし、かんしゃく持ちの10才の男の子というのはまさしくやっかいですしね」と言った。(この時点でM夫人は自分がどんなに疲れて、いったい何をすればよいかがわからなくなった日もあったことを話し始めた)。メルビンは「Mさんは本当にすごいお母さんです」。そして続けて「Mさんにはお子さんたちが世界の全てになっているでしょう。ちょっとここ何日分かのデータを見てみましょうか」。彼はデータを見なおして尋ねた。「取られたデータをご覧になって、データを取ることについてどんなふうにお感じですか」。M夫人は言った。「大丈夫」。するとメルビンは「おわかりでしょうが、このデータには意味がありません。あなたがチェックされたところを見てみると、そう、ここどか、ここどか、クーパーが全くかんしゃくをおこしたり、顔をなめたりしなかったように見えますね。でも、クーパーの唇は乾いていてひび割れている。もうすこしお話いただけませんか」。M夫人は、クーパーがテレビを見たり、夜にコンピュータを使ったりしながら、唇をなめていることに気付いていた、と言った。これは「スクリーンタイム（テレビやゲーム機の画面を見ている時間）」と呼ばれて、強化子として彼が獲得したものであり、データはその間記録されていなかったのである。これで意味がわかったメルビンは、データの取り方を変えることができた。メルビンは、それからかんしゃくのデータについて尋ねた。M夫人は、忙しすぎてデータシートを埋めることができなかったことを認めた。ふつうはメルビンが来る前にきちんと済ませるのだが、時には数日前がどうだったかを覚えていないこともあった。メルビンはM夫人が作っただけのデータを掴まされていたような気がして、言った。「私にはきちんとしたデータを取るためにあなたのご協力が本当に必要なのです。私の領域には倫理基準があって、私がクーパーの行動介入を行うためには正確なデータを取ることが求められているのです。もしデータが正しくないということがわかり、うまくいかないということがわかったら、クーパーは行動的なサービスを受けられなくなってしまいます。つまり、私は彼と関わることができなくなってしまうのです。何かわからないことがあればどうぞいつでもおっしゃってください」

表17.2に、メルビンがこの状況で何をして、何を言うべきかをまとめた。

表17.2　M夫人のデータの偽りに対するメルビンの反応の分析

すること	言うこと
ラポール形成	「Mさん、こんにちは。新しいバラの木を植えられたのですね……」
質問する／聴く	「……それからどんな感じですか」「……データを取ることについてどんなふうにお感じですか」
他者に対する敬意・理解を示す	「これはMさんには大変ですねえ……」
事実／状況の記述	「…このデータには意味がありません…」
ガイドラインの言及	「私の領域には倫理基準があって……」
まとめ ─ ガイドラインが守られなかったときにどのようなことが生じるかを述べる	「クーパーは行動的なサービスを受けられなくなってしまいます」

倫理的なメッセージをエイジェンシー、スーパーバイザー、あるいはアドミニストレター（管理者）に伝える

　残念なことに、これまでのワークショップでアドミニストレーターから倫理的に問題のあることをするように言われた行動分析家が何人もいた。データや査定の結果をねつ造したり、サービスの必要のないクライエントに対して必要があると伝えたり（その逆もまたあった）、契約したクライエントでない友人の子どもと関わるようにコンサルタントに頼むといったことが、これまでのワークショップの参加者が経験してきたアドミニストレーターに関連した倫理問題である。

　あるケースでは、「そして、私はもうそこで働いていません。夜も眠れなかった。別の仕事を見つけました」と言って報告を終えた行動分析家もいた。また別のケースでは、「何をすべきかわかりませんでした。私はクライエントのことが好きだったし、この仕事も好きでした。ただ、誰かに言おうかどうか、それとも言われたことをしなければクビになってしまわないか不安でした。私には仕事が必要でした。家には養わなければならない二人がいましたから」と話した行動分析家もいた。

ウェンディーは、在宅型の施設で働いていた新任のBCBAであった。お気に入りの町で彼女の夢だった仕事に就いたのである。仕事を始めて数カ月後、アドミニストレーターが彼女をオフィスに呼んだ。「噂によると、査察が今週末にかけてどの日かに入るみたいだ。君の行動プログラムの助けが必要なんだ」。彼女は続けて、前回の査察から欠けていたクライエントの何人分かの査定とデータを今度の査察でチェックされるだろうと説明した。そして机の上にあったリストをウェンディーの方に滑らせた。それからアドミニストレーターはウェンディーに、行動サービスをまだ受けていない4人分の査定の結果を偽造するように言った。
　ここで、ウェンディーが言うべきでないことは次のとおりである。

　私たちはいつもスーパーバイザーとうまくやっていけるように自制し続けている。口を開く前に考えてごらんなさい。境界線上の問題はけっこうある。「冗談でしょう」「まさか本気で言ってないでしょう。あなたのために嘘を言うなんて冗談じゃない」「協会がこのことを耳にするまで待ちましょう」、こんなことは決して言ってはならない。

ここでウェンディーが言うべきなのは次のとおりである。

　「それで、私に何をするようにということなのでしょう」。アドミニストレーターは彼女に「この書類に書き込んでくれればいい」（つまり、査定の結果を偽造するということである）。敬意を含んだ口調でアドミニストレーターにウェンディーは答えた。「この施設が査察をどうしても通りたいというお気持ちはわかりますが、私はこれらのクライエントに会ったことはありませんし、これが正しいことだとは思えません」。アドミニストレーターのあごがしだいにこわばっていった。ウェンディーに施設が州と問題を起こす危険性があり、補助金ももらえなくなってしまうかもしれないということを注意した。
　「シュルツさん、私はここで働くのが大好きです。プログラムもとても気に入っていて、クライエントのことをあなたがどんなに気遣っているか、素晴らしいと思っています。でも、私は認定行動分析士で、倫理基準を遵守しな

表17.3 ウェンディーのアドミニストレーターからの要求に対する反応の分析

すること	言うこと
質問する	「それで、私に何をするようにということなのでしょう」
他者に対する敬意・理解を示す	「この施設が査察をどうしても通りたいというお気持ちはわかりますが……」
自分の視点を示す	「私はこれらのクライエントに会ったことありませんし、これが正しいことだとは思えません」「私はここで働くのが大好きです。プログラムもとても気に入っていて……」
他者が正しく行っていることを強化する	「クライエントのことをあなたがどんなに気遣っているか、素晴らしいと思っています」
ガイドラインの言及	「しかし倫理基準を遵守しなければなりません。査定の結果の偽造はできない……」
解決策の提案	「こうしてみてはどうでしょう。査定のためのスケジュールを調整して……」

ければなりません。査定の結果を偽造できないこともわかっていますよね。もしデータを偽造してしまえば、しなかったときよりももっと大きな問題となる可能性があります。こうしてみてはどうでしょう。査定のためのスケジュールをクライエントと調整して、書類を作成しようと思うのですが。一人ひとりのクライエントと初回訪問を私がして、査定チームがやって来る時に私の訪問についてのノートを渡す。どうお考えでしょうか」

表17.3は、ウェンディーの反応の分析を示したものである。

行動以外の専門家にメッセージを伝える

倫理関係の問題で最もよくある質問のひとつは、「ガイドラインを守らない他の専門家にどう言えばよいでしょうか」というものである。この問題は、他

の専門家は我々のガイドラインを支持する必要がないということである。彼らは科学的には妥当でない一時のブームに乗っているだけの治療法に、自分の専門家としての時間を費やすことができる。問題は、行動分析家とこうした専門家とが同じケースに関わったり、同じクライエントの治療を行ったりする場合に生じる。

　イアンはBCaBA（認定行動分析士補）としてカッシーという自閉症の幼稚園児の治療チームに加わっていた。この女の子は歩けるものの、運動系の問題を抱えており、変わった歩き方をしていて躓くことも多くまたものをよく手から落とした。6才になろうとしていたが、カッシーの表出言語はごくわずかで、物の名前をいくつか言えるだけだった。腹を立てると金切り声を上げて床に倒れて丸まって、立ち上がろうとしなかった。作業療法士（OT）のデビーは感覚統合療法が最善の治療方法だと信じていた。

　「彼女に必要なのは丸1日の感覚的な活動で、そうすれば環境について理解できるようになる」と、彼は治療チームミーティングで発言した。「床に転がっているときにおなかの中にいたときのポーズをとっているよね。どうしてかというと、我々が彼女の感覚をうまく引き出せていないから。エクササイズボールに転がったり、おもちゃで遊んだり、それにトランポリンの小さいヤツで飛び跳ねたり、そんなことをさせれば、カッシーの脳の発達が促されて行動も改善するよ」

　この治療チームミーティングでイアンが言うべきでないことは次のとおりである。

　　ミーティングでも私たちは自制を強いられており、「口を開く前に考える」というアドバイスがここでも当てはまることを確信する。イアンは「それでいったいどれくらい彼女の脳が改善されるの」「おまえさんは今や脳の専門家なのかい」「悪くとらないでね。まああなたの領域は科学的には妥当性がないのよね」。

では行動を専門としない専門家にはどのように言うべきだろう。イアンはこの女の子の査定を全部終わらせており、行動分析家としてかんしゃくと拒絶を扱っていく必要があった。また、カッシーを言葉に合わせて動くようにしたい

第17章　効果的に倫理メッセージを伝える

と望んでいた。そして、言語療法士に離散試行のことを相談しようと考えていた。イアンは他のメンバーの目の前で誰かを混乱させるのは、友だちを獲得するのによいやり方だとは考えていなかった。理想的には、彼はどうなるかを見てからミーティングの前にデビーと会えればよかった。そうはできなかったために治療チームの中での話し合いは次のように進んでいった。

　OT のデビーの長広舌に続いてイアンはしずかなやさしい声で「カッシーに運動系の問題がある点について私もデビーに賛成です。彼女はよく転びますし、デビーの言うとおり、彼女は体幹のコントロールがうまくいっていないようです。カッシーが体幹を強めてバランスをよくするエクササイズをすることで得るものがあるだろうと私も思います。けれども、私は行動的な問題についてお話しようと思います。カッシーが金切り声を上げて床に倒れ込むときはかんしゃくを起こしているときです。何によってかんしゃくが起きているのかまだわかりませんが、このかんしゃくをターゲット行動として治療計画に加えたいと思うのです」。

　OT のデビーは「カッシーがもし、大学にいるときのようにテーブルに座

表17.4　行動を専門としない専門家に対するイアンの反応の分析

すること	言うこと
他者の発言に耳をかたむける	イアンはデビー（OT）が報告している時礼儀正しかった。
他者に対する敬意を示す	「カッシーに運動系の問題がある点について私もデビーに賛成です……」など。
自分の視点を示す	「私は行動的な問題についてお話しようと思います……」
自分が何を起こしたいかを記述する	「このかんしゃくをターゲット行動として治療計画に加えたいと思うのです……」
ガイドラインの言及	「行動分析家として倫理基準に基づけば、次のステップは機能分析（FA）です」
解決策の提案	「彼女の治療計画の上で、機能分析とデータ収集を伴う行動プログラムが必要になります」

る必要がなければ、そして必要なエクササイズや遊びをする必要がなければ、彼女はきっと大丈夫でしょう」。しずかなやさしい態度を変えることなく、イアンはみんなに向かって言った。「かんしゃくは行動の問題です。カッシーの場合、何がかんしゃくを引き起こしているかまだわかりません。行動分析家として倫理基準に基づけば、次のステップは機能分析です。これには学校にいる間ずっとデータを取ることが含まれます。私がカッシーに関わるようになれば、彼女の治療計画の上で、機能分析とデータ収集を伴う行動プログラムが必要になります」

表17.4に行動を専門としない専門家に対するイアンの言語的な反応の分析を示した。

別の行動分析家にメッセージを伝える

ガイドラインに抵触している行動分析家の扱い方が他の場合に比べて容易なのは、行動分析家であればガイドラインを知っているからである。それでもときには、行動を専門とする仲間にフィードバックを与えることはより困難でやっかいなこともありうる。とりわけその人が競合関係にあるプログラムやコンサルティング会社で働いている場合である。

マットはBCBAで、自分の学生（BCaBAs）からある行動分析家（X博士としよう）が一度も会ったことのないクライエントに請求書を送ったことを聞いた。X博士は、スタッフに指示して、プログラムを作成したりデータシートを送ったりして、そのサービスに対して請求しているのだろう。マットはそんなことはとても普通でないと感じて、間に立ってみようと決めた。X博士に電話して、少し話す時間があるかどうかを聞いた。マットはこんな感じで会話を始めた。「もう知り合ってずいぶんになるね。お互い専門の行動分析家だし。君に尋ねたいことを耳にしたんだ。君は電話でコンサルしたりクライエントに直接会わなかったりするようなことがある？」

マットの反応は表17.5の分析に示されている。

X博士がノーと言ったのだったら、これは誤解であり、病気の時に一度だけそうして、よくなってすぐにクライエントに会いに行ったというのだったら、

表17.5 バーチャル行動分析家に対するマットの反応の分析

すること	言うこと
他者に対する敬意を示す	「あなたがみんなのことを気にかけていて……」
質問する	「君は電話でコンサルトしたりクライエントに直接会わなかったりするようなことがある？」
自分の視点を示す	「君が何か問題に巻き込まれたりするのは見たくないなあ……」
ガイドラインの言及	「最近ガイドラインを見てる？」
解決策の提案	「BCBAを君のところで働かせることができるんだよ」

それで会話は終わるはずだった。

　不幸にも、X博士はとても景気がよくて、あらゆるベースをカバーしようとしていた。あるスタッフが信頼できるとわかれば、電話やメールでコンサルトするし、より多くのクライエントを援助し、要求に応えることで現金収入を増やしていた。「ボートの支払いもあるし」というのが決定的な言葉だった。それに対してマットは反応した。「君がみんなのことを気にかけていて、いつも信頼の置ける専門家だってわかっている。君が何か問題に巻き込まれたり、君の評判が落ちたりするのは見たくないなあ。最近、責任ある実践のガイドラインを見てる？　君のところで働けるBCBAを雇えるんだよ。そうであれば彼らは査定にサインするし責任を持つんだ。私が読んだところだと、ガイドラインは、会ったこともないクライエントの査定にはサインできないはずだよ。プロの同僚として気にかけているということを君に知らせたかったんだ」

まとめ

　倫理コードの全てを知っていても、他の人たちがそれを理解するのを手助けする上で役立つことが保障されるわけではない。ガイドラインについて誰かに教えたり、我々が効果的な介入をしようとするときに、なぜガイドラインが重

要かを示す機会は毎週のようにあるだろう。

効果的であることの最初は、何が全く正しくないかを特定することである。次に、何をどのように言うべきかを知る

> 倫理コードの全てを知っていても、他の人たちがそれを理解するのを手助けする上で役立つことが保障されるわけではない。

ことである。これは難しい場合がある、とりわけ資格を取ったばかりの若いBCBAがより経験豊かな年上の誰かに倫理的なメッセージを伝えなければならないときはなおさらである。ガイドラインを理解して守らなければならないが、つい悪い習慣に陥ってしまいやすい。来る日も来る日も倫理的であることは大変な仕事であり、時には、良い人でさえ、反応コストの高まりに倫理的でない反応をしてしまうことがある。誰も何も言わなければ、そして何事も起きなければ、同じ行動が再び起きやすくなる。スーパーバイザーは責任に押しつぶされ、親はうまくいくかもしれないことのあれやこれやを試そうという目的に心を奪われて、主張を支持するための研究があるかどうかを確認する時間さえなくなってしまう。倫理的であることは大きな責任である。困難ではあるが、倫理的であることが容易であれば、だれでも倫理的になるだろう。強くあれ。倫理についてのメッセージを機会があれば常に伝えなさい。

第 18 章

躓きやすい倫理的問題を専門的な
サービスの宣言を利用することで避ける

　こと倫理に関しては、予防の方が、起こってしまったやっかいで難しい問題を解決しようとするよりも遙かにましな戦略である。なぜなら、誰にも正しいこと

> 倫理的な課題は、ほぼ毎日のように協会認定の行動分析士（BCBA）につきつけられている。

と間違っていることとの違いがわからないのであるから。倫理的な課題は、ほぼ毎日のように協会認定の行動分析士（BCBA）につきつけられている。大部分は危機的なものとは言えないものの、地球が大気圏外からいくつもの流れ星（隕石）をシャワーのように受けていると言えば近いかもしれない。意志決定のレーダーにはごくわずかな金属片であっても、正しいことを行おうとしている行動分析家を苛立たせたり、混乱させたり、あるいは惑わせたりしうるものである。こうした小さな課題は、予想だにしていないときに限って出し抜けに降りかかるのである。普通の会話の中にごく些細なお願いとかゴシップのちょっとしたきらめきのような形で潜んでいる。誰もがルールにきちんと従うとすればそれは素晴らしいことではないだろうか。あるいは、私たちの言葉で言えば、この悩ましい状況に何らかの刺激性制御を持ち出せばよいのではないだろうか。そう、いいニュースだってある。ビデオゲームで遊ぶ人の**デフレクター防御盤**[10]のようなものを打ち立てることもできる。まずもって多くの倫理問題が起こらないようにするために、筆者が提案しようとしているのは、行動分析のための専門家の実践と手続きについての宣言（Declaration of professional Practice and Procedures for Behavior Analysts）を利用することである。私たちの倫理のワークショップのひとつでルイジアナ州のキャシー・チョバネックがまず提案しているこの書類は、倫理問題の流れ星が降り注いでくる前に、

訳註10　SF に登場する全ての宇宙船に装備されている防御物。

サービスを開始するにあたってクライエントとの間にあるルールや限度を明らかにするのに他の専門家の間で広く使われている。

図18.1に読者のそれぞれの状況に合わせて利用できる書類の完全版を示した。さまざまなクライエントに合わせるなら、2つ以上のパターンが必要かもしれない。例えば、家庭内でのサービスのための宣言であれば、在宅グループホームでのコンサルテーションの手続きとは相当に異なっているだろう。

自分が受けた訓練と専門知識の限度内で実践活動をしようとするなら、クライエントには、前もってそれを知らせる必要がある。クライエントはそれを知る権利がある。

専門知識の分野

　この宣言は、クライエントに、あるいはこれからクライエントになる人に、あなたがどんな人なのか、またあなたの資格がどのようなものかを伝えることから始まる。クライエントは、あなたの基礎的な学術情報を知るべきである。もしあなたが学位を持っているのであれば、どの分野か、そしてどの学位（例えば、BA、MA、PhD）か。コンサルタントの中にはこうした情報の提供を快く思わない人がいるかもしれない。とりわけ、実験心理学の学位とか牧師によるカウンセリングの学位だとか、あるいは通信教育で取得した学位の場合はそうかもしれない。いかなる事柄であっても、クライエントはコンサルタントの教育や訓練について知る権利を持っている。クライエントは、あなたが何年間実践活動をしてきたか、そして最も重要なこととして、あなたが自分で何を専門としていると考えているかについても知っておくべきである。あなたの専門分野を開示することが非常に重要なのは、あなたが訓練を受けながら専門家として働いているかどうかを、クライエントが前もって知る権利があるからである。最近では、応用行動分析（ABA）の修士で、自閉症や発達障害（DD）に関して2年の経験を持っているBCBAが、自傷や他害の恐れのある自閉症スペクトラムの10代の子どもの援助をある親から求められた例がある。彼女がとても熱心なこの母親に自分の専門が自傷や他害ではないことを伝えると、彼女が自分の要求に十分配慮していないといってその母親から口やかましく叱られたのである。「私はもう絶望しているの、あなたにはわからないのかしら。

行動分析家による専門的な実践と手続きについての宣言書※

_____
（あなたの名前：学位）
認定行動分析士

_____
（あなたの住所、電話番号、メールアドレス）

契約をお考えのクライエント／クライエントのご家族へ

この書類はあなたに私自身の学問的・専門的背景をお示しして、私との専門的な関係をご理解いただくためのものです。

1．専門領域

（基本的に、この項ではあなたの専門領域について説明すること。長く書いても短くすませても、クライエントにあなたの能力が十分に伝わる限り、自由にして構わない）

　　私は行動分析家として_____年間の実践経験を持っています。私は_____年に_____の学位を取得しました。私の専門は_____です（例えば、就学前の幼児、ペアレントトレーニングなど）。

2．専門性の関連、限界とリスク

私が提供すること

　行動分析はユニークな介入方法です。それは、最も重要な人間の行動は時間をかけて学習され、その環境にある結果によって維持されているという考えに基づいています。私の行動分析家としての仕事は、あなたが変えたいと思っている行動に関わることです。あなたからお話を伺って、私は行動を維持しているものが何かを特定し、より望ましい代替行動を考え、そしてそうした行動を身に付ける計画を立てるお手伝いができます。また新しい行動の獲得やスキルのレベルを向上させるお手伝いもできます。私が直接に関わることもありますし、誰か十分な能力を持っている人に担当してもらうこともあります。

私の関わり方

　行動分析家として、私は行動について判定を下すわけではありません。私は行動を適応的な反応（対処の手段）として理解しようとしますし、痛みや苦痛を低減するために、また個人的な幸福感や効力感を高めるために、行動を修正するための方法や変容するための方法を提案します。

　あなたはこの過程の個々のステップでコンサルティングを受けます。あなたの目標についてお尋ねすることもありますし、私の査定とわかりやすい言葉で書かれた査定結果についてご説明することもあります。介入や治療の計画を記述して、それでよいかどうかのご承認をいただきます。どの時点ででも私たちの関係を終結したいとお考えでしたら、そのお考えに全面的に従います。

　ご承知おきいただきたいのは、あなたの目標に関して何か特別に定まったような結果は保証できないということです。しかしながら、可能な限り望ましい結果が得られるように協力していきます。もし私のコンサルテーションの成果が見込めないとわかったら、終結について話し合うか、必要があれば紹介先を提供いたします。

※この書面を読むのが困難なクライエントや家族には、わかりやすい言葉で個々の項目を説明する必要がある。

図18.1　行動分析家による専門的な実践と手続きについての宣言書

3．**クライエントの責任**
　　私は、今回の問題に関わるいかなることでも、また全てのことでも十分に私にお伝えいただけるクライエントとのみ関わることができます。私は、あなたの問題となっているさまざまな行動を理解するために、あなたからの全面的なご協力を必要としています。沢山の質問をしたり、いくつかの提案をしたりしますが、いかなるときでも誠実にご対応下さる必要があります。介入についての進行中の評価の一部としてデータをお示しすることがありますが、データに注意を向けて、状況についてのあなたの正直な評価をお聞かせください。

　　行動分析が治療の形態を取る際に最も特徴的なことは、定期的に収集された客観的なデータを基に判断がなされるということです。ベースラインデータは扱おうとしている行動の問題の性質や程度をまず知るために必要です。そして介入や治療を始めてからもそれが効果を上げているかどうかを判断するためにデータをとり続けます。このデータをお示しして、データを基にして介入の変更を行うことがあります。

　　倫理基準に基づいて、私はあなたと、行動療法家やコンサルタントとしての立場以外ではどのような関わりも持つことは許されていません。あなたのご家庭でお子さんと関わる場合は、お子さんを置いて外出したり、私のサービスと直接の関係がない場所にお子さんを連れ出してほしいとお願いされたりすることは適切ではありません。

　　医学的心理学的健康状況に加えて、処方された、あるいはお店で買われた薬やサプリメントのリストをご呈示していただく必要があります。これらの情報についての秘密は守られます。

　　行動分析療法は、エビデンスに基づかない治療法と適当に組み合わせて実施されることはありません。現在受けていらっしゃる別の治療がある場合は今ご報告ください。もし、私たちの治療を続けている間に、何か別の治療法を始めようかとお考えになるときには、意味があるかを話し合うためにもすみやかにお知らせください。

　　予約をキャンセルあるいは日時の変更が必要となったら、できるだけ早くお知らせください。予約時間まで24時間内にキャンセルの通知がなかったり、予約時間にお見えにならなかったりした場合、料金はお支払いいただきます。

4．**行動規範**
　　私のサービスが定められた倫理基準に叶った専門的で倫理的な方法で行われることを保証します。私は、行動分析士資格認定協会（the Behavior Analyst Certification Board）の「責任ある行動のためのガイドライン（*the Guidelines for Responsible Conduct*）」に準拠することが求められています。このガイドラインは、ご希望があればコピーをお渡しいたします。

　　私たちの関係は極めて個人的なやりとりや議論を含みますが、通常の社会的なものではなく、専門的な関係にあることをご理解いただく必要があります。倫理の専門コードに従って、贈り物や食事をお受けすることは適切でありませんし、

図18.1　続き

誕生日のパーティーやご家族での外出などのあなたの個人的な活動に私が参加させていただくことも適切ではありません。(この部分はあなたの状況に合わせて変更すること)

　いかなる時にも、いかなる理由があっても、あなたが私たちの関係に満足できない場合は、ご連絡ください。あなたからの問題に私がお応えできなければ、以下にご報告いただくことができます。
Behavior Analyst Certification Board, Inc., 288 Remington Green Lane Ste C, Tallahassee, Florida 32308; (850) 765-0902, www.bacb.com

5．守秘義務
　フロリダでは、クライエントとその治療者は、守秘義務を守る特別な関係にあります。私は、いかなることであっても、観察し、議論し、クライエントと関係のあることについて公表しません。加えて、私はあなたのファイルに記録されている情報を制約することであなたのプライバシーを保護します。以下のような法律で規定されている場合には、私の守秘義務は限界があることを知っていただく必要があります。
- 私が、情報公開についてあなたの同意を書面で受けている場合。
- 私が、誰か他の人に状況を語ることについて、あなたから言語的に指示されている場合。
- 私が、あなた自身あるいは誰かをあなたが危険にさらしていると判断する場合。
- 私が、十分な証拠を持って、お子さん、障害を持った大人、あるいは高齢者を虐待またはネグレクトしていると考えた場合。
- 私が、司法によって情報を公開するように命じられた場合。

6．予約、料金、および緊急時の対応
(この項では、どのように予約が行われ、どのように料金が発生するかを示す。また緊急を要する場合に誰に連絡すればよいかも示す必要がある)

　現在のサービス料金は＿＿＿＿。請求は以下のように行われます＿＿＿＿。(この部分はあなたの状況に合わせて変更すること)

7． この書類はあなたの記録としてお持ちください。この書面をお読みになってこの宣言書に書かれている内容を理解されたなら以下にサインをしてください。

_____　　　_____
証人　　　　　　　　　　　　　　クライエント

_____　　　_____
行動分析家　　　　　　　　　　　日付

図18.1　続き

この子はいつか自分か誰か他の人を傷つけてしまうのではないかと思うし、誰に頼ればよいのかもわからない。あなたは私を助けるためにここにいるのでしょう」と。BCBAである彼女が母親に自殺を専門とするカウンセラーに照会する必要があると言うと、母親は「このことを他の誰にも知られたくない、これまでにもいっぱい問題を起こしてきているし。誰にも言わないでちょうだい。ただ何をしたらよいのかを私に教えてほしい」と言葉を返したのだった。

行動分析家は、新しい発展に常に追いつき理解していくという義務があるから、あなたのこの部分の宣言は、毎年、書き直したほうがよいだろう。もし、クライエントがあなたの専門性に満足しないという理由でそのクライエントを失ったとしても、これを不幸中の幸いと考えるとよい。治療の過程で途中やめにしたくないと思っても、より事態を悪くしてしまったり、それによって自分がこの事例を担当する資格がないということが明らかになったりしてしまうから。

専門的な関係、限界、そしてリスク

私が提供すること

この項は、あなたが行動分析のサービスを提供する基盤を説明する対話から始めよう。英語、スペイン語、あるいはベトナム語であれ、わかりやすく説明するのは難しくもあるが、ここであなたが表現しようとしていることは人間行動についてのあなたの理解である。宣言書（項目2）の例で私たちが述べているのは、行動分析が「最も重要な人間の行動は、環境の結果によって時間をかけて学習され維持されている」ことである（宣言書の例、p. 255）。極めて重要なのは、この基本方針を表に載せることであり、そうすることであなたのクライエントに、あなたがどのような背景を持っているかを理解してもらえる。私たちがもうひとつ強調するのは、行動分析家としてクライエントからの情報提供によって活動しており、新しい行動を獲得するためのプランを立てるという考えである。またクライエントには、あなたが別の大切な人たちとも関わっており、介入のデザインに含める場合には家族の人たちがセラピーのパートナーの重要な役割を担っていることを伝えておくことも重要である。

第18章　躓きやすい倫理的問題を避ける

私の関わり方

　私たちは行動について判定を下すわけではないこと、そして「心理的な」痛みや苦痛は、行動がその場の環境にうまく適合しないことによってもたらされると考え

> 行動分析家は、クライエントの生活における重要な目標を達成することに関心がある。

ていることをクライエントにきちんと説明しておくことは重要である。私たちは、親にも、教師にも、他のいかなる人にでも、クライエントの生活に重要であればコンサルトを（許可の下に）行う。これは、宣言書を示す初回のミーティングで詳細にまた明確に説明されるべきである。この考えは、親や家族の人たちが考えるような、何か別のやり方とは異なっている。ほとんどの人は、あなたに個々の子ども（または大人）とだけ関わってくれるということを、つまりちょうど精神科医が行うような個別の面談のようなものを予測するだろう。

　行動自体を変えようとすることに興味を持っているのではなく、クライエントの生活における重要な目標を達成することに関心があるということが行動分析家の強力なセールスポイントである。これは「個人的な効力感や幸福感を高める」という意味で言っているのであるが、あなたは自分で準備した宣言書の中でこれを自分の言葉で説明して構わない。

　最後に、この節の最後の部分で、私たちの仕事が「治療」という仕事ではないこと、そして私たちは結果の保証はしないということをクライエントにはっきりさせることをBCBAに勧める。もしクライエントが、結果が保証されないことをはじめから理解しておかなければ、クライエントは、期待したとおりの結果にならないときにきっと幻滅してしまうだろう。

クライエントの責任

　ここまでの宣言書で、あなた自身の資格を明らかにし、あなたがどのように関わるかを示してきた。この項では、起こりうるデリケートな問題、クライエントにあなたが何を期待するかという問題を取り扱うことになる。私たちが必要とし、また期待することは、私たちとの関わりにおいてクライエントたちが十分な協力関係を保ち、また十分な誠実さを示すことである。最近のケースで、子どもに対する行動分析家協会（Association for Behavior Analysts; ABA）

のサービスに義母が同意していなかったことがわかった例がある。ほとんどの状況ではこのようなことは問題とならないが、この母系家庭では問題とされた。彼女は、7才になるクライエントが不機嫌、攻撃、そして言うことをきかないのは、しつけがなっていないためと考えて、息子がちゃんとベルトを使わないという理由で叱責した。「この子はただ甘やかされているだけ。この子にはまわりでつつきまわすような心理学者は必要ない。私の息子は、7才の子どもを赤ん坊のように扱っているということを非難するべきなのよ」この義母があまりにトラブルを起こしたためにこのケースは突然途中で打ち切られた。

　もし行動分析的アプローチへの賛同を得られるなら、両親や家族の人たちにデータを取るように頼むことになるだろう。介入がうまくいくかどうかは、絶対的な誠実さでデータを取ってくれる人にかかっている。問題が解決していることを表すデータを示して行動分析家を喜ばせるには、相当なプレッシャーがかかるだろう。偽のデータは、行動分析家にとって最悪の事態である。本質的に仲介者 ── 親であれ、先生や夜間のスーパーバイザーであれ ── がデータを取ることに価値を見いだしていないというなら、彼らにとってデータをとることは何も意味するものではない。正確なデータの重要性は、サービス開始に先立ってのみでなく、介入プロセス全てを通じて示されなければならない。

　行動分析家は、ターゲット行動についてのデータが何を意味しているか以上にクライエントを知っておく必要がある。多くの人は、クライエントが服用している薬に私たちが興味を示すと驚く。もちろん、クライエントの行動に影響をもたらしうるわけだから、薬物や薬剤について知っておくことはとても大切なことである。とりわけ重要なのは、近年我々のエビデンスに基づく方法論が、人気はあるけれども危険を伴う介入や「治療」によって汚染されることである。それらの治療はときどき効果があると宣伝されているのであるが。1番よいのは、サービスの開始時に聞いたこともないようなビタミン、食べ物、あるいはいわゆる"自然"の産物としてハチ花粉のようなものが治療として使われていないかどうかをはっきりさせておくことである。全米科学財団（National Science Foundation）によって2年に1度公表されるレポート（Shermer、2002）のデータは、科学者でない者たちのこととなると、私たちがどんな困難に直面しているのかを示してくれている。シェルマーレポートによれば（2002、p.1）、「アメリカの成人のうち30％が、UFOが他の文明からの飛行体であると信じて

おり、60%が超能力（ESP）を信じ、40%は星占いを、70%は磁気治療を、それぞれ科学的なものと見なしている。さらには、大卒者の92%が代替医療を受け入れている」。より広い意味で、もっと根本的

> アメリカ成人の合計40%が占星術を科学的であると考えている。そして大卒者の92%が代替医療を受け入れている。

な問題がある。それは、「70%のアメリカ人が、未だに科学的な過程、すなわち、研究において、確率、実験的方法、仮説検証として定義される過程を理解していない」（Shermer, 2002, p.1）という問題である。

最後に、予定の間際になってからのスケジュール変更という、迷惑な要請を防ぐために、あなた個人の、あるいはあなたの会社の公式なアポイントメントについての方針を含めるのはよい考えである。私たちは、24時間前に通知を受ける方針ではあるが、会社によっては異なる時間枠の方が好まれるかもしれない。もしあなたの方針が平日の予約を週末には変更できないのであれば、そのことは宣言書に記述しておくべきである。

行動規範

行動分析家は、責任ある行動のガイドラインを誇りとして、あらゆるクライエントにこの基準を周知させるべきである。新しいクライエントには、ガイドラインのコピーを渡して、大切な部分にマーカーで印をつけて説明することをお薦めしたい。また、あなたが行うことについてであれば、どんな質問でも行動分析士資格認定協会（BACB）に直接尋ねることができることもクライエントに伝えておくとよいだろう。

ひとつ極めて重要なこととして、宣言の中に、贈り物や食事、パーティー、あるいはお祝いなどへの誘いについて明確な文章を含めておくことをお薦めしたい。こうした感謝のちょっとしたしるしは、不注意な行動分析家を、専門的な判断を危うくして二重の関係性を作るというような坂道をころげさせることになってしまう。

守秘義務

　守秘義務違反は、BCBA に最も頻繁に生じている問題である。コンサルタントは、守秘義務に相当する情報を提供するようにしばしば求められる。また時には、守秘義務についてよりよく理解しているはずの専門家から守秘義務情報が提供されることさえある。私たちは、あなたが得た情報はいかなるものでも厳密に秘密にすること、そして他のどんなクライエントについての情報も持ち出せないことを、あなたがクライエントに直接伝えることを薦める。また、守秘義務の限界、つまり、自傷やこの情報を共有できる他者への危害のおそれがある場合には、守秘義務に限界があることをクライエントに伝えるのは賢いやりかたである（Koocher & Keith-Spiegel、1998、p. 121）。

　虐待やネグレクトの報告についてのその地域の法律を必ずチェックし、そしてあなたの宣言にその情報について必ず記述しておくこと。私たちの倫理ワークショップでは、過去１年以内に、ある BCBA が、虐待または虐待の証拠となるようなものを見て、それを報告し、そしてその結果として即座にその家族から解雇された例が少なくとも２例あった。虐待についての通報は秘密にされるべきと考えられるが、しばしばそれが漏えいしたり、家族に誰が報告したかがわかってしまったりすることもある。虐待やネグレクトについては、ケースを失うことで収入がなくなるのを避けるために、それらを見過ごしてよいというわけにはならない。そのようにすることは、単に非倫理的であるばかりか、法律を犯すことにさえなる。

予約、料金、および緊急時の対応

　宣言書の最後の項では、予約がどのようになされて、いくらの料金がかかるか、支払いにはどのような方法があるか、そして緊急事態の対応について詳述しておく必要がある。発達障害を抱えるクライエントの家々を巡って働いている教師を対象とした倫理についての近年の会議では、セラピストの携帯電話の番号をクライエントに伝えてよいかどうかについての非常に活発な議論がなされた。自分の携帯電話の番号をクライエントに伝えていた教師のほとんどは、その判断を後悔していた。しかしながら、あなた個人の状況でどのような結果

が予想できるかを考えてみると、クライエントからの電話を受けるにあたってのルールをはっきりさせておくべきなのである。この項の最後の項目である料金は、ほとんどの行動分析家がクライエントと議論していない話題である。最低限、どのように課金がなされて、何か問題があるときに誰に連絡すればよいかを記述しておかなければならない。通常だと、自分の業務時間にそのような対応をするのではなく、BCBAは、課金のプロセスには関わらず、クライエントから質問があれば、簿記係かケース・マネジャーに問い合わせをする。

議論、同意、署名、日付、そして配布

30分程度の宣言情報セッションの最後に、クライエントと行動分析家は、この宣言書に署名しなければならない。証人も同席して署名が正式なものであることを確認すべきである。書類に日付を記入し、家族に1通、そして自分用に1通を用意する。

第 4 部

学生への助言、
ガイドライン、
索引、
シナリオ

第19章と付録A〜Dからなる第4部では、学生にとって有益な情報を提供する。第19章は、はじめて仕事につく人のために、12個の役立つ情報と、ガイドラインの指導に役立つ項目をいくつか提供する。これらの中には、現行の「責任ある行動のガイドライン」と、倫理規範のキーワードを検索しやすくするための独自の索引が含まれている。付録Cには、アメリカ国内から集めたたくさんの新たなシナリオを追加した。付録Dには、行動分析の倫理について、さらに学びたいと思っている人のために参考文献を記した。

第 19 章

はじめての仕事で倫理的に振る舞うための実践的助言

　自分が選ぶ職業の倫理的問題を学生のときに考えることは、おそらくないだろう。その時点では、その問題を実用的な問題というよりは、かなり理論的な問題とみるだろう。しかし、遠くない将来、おそらく数カ月もすれば、読者は、はじめて職に就いているだろう。そうであれば、ほとんどすぐに非常に現実的な倫理的ジレンマに直面することになるだろう。読者の今後の専門家としての人生に影響を及ぼすようなジレンマもあるだろう。第19章の目的は、はじめて仕事についた人が直面する共通の問題のいくつかを概説し、それらの問題に対処するための実践的な助言を提供することである。

場面や会社を選ぶこと

　最初の大きな決断は、はじめて専門的立場を選ぶことに関わる決断であるだろう。主な関心事として、給料、配置、昇進の可能性、自分の専門的興味や行動的スキルに見合っているかどうかを考えるだろう。これらは確かに重要な要因ではあるが、会社や組織そのものの倫理的価値を考慮することも大事である。現在のところ行動分析家は、米国の多くの都市で必要とされている。いくつかの機関では、認定行動分析士（Board Certified Behavior Analyst; BCBA）を雇うことが、財政的支援を受けるためにも、また州の訴訟から解放されるためにも必要となっている。そのような場合、機関は、単に行動分析士を雇い入れるという目的のためだけに、非常に高額の初任給や、いろいろな福利厚生を提供するかもしれない。気を付けてほしい。あまりにも良すぎて信じることができないこのような立場には多くの疑問を投げかけてほしい。自分が作成してないプログラムに署名して承認することを求められたり、精通していない手続きを認めさせられたり、行動的方法よりも、見せかけの広報活動である機関の戦

略を支持するように求められるときがある。機関、会社、組織の歴史について尋ねた方がよい。誰が創設者なのか？　全般的な目的や使命は何か？　この使命に行動分析はどれぐらい適切なのか？　その組織に何かしら政治的問題が絡んでいるのか？　例えば、この会社は、現在、訴訟の標的となっているのか？　州や連邦政府による最近の調査から、何か「命令書」を受けているか？　現在、他に何人の行動分析家が雇われているのか？　行動分析家の離職率はどのくらいなのか？　資金の流れはどうなのか？　クライエントは誰か？　誰をスーパーバイズするのか？　彼らは、認定行動分析士補（Board Certified assistant Behavior Analysts; BCaBAs）なのか？　認定行動分析士（BCBAs）を招いて雇用することが自分に求められているのか？

　それらの疑問に対する回答や、会社の取り組みに、何かしら倫理的問題があるのかどうかという自分の質問に対する面接者の対応の仕方を正しく認識できなければならない。例えば、最近の事例として、自閉児を対象にした小さな私立の学校の例がある。その学校は、親たちによって始められ、当初、代表者は博士レベルの行動分析士（BCBA-D）であった。そのBCBA-Dが辞めて、代わりの他のBCBAが来ないことがわかったとき、その学校は、保護者や元社員の精査を受けた。さらにまた、行動分析士補（BCaBA）のうちの二人も、その学校をやめたが、資格を持った専門家の補充はなかった。その学校は、資格を持った専門家によって行動的アプローチが行われるという触れ込みで保護者たちをはじめは魅了していたのであるが、なおも「行動に基づいた」と自己宣伝したり、最高額を請求したりした。行動分析家がまったくいない状況で2年以上が経過してからこの組織に入ることは、非常に挑戦的な状況になりうることは明らかだろう。それは、倫理的問題に対する鋭い認識が求められるような状況である。別な例は、全国チェーンのリハビリテーション施設が、自分の施設を行動的な施設であると宣伝しながら、行動的アプローチをとらない人を管理者に雇用していた例である。このようなことはごく普通に見られるが、この例の場合、その管理者の認定行動分析士（BCBA）に対する対応の仕方や手口は、「微妙に反行動的」であった。行動分析士たちは、彼女の次のような発言を聞かされていた。「機能査定は、全てのクライエントに行われる必要はない。いくつかの事例は、何が問題であるかが明らかなので」「データを取るのは、時間の無駄だから必要ない」「クライエントの改善に関わる職員の印象を私は

信じる」といった発言である。この例では、行動分析士は、初回の面接で十分な質問をしていなかった。また、上記のような考えの管理者にも実際に会っていなかった。そして、たくさんの給料をはじめてもらえるということで、ほんのちょっと焦ったのかもしれない。

スーパーバイザーとの協力

　会社ないし組織との就職面接で、自分のスーパーバイザーに面会を求めるのは賢明である（これはめったに行われていない。しかし、倫理的な機関であれば、要請があれば、それに応じるはずである）。通常、管理者と面談し、簡単なガイドツアーに出かけ、おそらく、専門の職員の何人かと昼食をとるだろう。そして、人事課の職員と給料や便益について交渉することになる。しかし、自分をスーパーバイズしてくれる人、自分がその人に報告することになる人と実際に会う事は、はじめての仕事に強力な倫理的基盤で取り組みたいと思うなら必要である。彼らのスタイルなど、新たなスーパーバイザーとなってくれそうな人から学びたいと思うことはたくさんある。彼らは、力となってくれそうな人たちか、それとも、いくらか否定的あるいは内気な人たちだろうか？　彼らは、自分と一緒に仕事をしていくことに関心を持ってくれるだろうか？　それとも、彼らの仕事に自分を関わらせたいと思っているのだろうか？　自分に対して若干の嫉妬を感じて（自分が一流有名大学の学位を持っているような場合）、自分がいくらか脅威となるようなことがあるのだろうか？　倫理的に言えば、絶対に倫理にもとるようなことを求められないようにしたいだろう。（1）責任を持って仕事に従事できる。（2）倫理的な素晴らしい仕事を行うための時間と資源を持つ。（3）問題が起こったとき、自分を導いてくれるスーパーバイザーがいる。スーパーバイザーが仕事を方向づけてくれる。「ただ気合いをいれてやればいい。どうやっても構わない」というような発言は、「徹底的になりなさい。正しく理解しなさい。クライエントにとって最善となることが望まれる」という発言とかなり異なる。したがって、新たなスーパーバイザーに面会して、彼らの運営哲学や、彼らが昨年直面した最も困難な倫理的問題と、それらに対する彼らの対応について尋ねるとよい。あるいは、自分が仕事で直面するかもしれない倫理的問題について何でも尋ねてもよいだろう。ここでは何

も制約のない質問によって会話が進むはずである。そうすれば、そこから補足の質問へと持っていくことができる。この面接を終えたとき、この人と一緒に仕事をしていくことにきっと楽観的になれるはずである。もし懸念があるなら、はじめての仕事の給料が思った以上であったとしても、その職に就くことについてもう一度考えた方がよい。

仕事で求められていることをあらかじめ知る

　ここまでの指摘に従ってくれたなら、専門的行動分析家としての新しい立場に満足することになるだろう。そして、暮らしもよくなり、人々を支援できるだろう。しかし、我を忘れる前に、自分に求められている仕事を毎日正確に明らかにしておく方がよい。いかなる仕事でも、最初の3カ月は、ある種の猶予期間である。その間に、非常識なやつと思われないように疑問を投げかけることができる。行動を分析して、機能査定を行って、プログラムを書き、職員を訓練するつもりなら、大学院での研究で十分に準備をしておくべきである。しかし、それぞれの機関や組織は、このような課題の一つ一つを行うための独自の方法を持っている。はじめに取り組むことは、管理者たちが、どのようにそれらの課題をやってほしいと考えているのかを明らかにすることである。例えば、「典型的な」インテーク面接、事例の精密検査、機能査定、行動プログラムの写しを求めると良いだろう。新たなコンサルティング会社が、利用者からの苦情、審査委員会の調査、州機関に関する問題などを、どのように通常対処しているのか知っていれば、困るようなことや倫理的に問題になりそうな状況を避けることができるだろう。もし支援チームの会合の議事録を調べたり、前の行動分析家たちによって書かれた行動プログラムに目を通したりすれば、自分の倫理規範が他の専門家たちの規範に合致しているかどうかを確認できる。毎週行われる事例検討会議の議長を務めることが自分に求められているのかどうか、それとも、単に出席することが求められているのかどうか、さらに倫理的問題について公開討論が行われるのかどうか、あらかじめ知りたいとも思うだろう。仕事に関連した倫理的問題の中で最も重要なもののひとつは、自分の能力の範囲で仕事をすることになるのかどうか、あるいは、自分には十分な資格がないような事例や課題を引き受けることを求められるかどうかという問題

である。

　大学院を卒業したばかりの一人の行動分析士が、ある精神病院施設で他の人たちと一緒に仕事をすることになった。そこでは彼女は、知的に遅れのある被告人に対するプログラムを割り当てられた。その問題に対して彼女はかなり適任であった。数週間後、彼女は、何人かの精神病患者にIQ検査を実施することを突然求められた。しかも締め切りまでに日がなかった。彼女は、大学院で知能検査の授業を受けなかった。そこで、彼女のスーパーバイザーに知能検査を実施するためのスキルが自分にはないということを告げた。そのとき、なぜこのような要求が就職面接で告げられなかったのかという質問も投げかけた。さらに、行動分析士資格認定協会（BACB）のガイドラインが、行動分析家による領域外の仕事をどれほど禁じているかについても彼女は指摘した。これによって「チームメンバーではない」と汚名を着せられる可能性もある。しかし、実際は、これは倫理的な問題である。仮に彼女が検査を実施したとしても、それは妥当ではない。もし検査得点に基づいて誰かが何かしら決定をしたらどうなるだろう？　それこそまさに倫理に反することになるだろう。そうであれば、このような状況を避けるために、就職面接では、あらかじめ多くの質問をすべきである。職についたなら、どのようなことが期待されるのか、そして、自分が決して非倫理的な行動をしなくてすむように倫理的に必要な限界を設けるべきである。

深みにはまるな

　はじめて職に就いた人のほとんどは、専門家として行動分析学を実践し、人々の生活をプラスに変えるといった、ずっと夢に描いていたことを実践することに興奮する。早い時期に、仕事を持つことができたことにとても感謝して、自分のスーパーバイザーや上級管理職を喜ばせるようなことはほとんど何でも取り組むかもしれない。しかし、熱狂的なあまり、自分の能力以上の事柄を引き受けたり、困難な問題を一切考慮したりせずに事例を引き受けるようなことをすれば、実際に何らかの害を及ぼすことになるだろう。自分にとって最も重要な目標は、与えられた事例の全てにおいて最上級の仕事をすることである。自分の仕事に全精神を打ち込んで、利益の衝突に十分に注意して「危害を加える

ことがなければ」、それで十分である。しかし、あまりにも多くの事例を引き受けたなら、何かが見落とされることになり、クライエントは不平を言い始め、スーパーバイザーは、報告がずさんであると気付き、同じ分野の専門家による評価委員会からは、プログラムについて否定的なコメントを受けるようになる。行動分析学では、より多くのことを行う事が必ずしもよりよいことを行うことになるわけではない。中味が重要である。事例の場合、特にそうである。理由は、自分の仕事の対象となっている人の生活に影響を及ぼすことになるからである。自分が十分にこなすことができる数の事例だけに絞り込むことは、クライエントに対してだけでなく、自分自身に対しても義務である。

　これと同じ考えは、自分が専門的知識を持っていない事例を引き受ける場合にもあてはまる。性犯罪や精神病、あるいは深刻な身体障害のあるクライエントの事例の教育を受けたことはないかもしれない。このような事例を引き受け、自分自身やクライエントを特別扱いしてはならない。そのようにすれば、疑いもなく、親や教師、あるいはプログラム管理者から多くの圧力を受けることになるだろう。しかし、ある事例を引き受けて不当な扱いをすることでもたらされる危害に思いを馳せるだけで、このような事例を引き受けることについて熟考することになる。とるべき最も容易で最も倫理的な立場は、いつでも自分ができる範囲内のことを行うことである。自分の能力を高めたいのであれば、自分のメンターになってくれそうな別な専門家、自分に適切な訓練を提供してくれそうな人を見つけることが適切である。また、特殊な領域の専門家から指導を受けられる実習科目を受けるだけでなく、その領域の大学院課程をさらにとることも考えられる。

決定のためのデータ使用

　行動分析学という専門職のきわだった特色のひとつは、それがデータ収集とデータ分析に依存するということである。私たちにとってデータは重要である。フロリダ行動分析学会（the Florida Association for Behavior Analysis）の新たなモットーは、「データをとった？」である。「ミルクを飲んだ？」というミルク業者のキャンペーンにならって、これは、今やTシャツやコーヒーマグ、キーチェーンにも利用されている。私たちと、他の福祉サービスの専門家と異

第19章 はじめての仕事で倫理的に振る舞うための実践的助言

なるところがあるとしたら、それはまさに、私たちが、個体の行動についての客観的なデータ（逸話的ではなく、自己報告ではなく、アンケートでもない）を大事にするという強い倫理的価値観を持っているということである。さらに、私たちが考案して実施した処遇の効果を評価するのに、これらのデータを用いるということ、そのことに私たちは強い倫理的価値観を持っているということも他の専門家と異なるところである。専門的に言えば、ベースラインのデータなしで介入を開始するのは倫理的ではない。さらに、処遇が効果的であるのかどうかを明らかにするために、より多くのデータを取らずに処遇を続けることも倫理的ではない。ほとんどの行動分析家はこれに賛同する。そして、それが手続き上の問題であっても、そのことは、私たちの倫理の行動規範の中に書かれている（BACBガイドライン4.04）。そうであれば、手続きを評価するのに、データを取って、データを使えば、疑いもなく倫理的に正しいといえるのだろうか？　たぶん、必ずしもそうではない。実際のところ、状況はこれよりも若干複雑である。何はさておき、御存知のようにデータがある。それからも「データ」がある。後者のデータは、信頼できるものであり（信頼性とは、特定の条件で第2の観察者が独立にチェックして、ある基準に達するということを意味する）、そして、社会的に妥当なものである（再び特定の条件のもとで社会的妥当性の基準が達成されるということを意味する）。実践活動を行っている行動分析家が倫理的であるためには、データを取らなければならない。それだけでなく、そのデータは信頼性と妥当性のあるものでなければならない。そのように主張できる。結局、かなりのことがデータに依存するのである。処遇を決めるにも、投薬を決めるにも、そして、続けるかやめるかを決める場合にもデータに基づかなければならない。倫理的な行動分析家なら、観察者バイアスがあるデータや、信頼性が50％のようなデータは使いたくないだろう。さらにまた、社会的に妥当でないと思えるようなデータを使って処遇を決めたくはないだろう。そうであれば、倫理的な行動分析家としてどうすればよいのか？　自分が何かを決定するときデータに基づかなければならない。さらに倫理的な行動分析家は、クライエントやクライエントの代理人、さらに同僚に対して、自分が良質のデータ（ここでも、自己報告でもなければ、逸話的でもない、そしてアンケートでもない）を持っているということを保証するための負担を一人で背負うのである。

決定の際にデータを用いることについての最後の問題がある。それは自分が行っている処遇が実際に何らかの行動の変化をもたらしているのかどうかにかかわる問題である。ここでも倫理的であるためには、実際に行動が変化したのは、この処遇によってであって、何らかの外的変数や偶然の変数によるものではないということを機能的（関数的）な意味で知る責任が行動分析家にあるということだろう。そのためには、実践的、倫理的問題として、逆転法や多層ベースライン法のいずれかの方法を使って、実験的な制御を示す方法を探さなければならない。処遇を実施して行動に変化が現れたとする。しかし、どれほど正直に言ったとしても、その行動の変化が介入によるものであると語ることはできない。なぜならこれが確かだということは、本当はわからないからである。処遇計画を実施したときとまさに同じころに医者が薬を変えていたかもしれない。あるいは、クライエントの症状が悪化したり、あるいは、何かしら悪い知らせをクライエントが耳にしたりしたかもしれない。あるいは、おそらく自分が知らないところで、ほぼ同じ時期に誰か他の人が介入を行っていたのかもしれない（例えば、栄養士がクライエントのカロリーを減らしたり、クライエントのルームメイトが一晩中クライエントを眠らせなかったりしたのかもしれない、など）。まとめると、倫理的な行動分析家なら、何かを決定するときデータに基づかなければならいということである。そして、そのデータの信頼性と妥当性、さらに実験的な制御が示されたといえるような高品質のデータ収集システムを開発しなければならない。他の領域の専門家たちはこのような問題の全てを考慮していないということに気付くだろう。そうであれば、私たちは、データをかくも真剣にとる専門家の一員であるということに誇りを持つべきである。

他者を訓練してスーパーバイズする

　行動分析家としてほとんどの行動的処遇を実際に行うのは、他者、通常、指導している助手であることはすでにお気付きであろう。行動分析家としての自分の仕事は、委託を受け入れ、それを行動的問題の領域にきちんととらえられるようにし（そうでないものとして、看護の問題とか、教育の問題がある）、それから行動の原因と考えられるような変数を決定するために適切な機能査定

第19章 はじめての仕事で倫理的に振る舞うための実践的助言

を実施することである。これが決定されたなら、行動プログラムを作成することになる。そのプログラムは、実証的に検証されて発表された介入に基づく。それから、介入を実施する人を訓練する。ここでの倫理的な責任は、承認された手続きにしたがって機能査定を実施しなければならないということだけではない。親や教師、施設のスタッフ、助手、あるいはその他の人々を適切に訓練しなければならないということも倫理的な責任である。プログラムの最終責任者は自分である。つまりそのプログラムは自分の仕様で実施されるのである。訓練の中にはうまくいくものもあれば、そうでないものもあるということを私たちは研究文献から知る。もっとも信頼できる訓練形態は、書類で示されたプログラムを単に親に提供することではないし、「何か質問はありますか？」と尋ねることでもない。プログラムを説明して文書の写しを残しておけばよいというものでもない。それは効果的とも倫理的ともまったく言えない。手続きを示したら、それを親にやらせてみる。そしてフィードバックを与え、再びやらせてみる。彼らがそれを正しくできるようになるまでこれを続ける。その上で、書類の写しを手渡し、場合によって確実にする目的でビデオテープを渡す。そして、少しの間、そのままにしておく。これは、訓練されたことを彼らが正しく行っているかどうかを観察する目的で数日してから抜き打ち検査をする必要があるからである。できていなければ、さらに修正して、さらにロールプレイやフィードバックを行った上で、数日後再び確認する必要がある。これが倫理的な訓練である。何もしないというのは倫理的ではない。

　はじめて仕事に取り組んでからおそらく6カ月のうちに他者をスーパーバイズすることになるだろう（場合によってはすぐかもしれない）。行動分析家であれば、スーパービジョンの質という点で達成しなければならない基準は再び高く設定する。職場で行動を変化させる方法については非常に多くの文献があるのだから（実際、パフォーマンス・マネジメントと呼ばれる完璧な下位専門分野がある）、効果的な指導者になるには倫理的な義務を負う事になる。基礎的な行動分析学の手続きに精通した人には、それはそれほど難しいことではない。まず、最も効果的な先行事象をきちんと使用しなければならない。講義はしない。実際にやってみせるのである。実際に見せた後で、指導した相手に学んだことを示してもらう。そして、すぐに肯定的なフィードバックを与える。例えば、行動プログラムの準備法を資料で訓練するなら、最良と思えるプログ

ラムのサンプルを指導の相手に見せるとよい。必要なら、課題をもっと小さな「素材」に分解するとよい。そして、必要なら逆向連鎖（backward chaining）を使うことも考える。自分が見て受け入れた作業に対しては正の強化を提供する。これを毎日、そして1日に何回も実践する。まもなくすると、指導した相手の方からアドバイスや支援を求めてくるだろう。彼らは、自分の仕事を見てもらって承認してもらうことを望むようになるだろう。もし大きな組織で仕事をしているのであれば、一生懸命にならずとも、そこで最も強化的な人になることは容易であるかもしれない。否定的なフィードバックを与えたり、承認できなかったりするようなときが来るだろう。行動に随伴して強化子を一生懸命提示していたとする。そうであれば、否定的なフィードバックや非承認といった弱化子を受ける人は、はじめはいくらかショックを受けるだろう（その人は、あなたを単に「優等生ぶった人」という第一印象を持ったかもしれない）。忘れてならないのは、このような修正の目的は、行動を変えることであって、ヒトを罰することではないということである。したがって、適切な行動なら強化し続けたいとも思うだろう。さらに、オートクリティック（Skinner's [1957], *Verbal Behavior*, 第12章）を忘れてはならない。誰かに否定的なフィードバックをしなければならないのであれば、その意味するところをちょっとした言葉で婉曲的に伝えるのである。「もちろん、あなたが行ったことは重要ですし、ここでのあなたの仕事も素晴らしい。でも、この行動プログラムには、必ずしもいいとは思えないところがあるので、それだけを言わせてください」というように。仕事や専門家のスキル向上の基礎的な入門書として利用できる最良の本のひとつは、デール・カーネギー（1981）の "*How to Win Friends and Influence People*"（翻訳書は『人を動かす』）である。この珠玉の小冊子は、行動的指導についてあなたが学んできたことを補う書として薦めたい本である。

請求書作成と指導のための時間の管理

　職業倫理の重要なひとつとして説明責任がある。説明責任の最も重要な側面のひとつは、自分がどのように時間を過ごしたのかを記録しておくということである。時間は主要な必需品である。はじめて職に就いたとき、自分が「時間勤務で給料を請求できる」というモデルで仕事をしていることに気付くだろう。

第19章　はじめての仕事で倫理的に振る舞うための実践的助言

　勤務先の機関やコンサルティング会社は、このシステムで、職員の勤務に対して1時間にいくらの割合で契約しており、文書で示された勤務総時間に対して給料を支払う。勤務総時間に応じて、隔週あるいは月単位で、小切手が渡される。これは、たいしたことではないように思えるかもしれないが、きちんと毎回、通常15分ごとに、支払い請求の記録を正確につけた方がよい。1日が終わって、記憶を頼りに自分が行ったことを再現してはならない。また、1週間にわたってそれらを平均してもいけない。自分の携帯端末に、一人ひとりのクライエントの、日付、時間、面接時間や自分が行ったことの簡単なメモを記録できるファイルを作れるのではないだろうか。請求のとき、勤め先の機関やコンサルティング会社に支払い請求書を提出するには、ちょっとした計算をしさえすればよい。この計算の重要な特徴のひとつは、あなたが提供したサービスの時間が契約時間と実際に一致するということが勤め先の会社にとってどれほど重要であるかということをあなたが理解することである。勤務先の機関やコンサルティング会社が、1週間に20時間をあなたが施設で過ごすということを施設側と契約していたのであれば、あなたが16時間のサービスしか提供しないというのは適当ではない。20時間のサービスが必要であるということは、施設とあなたのコンサルティング会社との間であらかじめ決定されていたのである。その施設は、あなたのサービスに対して決められた金額を用意していたのである。20時間の相談ないし治療が必要であると彼らは双方で同意していたのである。自分の判断で1日休みをとるというのは不適切であり、BACBガイドラインの2.03と6.01に違反することになる。

　言うまでもなく、正確に、そして正直に、勤務した時間に基づいて請求することは、請求し過ぎであるとか、クライエントや政府から金をだまし取ろうとしたという、あらゆる申し立てから自分を守る上で重要である。これは特に差し迫ったことがらである。というのも、診てもいないクライエントから支払い請求をしているとか、提供していないサービスに対して支払い請求をしていると訴えられている医者が何人もいるという例があるからである。

　これに関連して、請求可能な時間だけでなく、スーパービジョンの時間もきちんと記録しておく必要がある。卒業後はじめて職に就いた行動分析家は、BCBAの試験を受けるために指導を受ける時間が必要である。請求可能な時間に対して上で述べたのと同じ手続きが、自分が提供したサービスの時間とと

もに自分が受けたスーパービジョンの時間数をきちんと記録するために使える。これらのデータを記録するのに、自分のスーパーバイザーに頼るべきではない。それはあなたの責任である。特に気を付けてもらいたいのは、指導者のもとで18 カ月、あるいはスーパーバイザーのもとで 9 カ月のどちらかの指導を受けなければならないということ、そして、この指導を受けるということを 1 週間に少なくとも 20 時間（すなわち、少なくみても半日労働）、1 月に 80 時間という単位で修了させなければならないということである。多くの大学院で行われているパートタイム職は、1 週間に 16 時間だけである。したがって、上の要件を満たそうとするなら、全部で 20 時間を達成するために、さらに、1 週間に少なくとも 4 時間は無料勤務する必要がある。指導者ないし監督者の指導を受けたなら、この要件を間違いなく達成したかどうか疑われることがないように、これを文書で記録する必要があるのは明らかである。

利害関係の衝突への注意

あらゆる専門家に起こりやすい最もやっかいな非倫理的問題のひとつは、利害関係の衝突である。そのほとんどは、臨床的文献の中で心理療法家の問題として記されている。彼ら療法家が、治療中に、あるいは治療後に、クライエントと性的関係を持つという問題である。これは利害関係の衝突の主な例であり、傷つきやすい人（すなわちクライエント）がより力のあるもの（治療家）によって搾取される例である。他にも、クライエントや昔のクライエントとある種の仕事を行ったり社会的な関係を発展させたりするという例がある。例えば、彼らを雇って家や庭周りの仕事を彼らにやらせるといった例がある。行動分析学の領域でこのようなケースのような関係を持つと、「行動分析家の客観性は損なわれる」可能性があり、行動分析家の意思決定にも影響が出ることは自明である。友人とか隣人、あるいは親戚といった自分の知人をクライエントにするのは良くないだろう。

行動分析学では、この領域特有と思えるような問題が他の関係でも起こりうる。行動分析家の仕事は、治療家の役割だけに限らない。彼らは、スーパーバイザーでもあり、コンサルタントでもあり、教師、そして研究者でもある。行動分析家は、地方あるいは州の人権委員会や査読委員会のメンバーであるかも

しれない。コンサルティング会社を経営しているかもしれないし、専門家協会の選出メンバーであるかもしれない。自閉症の子どもに行われる離散試行の治療のように、治療がクライエントの自宅で行われるようなことがあるので、行動治療家の役割は複雑でもある。この場合、治療セッションが診療所や学校で行われる場合と比べて、子どもの家族が行動分析家と強い結びつきを持つようになる可能性がある。このような状況では、親が治療家を家族の一員と見るようになり、彼らを家族旅行に誘ったり、誕生パーティや他の行事に招待したりするといったことがしばしば報告されている。そのような行事に参加すれば、「行動分析家の客観性が損なわれる」ことに必ずなるだろう。また、子どもの改善状況を客観的に説明するとき、あるいは治療終了を促さなければならないとき、これが利害関係の衝突となる場合が多い。自分が審査委員となって処遇プログラムの善し悪しを厳正に判断する立場になったとき、提示された事例の担当者が友人やかつての学生であると、客観性の問題が起こる可能性がある。コンサルティング会社の所有者というのは、新たなクライエントを受け入れるかどうかを考えるとき、避けてとおることができない利害関係の衝突に遭遇する。その相談業務で見込まれる収入を考えると、経営者の判断が曇って、特殊行動問題について自分よりも多くの専門的知識を持つ他の行動分析家に照会することがそのクライエントにとって最良の利益になるということを決めにくくなる。もちろん、同じような衝突は、個人の治療家が、照会されたクライエントを担当するかどうかを決めるときにも起こる。全てのこのようなケースの決定において、治療家やコンサルタント会社、あるいは機関にどのような利益があるのかということよりもむしろ、クライエントの最良の利益は何であるのかという問題が中心となる（BACBガイドライン2.0。「行動分析家は、クライエントに最大の利益が生じるように、専門的活動を遂行する責任を持つ」）。

「信頼できる同僚」をすぐに見つける

一人で倫理的な判断をすることは難しい。簡単に決定できると思えたことが、相談相手になってくれる人がいなければ、実際、極めて複雑なジレンマになることがある。特定の介入によって何らかの損害が生じるかどうかを決めることは、多くの場合、たやすいことではない。損害は、すぐには現れない場合

もあるし、捉えにくい場合もある。そのような決定を行う場合、自分よりも経験が豊かな人がいれば、大いに助かる。時間がたてば、自分の行動的決定について自信が持てるようになるだろう。しかし、はじめの頃は、自信が持てるようになるためにも、できるかぎり速やかに「信頼できる同僚」を見つけることを強く勧める。理想を言えば、そのような人は、いつでも会えて、しかもスーパーバイザーでもなければ、雇用者でもない、別な行動分析家であれば望ましい。政治的ならびに他の理由で、その同僚は、おそらく、自分と同じ地域の「競争相手」になってはならない。信頼する同僚とは、あなたの深い考えではなく、次のような考えを託せるような人である。（1）「自分は本当にこの事例に取り組む準備ができているのだろうか？」、（2）「自分のスーパーバイザーは、自分にＸしろと言っているけれど、それは自分にとって倫理的とは思えない。どうすべきだろう？」、さらにもっと重要なことであるが、（3）「自分は大きな間違いをしたと思う。今、何をしたらいいのだろう」といった考えである。幸運であれば、仕事について最初の3カ月にこのような事例のどれにも遭遇しないだろう。そうであれば、この時間を、理解力があって信頼できる人を見つける時間にすればどうであろう。最初の3カ月の間、休憩時間に、同じ職場の他の専門家と自分が普段いる場所で互いに交流すべきである。ソーシャルワーカー、看護師、医者、ケース・マネジャー、心理士、クライエント擁護者、さらに、地域の他の行動分析家といった人たちと知り合いになるのは良い考えである。このようなネットワーク作りは、照会先を作るといった目的もある。自分の同僚と知り合いになる過程で、普通の仕事仲間以上の関係になって打ち解ける人と知り合いになるべきである。このような人の倫理への取り組みを判断したい、そして、複雑な問題に対するその人の取り組みが、軽薄でなく高慢でもない、健全で、思いやりがあり、思慮深く見えるということを確かめたいと思うだろう。5年以上の経験があって、自分が行っていることに注意深く、かなり皆からも好評で、親切で親しみやすい認定行動分析士（BCBA）は、良い候補者となるだろう。何か「大変な事態」になる前に、十分に信頼できる同僚を見つけたいと思うだろう。なぜなら、そのような人と十分に親密な関係を持ちたい、そして、緊急の倫理的な問題が生じたときに、実際、その人に任せることができると信じたいからである。

人に触れる

　通常の診療所心理療法とは異なり、行動分析学は、自分のクライエントと密接にかかわる場合がしばしばある。特に、発達に障害のある人、身体が不自由な人、さらに行動障害のある人を行動分析家がクライエントとする場合、治療としてその人の身体に触れたり、抱えたりする場合がある。段階的に誘導する（graduated guidance）といった無害な手続きでも、食事、着衣といった課題をクライエント自身が行えるように指導するために、クライエントの身体に手を置くといったことが行われる。トイレット訓練では、服を脱ぐのを手伝ったりする場合がありうるし、歯磨きの場合、行動分析家がクライエントの後ろに立って歯を磨くのを援助する必要がある。多くの行動分析家が、好ましからざる結果になる可能性を考慮せずに、強化子として、抱擁したり肩を軽くマッサージしたりするのは日常的である。このような例の全てにおいて、自分から見れば、最も親切で善意の行為であると思っても、「不適切な接触」として曲解されたり、誤解されたりする可能性がある。このようなことが、クライエント、クライエントの親、近辺の世話をする人、あるいは、たまたまその光景を目にした訪問者からも告発される場合がありうる。他のもっと侵襲的な行動的手続きの場合、さらなる問題となることさえある。タイムアウトは、ほとんどいつでも、クライエントをタイムアウトルームに連れていくときに彼らを抱えることになる。手動拘束や、機械的拘束を用いようとすることも誤解を招くかもしれない（「あなたは私を傷つけた」といったものから、「あなたはわざと私を傷つけた」「あなたは彼女に痴漢行為をしたの？　あなたは、いやらしい人ね。警察を呼ぶわよ」といったものまである）。

　行動分析家が倫理的であるには、「害してはならない」という格言をいつでも忠実に守らなければならない。また、クライエントを身体的に、あるいは情動的に害するようなことは全て、ぜひとも避けなければならない。しかし、注意深い、倫理的な行動分析家は、自分がクライエントに向かって身体的に不適切な行動をしたという不当な悪意のある非難を必ず受けないようにもするだろう。そのために、私たちは、次のことを勧める。

1．クライエントから不当な接触だと非難されないようにするには、いつで

も、別な人（しばしば「目撃者」と呼ばれる）に必ずいてもらう方がよい。
 2．目撃者には、自分が行っていること、自分がそれを行っている理由を必ず知ってもらう。
 3．もし何らかの身体的拘束を使わなければならない場合、必ず、その正しい使い方の訓練を受けておく。そして、確実にそれが行えるようにする。
 4．クライエントが、不当な接触をするといった間違った報告をこれまでにもしたことがある人だとわかっているなら、1や2を行わない場合、その人との接触に細心の注意を払った方がよい。
 5．他に代わる人が絶対にいないということでなければ、異性のクライエントを治療する（男性が治療家で、女性がクライエント）のは避けた方が良い（しかし、それでも1と2のルールには従った方がよい）。

　以上のようなことを勧めるのは、クライエントとのかかわりで、冷たい人間味のない人になれといっているのではない。そうではなく、どちらかと言えば、自分の温かな優しい行動が、どのように裏目に出るのかについていくらかでも考えてもらいたいのである。

行動分析学の専門家ではない同僚への対応

　仕事に従事している時間のほとんどを、行動分析家ではない同僚と過ごすことになるだろう。機関や組織の背景や経緯にもよるが、このことがいくつかの深刻な倫理的ジレンマをもたらす場合がある。例えば、支援グループの一人として、自分のクライエントは「カウンセリング」を受けるべきであるというのがこの集団の大多数の意見であるとわかったならば、行動的アプローチを提唱し（BACBガイドライン10.01）、「カウンセリング」の処遇効果について何かしらデータがあるのかどうか（BACBガイドライン2.10a）質問を投げかけるというのが私たちの倫理的義務である。しかし、これによって、チームの自分に対する評判は悪くなるかもしれない。さらにまた、もしこの処遇が実際に実施されたなら、それを評価するためにデータを取ることを要求しなければならない（BACBガイドライン2.10c）。さらに悪いことには、これらの倫理的ガイドラインに従おうとすれば、自分が提唱した介入を評価するときに、自分が目

第19章 はじめての仕事で倫理的に振る舞うための実践的助言

立つようになるかもしれない。自分の処遇を正当化するために、発表されている研究のコピーを準備しなければならなくなるだろう。また、自分の処遇がこのクライエントに実際に効果があったのかどうかを決めるために、客観的で正確なデータを取ることに細心の注意を払わなければならなくなるだろう。

　自分が関わっている他の専門家が、その人の領域で求められている倫理規範にまったく気付いていないとか、それにほとんど注意を払っていないということにすぐに気付くかもしれない。さらに悪いことに、彼らの倫理規範が、クライエントの権利や、実証的な手続きの使用、あるいはデータを使って処遇の効果を評価するといった問題にほとんど明確に述べていないということに気付くかもしれない。はじめて行動分析学の領域で仕事をしている新参者は、会議のやり方やクライエントに関する決定がぞんざいに行われていることにショックを受ける場合がしばしばある。ある人が会議をできるかぎり早く終わらせようとして会議を牛耳るようなことは異例ではない。何もデータがないのに、あるいは論理的根拠がないか、あってもそれが弱い場合でありながら、ある処遇法が無理に押し付けられる場合がしばしばある。利便性、「単にやるだけ」といった態度、さらに倫理に無関心といったやり方は、一般的に、機能よりも見かけだけの目的で開催されているとしか思えないようなこのような会議のやり方である場合がしばしばである。はじめの頃は、治療チームの新たなメンバーとして、おそらく成りたてのメンバーとして、会議の席では静かに座って様子を見ていたいと思うだろう。誰が会議を仕切っているのか、どのようなやり方で事項が決められていくのか、といったことを明らかにしようと思うだろう。このような状況への最善の処し方がどのようなものであるのかについて、自分のスーパーバイザーに相談する必要があるかもしれないし、いくつかの重要な基礎的問題を求めてBACBの規範を調べてみる必要があるかもしれない。非倫理的な振る舞いをしている人を人前で非難する前に、スーパーバイザーにもういちど相談した方が良いだろう。その上で、会議の場所ではないところで、問題の行動をしている専門家に会って、自分が問題にしている事柄を話し合った方がよいだろう。このときこそ、自分が信頼している同僚に相談するときでもある。自分も、自分のスーパーバイザーも、できることは何でもやった。しかし、それでもうまくいかないと思うような極端な場合は、自分の関わりを終わらせる必要があるかもしれない。ガイドライン 2.16a-2.16d は、そのような劇

的な動きに対する状況を問題としており、関わりの終了がどのように行われるべきかについて記している。

　そこで、前向きなやり方で関わりを終了させるには、行動的なアプローチをとらない大多数の同僚は、親切で思いやりがあり、善かれと思ってやっている人たちであるということ、そして自分が容認するつもりなら、彼らも自分を容認してくれるだろうということを指摘することが重要である。ほとんどの人は行動分析学を耳にしたことがないのである。そうであれば、自分が行動分析学の大使になって、行動分析学の最近の動向や、クライエントに対する倫理的で効果的、かつ思いやりのある対応に行動分析家がどれほど最大限に配慮しているのかを彼らに知らせるチャンスである。彼らには寛大になりなさい。そして、彼らから彼らの分野を学ぶ機会をもちなさい。良い聞き手になりなさい。そして望ましい協力的な人になりなさい。そうすれば、あなたは、はかりしれない優れた専門家にあなた自身を成長させることになるでしょう。自分自身の欠点（例えば、薬物療法についてほとんどわからない、それが行動にどのような効果があるのかについてもわからないとか）には正直でありなさい。そして、他の視点に目を向けなさい。そのうち、他の人が行動をどのように見ているのかについて何らかの視点を得るだろう。そして、彼らをより行動的な視点に目を向けさせるにはどのようにしたらよいのかがわかるようになるだろう。

セクシャル・ハラスメント

　セクシャル・ハラスメントは、扱いにくい不快な話題のひとつであり、ほとんどの人は、議論しなければならないかぎり語りたがらない問題である。何年にもわたる教育、法的基準、そして会社の罰金などがあるにもかかわらず、それでもセクシャル・ハラスメントは今なお存在する（U.S. EEOC, 2009）。あなたは、行動分析家であれば他者からこのような扱いを受けることはないと思っているかもしれない。あなたが他者に意図的にこのようなみっともない対応をすることはけっしてないだろう。しかし、行動分析家になりたての人のために、セクシャル・ハラスメントになってしまういくつかの行動的側面を議論しなければならない。

　まず、厄介な口説きについて述べなければならない。何か特殊な作業環境で

第19章　はじめての仕事で倫理的に振る舞うための実践的助言

あれば、この問題に遭遇する可能性がある。クライエントの家で実践活動をしている行動分析士なら、自分と独身の異性の親だけになる機会があることを知っているだろう（離婚した男性、あるいは独身の男性がいる家庭で実践活動をしている若い女性の治療家は最も被害を受けやすい）。実践活動に非常に興味を示すふりをする人の場合、はじめは何食わぬ顔をして近くに座り、ことのほか多くのアイコンタクトをして、やたらと微笑みかけてくる。それをあなたは、この人は自分と自分が行っている実践活動に興味を持っていて深くかかわろうとしている人に過ぎないと思ったりするかもしれない。過剰な温かい挨拶、普通よりもちょっと長すぎる抱擁、腕や肩への接触は、何かがここで起こりそうな伏線である。行動分析家は、行動の素晴らしい観察者であるように訓練されている。そこで、この時点で発揮したいと思うのは、まさにこのスキルである。行動分析家はさらに、行動の出現率を低減させるための他行動分化強化（Differential Reinforcement of Other Behaviors; DRO）や、弱化や消去、さらに刺激性制御の方法について知っている。そうであれば、もし初期の段階で異常なほどの「親密な」行動に気付いたら、そのときこそ即座に行動に移すときである。まず、このまま進んでも構わないというような合図を相手に自分が送っていないかどうかをきちんと確認する。そのために自分自身の行動を監視する。これは行動分析家にとって非常に難しい場合がある。なぜなら行動分析家になるための訓練には、明らかに周囲の人、特にクライエントにとって行動分析家が大きな強化子となることが含まれているからである。これは、その人に個人的な関心を持っていると容易に思われてしまいかねない側面である。その人にけっしてその気にさせるようなことは一切しないと決めたのであれば、行動を低減する方法に着手する必要がある。その人が自分からちょっと離れた位置に座ったときに強化する。これはDROを用いている。情熱的な視線に対しては、床や書類に自分が目を向けたり、ボーッとしたふりをしたり、突然話を終わらせたりすることができる。不適切な接触には、微笑むことはしないで「冷たく凝視」したり、単刀直入に「アップルゲートさん、それは本当によくないことですよ」と言ったりして対処できる。これを初期の段階でとらえて、このような挑発的な行動を弱化したなら、あなたの問題を解決できるだろう。もしこれ以上進んで、その人が非常に不適切であるなら（例えば、あなたの家に電話をかけてくるとか、個人的なeメールのメッセージを送ってくるなど）、消

去手続きを思い出して、それを実行する準備にきちんと取り掛かる必要がある。セクシャル・ハラスメントの被害者の主な敵は間欠強化である。もしその人があなたの家に電話をかけてきて、あなたが消去を使うことを決めたのであれば、かかってきた電話を選択する必要がある。すなわち、これらの電話に出る必要はない。1週間消去を行って、悩んだすえに電話に出て、「本当にあなたと話をしたくない。二度と電話をしないでください」と言ったら、おそらくこの方法は最悪になるだろう。なぜなら、実際のところ、あなたは、相手がたてつづけにかけてきた25回のコールを強化してしまったからである。消去を始めたなら、最後までやり遂げなけなければならない。研究文献を読んで、「消去を受けた行動は何らかの点で（頻度、強度、トポグラフィー）エスカレートするだろう」ということを理解しなければならない。この増加に耐えることに心がけよう。そして、そのようなエスカレーションが起こっていれば、消去が作用し始めている証であると思わなければならない。行動の訓練を受けていない人であれば、強化、弱化、消去をまちがって行ってもしかたがない。しかし、認定行動分析士であれば、このような深刻な個人的問題を解決する方法を知っていながらそれをやらないということの言い訳は存在しない。

　セクシャル・ハラスメントの2番目の重大な問題は、この行動が他の人によって告発される可能性である。特に、行動分析家は人間関係を良くするための訓練を受ける。その中には、うなずき、微笑み、温かい握手、そして強力で効果的な言語的強化子などの使用が含まれる。私たちは、コンサルタントになりたての人に、自分がよき相談相手になりたいと思うのであれば、自分の周りの人たちにとって自分が「強化子になる」ようにと指導している。どのような強化的行動が適切であるかは、場面によっていろいろである。企業や組織の場面では、微笑み、握手、そしてポジティブなコメントが全てにおいて適切である。工場の作業現場では、背中を軽くたたいたり、肩を抱いたりというのが適切であるかもしれない。しかし、あなたが強化している人たちには、あなたが彼らを魅惑していると思わせたり勘違いさせたりしないように注意しなければならない。例えば、あなたが、引きこもりの子どもに実践活動をしていて、課題に取り組ませ、きちんと終わらせることをしていたとしよう。はじめてうまくいくような兆しを見せたところで、あなたは微笑み始め、「ハイタッチ」して抱擁したとする。そのうち、これによって、課題に従事する行動はおそらく増え

るだろう。しかし、あなたは抱擁の回数を増やし、さらにちょっとずつ熱狂的になっていくかもしれない。気付いてみれば、校長のオフィスに呼び出されて、「ルーシーちゃんの母親から電話がたったいまかかってきたわ。ルーシーは、あなたが彼女の陰部に触れて困っているとのことよ。本当なの？」と言われる。

　行動分析家になりたての人への最良のアドバイスは、丁寧で礼儀正しく、そしてチャーミングであってほしい、しかし、いつでも専門家であることを忘れてはいけない、ということである。クライエントの進歩に、我を忘れるほど熱狂してはならない。あるいは目標を達成できたことを過度に喜びすぎて、クライエントにやたらと「スキンシップをとる」というようなことをしてはいけない。いつでも自分の手が何をしているのかに気を付けなければならない。自分の行為をチェックする方法として、「6チャンネルの目撃者ニュースがここで自分を録画しているとしたらどうする？　それでも自分はこの行動をする？」と自問すること。もし答えが「否」であれば、誤解を招かないように、ぬれ衣を着せられないようにするために、自分自身の行動を修正する必要がある。

最後の注意

　ほとんどの行動分析家は、激しい分刻みの専門的実践の中でかなり囚われてしまい、立ち止まって「今行っていることに倫理的な問題はない？」と自問することが難しい。食料品店で別なクライエントのことを知りたがっている人に不用意に捕まってしまうかもしれない。まったく何食わぬ顔でそれは始まる。しかし、その後、「あなたがマージのジミーちゃんに関わっているのを見たわ。なんで彼の面倒を見ているの？」といった不適切な質問がうっかり口に出る。あるいは、あなたは、新しいスーパーバイザーを喜ばせようとして一生懸命仕事をしている。そうすると、「全てをなげうって、今はこれだけに取り組んで」と彼女から言われてきわどい状態になる。あなたの性格から、言われたとおりにやり、素直な働き手であろうとする。そしてなる。しかし、言われた仕事は、あなたの能力では対応できないものかもしれない。あるいは、倫理的ではないものかもしれない（「修正液を持ってきて。いくつかの記録を書き換えるわよ。審査委員会が明日ここにやってくるから」）。

　本書は、倫理について読者に理論的な意味であるいは純粋に道徳的な意味で

考えてもらうために書かれたのではない。そうではなく、どちらかと言えば、正しいことを行ってもらうという実用的な意味で書かれたのである。危害を与えない、正しく、正直で、フェアで、責任を負う、クライエントの尊厳を認める、クライエントの独立を促す、そして、一般的に、自分がやってもらいたいと思っているように他者に対する。この世界は、もし全ての人が行動分析家の倫理ガイドラインを採用し、それらを日々実際に用いてくれたなら、きっとより良い場所になるだろう。

付録A

行動分析士資格認定協会（BACB）による行動分析家の責任ある行動のためのガイドライン[11]

原註11 著作権、行動分析士資格認定協会（BACB）2001-2010。不許複製。許可を得て転載。ガイドラインの小幅な改訂は、2004年8月と2010年6月に行われた。

行動分析士課題リスト第4版に従って、2010年6月に改定

行動分析士資格認定協会（BACB）の資格試験のうち、倫理的、専門的実践に関係する部分は、以下に示すガイドラインに基づいて実施される。このガイドラインは、特にBACB資格保持者にとっての倫理的、専門的な問題を扱うが、行動分析家相互や、彼らがサービスを提供する人々や、一般社会との間の相互作用にとって顕著な問題も取り扱う。このガイドラインは、実践家や、雇用主や、応用行動分析学的サービスの消費者にとって、一般的参考となるよう配慮されている。BACB資格保持者による具体的実践についての問題に関しては、「BACB専門職懲罰倫理基準」（BACB Professional Disciplinary and Ethical Standards）を参照されたい。このガイドラインは、「BACB専門職懲罰倫理基準」第6条違反を申し立てる訴状において、文献として引用されるかもしれないが、BACBによってこれらのガイドラインが単独で施行されることはない。

■ 1.0　行動分析家の責任ある行動

行動分析家は、専門職団体における高水準の専門的行動の基準を維持する。

1.01　科学的知識に対する信頼

行動分析家は、福祉サービスの提供において、科学的・専門的な判断を下す場合や、学術的・専門的試みに取り組む場合は、科学的・専門的に得られた知識に依存する。

1.02　能　力

（a）行動分析家がサービスを提供し、教育を行い、研究を行う場合は、自らの能力の境界内において行う。また、自らの教育と、訓練と、スーパービジョン経験、ないし適切な専門職経験に基づいて行う。

（b）行動分析家が新しい領域でサービスを提供し、教育を行い、研究を行うときは、まず適切な学習と、訓練と、スーパービジョンを受け、およびまたはそれらの領域や技法に堪能な人々のコンサルテーションを受けて行う。

付録A　BACBガイドライン

1.03　専門職開発

　査定や、治療や、教育や、研究や、組織コンサルテーションや、その他の専門職活動に携わる行動分析家は、適切な文献を読み、会議や学会に参加し、ワークショップに参加し、およびまたは「行動分析士資格認定協会」（BACB）の免許を取得して、自らの活動領域における現在の科学的情報と専門職情報の妥当な水準を維持するとともに、継続的に努力して自らが用いるスキルの能力の維持を図る。

1.04　完全性

（a）行動分析家は正直で誠実である。行動分析家は、質の高い仕事に対する義務と専門家としての責任（コミットメント）を最後までやり通し、自分が維持できない専門家としての約束（コミットメント）は行わない。
（b）行動分析家の行動は、行動分析家がその一員である、社会的、専門的共同体の法律と道徳の規範に準拠する。
（c）行動分析家の活動は、その活動が自らの仕事関連の機能の一部か、その活動が本来行動分析学的であるときにのみ、ここに示すガイドラインの管理下に置かれる。
（d）行動分析家の倫理的責任が法律と対立する場合は、行動分析家はここに示すガイドラインを尊重することを明らかにし、法律に従って、責任ある仕方で、その対立を解決するための措置を講ずる。

1.05　専門的、科学的関係

（a）行動分析家は、行動系の診断や治療、教育や研究、スーパービジョンやコンサルテーションなどのサービスと、そのほかの行動分析学的サービスを提供する。ただしそれらは、定義され、報酬が明記された、専門的、科学的関係ないし役割という文脈において行われる。
（b）行動分析家が、査定や評価、処遇やカウンセリング、スーパービジョン、指導、コンサルテーション、研究やその他の行動分析学的サービスを、個人や集団や団体に対して提供するときは、それらのサービスの受け手が十分理解できる言語を用いるようにする。行動分析家は、行動系のサービスを提供する前に、そうしたサービスの特徴についての適切な情報

を提供する。さらに後には結果と結論について適切な情報を提供する。
（c）年齢や性別、人種や国籍、性的指向や障害、言語や社会経済的地位などにおける違いが、行動分析家の特定個人や集団に関わる仕事に対して著しい影響を及ぼす場合は、行動分析家は必要な訓練や経験、コンサルテーションやスーパービジョンを受けて、サービス遂行能力を確実に獲得する。さもなければ適切な照会を行う。
（d）行動分析家は、仕事関連の活動において、個人や集団、年齢や性別、人種や民族、国籍や宗教、性的指向や障害や社会経済的地位、その他法律で禁止された何らかの根拠に基づいて、差別をしてはならない。
（e）行動分析家は、法律に従って、その仕事で関わる人々に対して、その人の年齢や性別、人種や民族性、国籍や宗教、性的指向や障害、言語や社会経済的地位などの要因に基づいて、嫌がらせや屈辱を与える行動に、意図的に従事しないようにする。
（f）行動分析家は、自らの私的問題と葛藤が、職務の効果的遂行（エフェクティヴネス）を妨げる恐れがあることを認識する。行動分析家は、自らの個人的な状況が、できる限りのサービスを提供することを危うくする恐れがある場合は、サービスを提供することを差し控えるようにする。

1.06　二重関係と利害の衝突

（a）多くの地域社会や状況においては、行動分析家がクライエントや学生、スーパーバイジーや研究参加者と、社会的接触やその他の非専門的接触をすることを回避することは実現可能ではなく、妥当でもないことがある。行動分析家は、その他の接触が自分の仕事と自分の処遇する人々に及ぼす潜在的に有害な影響について、常に敏感でなければならない。
（b）行動分析家は、いかなる人とであれ、個人的、科学的、専門的、財政的、あるいはその他の関係を持つことや約束を交わすことが、行動分析家の客観性をかなり損なうか、行動分析家としての職務を効果的に遂行する行動分析家の能力を別の形で妨げるか、相手方を傷つけたり搾取したりするように見える場合は、そういう関係に入ったり約束したりすることを自制するようにする。
（c）不測の要因によって、潜在的に有害な多重関係（すなわち、利害が対立

する合理的な可能性や、不当威圧が存在する関係）が発生したことに、行動分析家が気付いた場合は、影響された個人に最大の利益をもたらすよう十分考慮し、ここに示すガイドラインを最大限遵守することによって、それを解決するよう努力する。

1.07 搾取する関係
（a）行動分析家は、学生やスーパーバイジーや従業員や研究参加者やクライエントなど、自らが監督する権限や評価する権限やその他の権限を持つ人々を搾取してはならない。
（b）行動分析家は、クライエントや、学生や、訓練中のスーパーバイジーなど、行動分析家が評価的権限や直接的権限もつ人々と、性的関係もってはならない。そういう関係は容易に判断を狂わせ、または搾取するようになるからである。
（c）行動分析家は、クライエントと物々交換しないよう警告される。それがしばしば（1）臨床的に禁忌となり、（2）搾取的関係を形成しやすいからである。

■ 2.0 クライエントに対する行動分析家の責任

行動分析家は、クライエントに最大の利益が生じるように、専門的活動を遂行する責任を持つ。

2.01 クライエントの定義
ここで用いるクライエントという言葉は、単一の個人（サービスの受け手）であれ、サービスの受け手の親や保護者であれ、組織の代表であれ、公的・私的な機関であれ、会社や法人であれ、行動分析家によるサービス提供の対象となる全てに対して、幅広く適用される。

2.02 クライエントを受け入れる
行動分析家は、人々の行動問題や、要求されたサービスが、行動分析家の受けた教育や、訓練や、経験と釣り合い、それらに相応しい人々や団体（機関、

会社、その他）だけを、クライエントとして受け入れる。行動分析家がこれらの条件に代わって職務を果たすときは、資格証明書（credential）によってそれらの行動問題やサービスを扱うことが許されている行動分析家の監督やコンサルテーションを受けて、行わなければならない。

2.03　責　任
行動分析家の責任は、行動系のサービスよって影響を受ける全ての関係者に及ぶ。

2.04　コンサルテーション
（a）行動分析家が適切なコンサルテーションと照会を行う準備をするときは、主にクライエントの利益を最優先することを基本として、適切な同意を得たうえで、適用法令と契約上の義務を含むその他の関連留意事項に従って、行わなければならない。
（b）クライエントに効果的に適切に奉仕するためには、他の専門家と協力することが必要であり、専門的にも適切であるならば、行動分析家は彼らと協力して奉仕する。他の専門職は、具体的な要件において、ここに示すガイドラインとは異なる倫理規範を有することを、行動分析家は認識する。

2.05　第三者からのサービスの依頼
（a）行動分析家が、第三者からのリクエストによって、個人や団体にサービスを提供することに同意する場合は、行動分析家はそれぞれの当事者との関係の特徴を、実行できる範囲内で、サービスを始める時点で、明らかにする。明らかにする中身には、行動分析家の役割（例えば、セラピスト、組織コンサルタント、鑑定人）や、提供するサービスや取得する情報についての予想される用途や、機密性に制約が生じる可能性がある事実などが含まれる。
（b）行動分析家が第三者に関与するため、矛盾する役割を遂行するよう要求されるリスクが予測できる場合がある。そのときは、行動分析家は自らの責任についての性質と方向を明らかにし、問題が生じたときは情報を

全当事者に提示し続け、そしてここに示すガイドラインに従って事態の解決を図るようにする。

2.06 クライエントの権利と特典

（a）行動分析家は、法の下での個人の権利を擁護する。
（b）行動分析家は、クライエントから要求されれば、いつでも現在保持している正確な一連の資格を提示しなければならない。
（c）面接とサービス提供セッションを電子録音する場合は、クライエントの許可と、他の全ての場面の関連スタッフの許可を得なければならない。用途の違いによって、具体的に、別々に、同意を得なければならない。
（d）クライエントは、自分の権利について、そして行動分析家の専門的実践に関する苦情を訴える手続きについて、知らされなければならない。
（e）行動分析家は、犯罪経歴の照合に対しては、全ての要件に従わなければならない。

2.07 機密性を守る（守秘義務を保持する）

（a）行動分析家は、法律や、機関の規定や、専門的または科学的な関係によって、機密性が規定されるかもしれないことを認識して、処遇やコンサルテーションの対象となる人々の機密性を尊重する本来的義務を負い、合理的な予防措置を講じなければならない。
（b）クライエントは機密性保持に対する権利を持つ。機密性についての話し合いは、それが実行できないか、禁忌である場合を除いては、関係の最初に行われ、そしてそれ以後の新しい状況においてそれが当然となる場合に行われる。
（c）行動分析家は、プライバシーに対する侵害を最小にするため、文書や口頭による報告や、コンサルテーションや、同様の形式でコミュニケーションを行う場合、その目的に密接に関係する情報だけを盛り込むようにする。
（d）行動分析家は、臨床関係やコンサルテーション関係において獲得した機密情報について話す場合や、患者、個別ならびに集団のクライエント、学生、研究参加者、スーパーバイジー、従業員たちに関する評価的デー

タを論じる場合は、適切な科学的目的や専門的目的のためだけに、またそうした問題に明らかに関係している人だけに話すようにする。

2.08　記録を保持する

　行動分析家は、文書化されたものであれ、自動化されたものであれ、その他いかなる媒体であれ、自分の制御下にある記録を作成し、貯蔵し、アクセスし、運搬し、処分する場合は、適切な機密性を維持する。行動分析家は、適用法令・規定と会社の方針に従い、またここに示すガイドラインの要件の遵守を可能にする仕方で、記録を保持し、廃棄処分を行う。

2.09　開　示

（a）行動分析家が、個人の同意を得ずに、機密情報を開示するのは、法律によって開示が義務づけられる場合か、または次のような妥当な目的のために、法律によって開示が許される場合である。例えば、（1）個人か組織のクライエントに、必要な専門的サービスを提供する、（2）適切な専門的コンサルテーションを受ける、（3）クライエントや他の人々を被害から保護する、（4）サービスに対して支払いを受ける。ただしその場合は、事実の開示は目的を達成するために必要な最小限の範囲に限るものとする。

（b）行動分析家はまた、法律によって禁止されない限り、個別または組織のクライエント（またはクライエントの代理である法的権限を与えられた他の人物）による適切な同意を得て、機密情報を開示することができる。

2.10　処遇の有効性

（a）行動分析家は、科学によって支持された、最も有効な処遇手続きを、つねに推奨する責任を持つ。有効な処遇手続きは、クライエントと社会に対して、長期と短期の両方の利益も生みだすことが立証されている。

（b）クライエントは有効な（すなわち、研究文献に基づいた、個別のクライエントに適合された）処遇を受ける権利を有する。

（c）行動分析家は、他の学問分野が提供する処遇のみならず無介入も含めた全ての代替処遇の起こりうる有望な効果を点検し評価する責任を持つ。

（d）2つ以上の科学的に支持された処遇が確立されている事例においては、介入の選択にあたって付加的要因が考慮されるかもしれない。例えば、有効性と費用対効果、介入のリスクと副作用、クライエントの好み、実践家の経験と訓練などであるが、それらに限られるものではない。

2.11　専門的、科学的業績を文書にする

（a）行動分析家は、自分の専門的、科学的業績を適切な文書にする。自分自身か他の専門家による将来のサービスの提供を容易にし、説明責任を確保し、機関の他の要件や法律を満たすためである。

（b）行動分析家の専門的サービスの記録が、その業績の受け手や研究参加者が関わりを持つ訴訟手続に使われることになると信じられる理由がある場合、行動分析家は判決法廷における合理的精査に耐えられる詳しさと質を備えた証拠書類を作成し、保持する責任を持つ。

（c）行動分析家は、次の承認や確認をとって書類を作成する。（1）施設内研究審査委員会（IRB）と、およびまたは地域の人間対象研究審査委員会による承認、およびまたは（2）自分の専門的サービスの間に収集したデータが専門分野の会議や査読つきジャーナルに提出されるときは施設の要件を遵守することを約束する確認。

2.12　記録とデータ

　行動分析家が自らの研究や、実践や、その他の業務に関する記録とデータを作成し、維持し、流布し、保管し、保有し、廃棄する場合は、適用法令と規定と団体の方針に従うとともに、ここに示すガイドラインの要件の遵守を可能にする方法によって遂行する。

2.13　料金、支払協定、コンサルテーションの条件

（a）行動分析家とクライエント、またはその他の行動分析学的サービスの適切な受け手は、専門的・科学的関係を持つときは、報酬と料金請求手続きを特定することに関して、できるだけ早期に合意に達する。

（b）行動分析家の報酬の支払い方法は、法律と一致する。行動分析家は料金の不実表示をしない。資金不足のため、十分なサービスを提供できなく

なる恐れがある場合は、できるだけ早く、患者や、クライエントや、その他の適切なサービスの受け手と、この問題について話し合う。
（c）行動分析家は、サービスを行う前に、サービスを行うための具体的要件と全ての当事者の責任に関するコンサルテーション条件を文書にして提示する（契約、または「専門的サービス宣言」）。

2.14　サービス料金を払う人々に対する報告の正確さ

行動分析家が、サービス料金の支払者に対して、または研究やプロジェクトやプログラムに補助金を与えた資金源に対して報告を行う場合は、研究または提供したサービスの性質と、料金ないし費用と、適切な場合は、提供者の身元と、研究成果と、その他の所要の記述的データを、正確に記載する。

2.15　照会と料金

行動分析家が、労使関係を結んでいない他の専門家に対して謝礼を支払うか、その人から謝礼を受けるか、またはその人と手数料を分割する場合は、その専門家への照会をクライエントに開示しなければならない。

2.16　サービスの一時中断または終結

（a）行動分析家は、行動分析家の病気や、差し迫った死や、不在や、移住などの要因によって、またはクライエントの移住や財政的制約などの要因によって、行動分析学のサービスが一時中断される場合は、ケアを容易にする計画を作るために、相応の努力を行う。
（b）行動分析家が、雇用関係や契約関係を結ぶときは、その雇用や契約関係が終了したとき、クライエントに対するケアの責任が整然と適切に決定されるように、準備しておかなければならない。最優先すべき課題は、クライエントの福祉である。
（c）行動分析家がクライエントを見捨てることはない。行動分析家は、クライエントがもはやサービスを必要としないか、サービスを継続しても利益を得られないか、悪影響が生じることがかなり明白になった場合は、専門的関係を終結する。
（d）クライエントの行為によってサービスができなくなる場合を除いて、ど

んな理由であれ、サービスを終結するときは、その前に行動分析家はクライエントの意見と必要について話し合い、適切な終結前サービスを提供し、必要に応じて代替サービス提供者を提案し、クライエントがその提供者をすぐ必要とする場合は、その提供者に責任を委譲することを容易にするため、他の相応な措置を講じる。

■ 3.0 行動を査定する

　行動査定技法を使う行動分析家は、研究という点から見て適切な目的のために、その査定技法を使う。行動分析家は、照会された行動が薬の副作用かまたは何らかの生物学的要因の結果として起こる合理的可能性がある場合は、医師に診てもらうよう勧告する。

（a）行動分析家が行う査定や、勧告や、報告や、評価的な言明は、到達した結論のために必要な適切な証拠を提出するうえで十分な情報と技法を根拠にするものとする。
（b）行動分析家は、査定技法や、介入や、結果や、解釈を不正に使用してはならない。また他の人々がこれらの技法のもたらす情報を不正に使用することを防止するため、妥当な措置を講じる。
（c）行動分析家は、個々人について下す判断や予測については、確実性に限界があることを認識する。
（d）行動分析家は、無資格の個人、すなわち経験豊富な専門家によるスーパービジョンを受けていず、妥当性と信頼性のある査定スキルを人に示したことのない人が、行動査定の技法を使うことを奨励しない。

3.01　行動査定の同意
　行動分析家は、行動査定の手続きを行う前に、クライエントかクライエント代理人から、文書による同意をえなければならない。ここでいうクライエント代理人とは、行動を改善するためにプログラムの適用を受ける個人に代わって意思決定を行う権限を法的に与えられた人物のことである。クライエント代理人の例としては、未成年者の親、後見人、法的な指定代理人が含まれる。

3.02　機能査定

（a）行動分析家は、以下に定義する機能査定を行う。有効な行動改善プログラムを開発するうえで必要なデータをもたらすためである。

（b）機能査定には、さまざまな種類の組織的な情報収集活動が含まれる。すなわち、行動の出現に影響する諸要因（例えば、先行事象、結果事象、セッティング事象、ないし動機づけ操作）について情報を収集する。それには、面接、直接観察、実験的分析が含まれる。

3.03　査定結果を説明する

査定対象である個人に査定関係の性質をあらかじめ明瞭に説明してあり、またその性質上、査定結果を説明することが不可能である場合（例えば、一部の組織コンサルテーションや一部のスクリーニングや法医学的評価）は例外として、それ以外は査定される本人か、クライエントの代理として法的権限を与えられた人物に理解できる平易な言葉で行動分析家が査定結果を説明することとする。行動分析家が説明する場合であれ、助手やその他の人々が説明する場合であれ、結果の適切な説明が確実に与えられるように、行動分析家は妥当な措置を講じるものとする。

3.04　同意―クライエントの記録の扱い

行動分析家は、スーパーバイザーを含む他の情報源から、クライエントの記録を入手するか彼らにそれを開示するときは、事前にクライエントかクライエント代理人から、文書による同意を得るようにする。

3.05　プログラムの目的を説明する

行動分析家は、行動改善プログラムの導入に先立って、クライエントかクライエント代理人（下記参照）に、そのプログラムの目的について書面によって説明する。そして可能な範囲で、導入予定の手続きが目的を達成できるかどうかのリスク便益分析を行わなければならない。

■ 4.0　行動分析家と個別の行動改善プログラム

　行動分析家は、（a）行動分析学の原理に基づいたプログラムを設計し、それには他の介入方法の効果の査定も含め、（b）プログラムの設計には、クライエントやクライエント代理人を参加させ、（c）クライエントの同意を得て、（d）クライエントにいつの時点でもサービスを終了させる権利があることを尊重する。

4.01　プログラムを成功させる条件を説明する
　行動分析家は、クライエントかクライエント代理人に、プログラムを有効にするために必要な環境条件について説明する。

4.02　実行を不可能にする環境条件
　もし環境条件が行動分析学のプログラムの実行を不可能にする場合は、行動分析家は、他の専門的援助（例えば、他の専門家による査定、コンサルテーション、または治療的介入）を見つけ出すよう奨励する。

4.03　実践を妨げる環境条件
　もし環境条件が行動分析学のプログラムの実行を妨げる場合は、行動分析家はその環境の制約を除去しようと努力するか、そうすることを妨げるものを書面で同定する。

4.04　介入の同意を得る
　行動分析家は、行動介入手続きを実行する前に、クライエントかクライエント代理人から、実行することに対する同意を、文書によって得なければならない。

4.05　強化／弱化
　行動分析家は、可能ならいつでも、弱化より強化を推奨する。もし弱化手続きが必要ならば、そのプログラムに必ず、代替行動の強化手続きを含めるようにする。

4.06　有害な強化子は回避する

行動分析家は、候補となる強化子として、クライエントや参加者の長期的健康を害する恐れのあるものや（例えば、たばこ、砂糖、脂肪を含む食物）、動機づけ操作として望ましくない著しい遮断手続きを必要とするものは、その使用を最小限にする。

4.07　継続的なデータ収集

行動分析家は、データを収集する。もしくは、クライエントや、クライエント代理人や、指名された他の人々に、プログラム中の進歩を査定するために必要なデータを収集するよう依頼する。

4.08　プログラムの修正

行動分析家は、データに基づいて、プログラムを修正する。

4.09　プログラム修正の同意

行動分析家は、クライエントかクライエント代理人に、プログラムの修正とその修正理由を説明し、修正を実行することについて同意を得る。

4.10　最小制約手続き

行動分析家は、代替介入選択肢の制約度を精査し評価する。そして必ず、行動問題の処理に有効でありそうな最小制約手続（least restrictive procedure）を推奨する。

4.11　終結基準

行動分析家は、プログラムの終結について、理解できる客観的な（すなわち測定可能な）基準を設定し、それらをクライエントかクライエント代理人に説明する。

4.12　クライエントを終結する

行動分析家は、例えば計画するか改訂した一連の介入目標を達成した場合のように、設定した終結基準を達成したあかつきには、クライエントとの関係を

終結する。

■ 5.0　教師やスーパーバイザーとしての行動分析家

　行動分析家が、従業員や、スーパーバイジーや、研究助手に職務を委ねる場合は、彼らがその仕事を十分遂行できると合理的に期待できる範囲内の職務に限定する。

5.01　適格な訓練プログラムとスーパービジョンつき実務経験を設計する

　教育プログラムや、訓練プログラムや、スーパービジョン活動に携わる行動分析家は、プログラムとスーパービジョン活動に関して、以下のことを保証するよう努力する。
・要求にかなうように設計する。
・適切な経験を提供する。
・プログラムやスーパーバイザーが主張する免許交付や、証明書交付や、その他の目標にとって必要な要件を満たすようにする。

5.02　訓練についての制約

　行動分析家は、必修訓練や、法的な実践範囲や、専門的知識が不足している個人には、特殊な訓練や、免許下付や、他の学問分野の専門的知識を必要とする技法や手続きを使うことを教えないこととする。ただし、これらの技法が、さまざまな処遇や、介入や、治療や、教育の方法の効果についての行動的評価において用いられるときは例外とする。

5.03　講座やスーパービジョンの目標を明示する

　行動分析家は、講座やスーパービジョン関係を始めるとき、その冒頭に、できれば文書で、講座やスーパービジョンの目標について明白に説明する。

5.04　講座の要件を説明する

　行動分析家は、スーパービジョン関係や講座を始めるとき、できれば文書で、スーパービジョン関係や講座で要求するもの（例えば、レポート、試験、プロ

ジェクト、報告書、介入計画、グラフィック表示、1対1の面談)について、明白に説明する。

5.05 評価の要件を説明する

行動分析家は、学生やスーパーバイジーの成績を評価する要件について、スーパービジョン関係や講座を始めるとき、明白に説明する。

5.06 学生とスーパーバイジーにフィードバックを与える

行動分析家は、学生やスーパーバイジーの遂行について、少なくとも2週間に1回か、またはBACBの要件に従って、フィードバックを与える。

5.07 学生やスーパーバイジーに対するフィードバック

行動分析家は、学生やスーパーバイジーに対して、彼らがフィードバックによって受ける恩恵の確率が高まるように、フィードバックを与える。

5.08 学生やスーパーバイジーの行動を強化する

行動分析家は、学生やスーパーバイジーの行動と環境条件が許す限り、できるだけ頻繁に、正の強化を使用する。

5.09 教育に行動分析学の原理を使用する

行動分析家は、教材や条件や学術方針の許す限り、教育において、行動分析学の原理をできるだけ多用する。

5.10 スーパーバイジーの要件

行動分析家は、スーパーバイジーに対して、一定の行動を要求する。それは、スーパーバイジーの行動レパートリーの中にある行動でなければならない。もし要求する行動がスーパーバイジーのレパートリーの中にない場合は、要求した行動を獲得するために必要な諸条件を提供するよう努力し、スーパーバイジーを補習スキル開発サービス(remedial skill development service)に照会し、またはその種のサービスを自ら提供するようにする。そうしてスーパーバイジーが行動遂行要件を何はともあれ満たすことができるようにする。

5.11 訓練、スーパービジョン、安全

行動分析家は、従業員やスーパーバイジーに対して、適切な訓練とスーパービジョンと安全策を与える。そして彼らが必ず責任を持って、十分な能力を備えて、倫理的に、サービスを遂行できるようにするための措置を講じる。この義務を遂行するにあたって、施設の方針や、手続きや、慣習が妨げとなる場合は、行動分析家は自分の役割を変更するか、または状況をできるだけ改善する。

■ 6.0 行動分析家と職場

行動分析家は、職務上の義務を忠実に守り、介入する前に従業員の相互作用を査定し、自らの訓練の範囲内において仕事をし、従業員の利益になる介入を開発し、ここに示すガイドラインの範囲内で紛争を解決する。

6.01 職務上の義務

行動分析家は、雇用機関のために作られた職務上の義務に忠実に従う。

6.02 従業員の相互作用を査定する

行動分析家は、行動分析学のプログラムを設計する前に、従業員の行動と環境の相互作用を査定する。

6.03 コンサルテーションのための準備を整える

行動分析家は、自分が十分な訓練を受けた行動管理プログラムを実施するか、そのプログラムについてのコンサルテーションを行う。

6.04 従業員用の介入

行動分析家は、管理のみならず従業員にも役立つ介入を開発する。

6.05 従業員の健康と福祉

行動分析家は、従業員の健康と福祉を向上させる介入を開発する。

6.06　組織体との対立

　行動分析家が所属している組織体の要求と、ここに示すガイドラインとが、矛盾を示す場合、行動分析家はその対立の性質を明らかにし、自分にはこのガイドラインを守る義務があることを知らしめ、そして可能な範囲内で、ここに示すガイドラインを最大限に遵守する方法によって、その対立を解決するよう努力する。

■ 7.0　行動分析学の分野に対する行動分析家の倫理的責任

　行動分析家は、この学問分野の価値観を支持し、一般の人々に知識を普及し、ここに示すガイドラインに精通し、資格のない人々があたかも資格があるように虚偽の陳述をすることを阻止する責任を持つ。

7.01　原理を支持する

　行動分析家は、行動分析学の分野の価値観と、倫理と、原理と、使命を支持し、向上させる。州レベルと全米レベルないし国際レベルの双方における行動分析学の団体に参加することが、大いに奨励される。

7.02　行動分析学を普及させる

　行動分析家は、この専門職を支援して、一般の人々が行動分析学の方法論を利用できるようにする。

7.03　ここに示すガイドラインに精通する

　行動分析家は、ここに示すガイドラインと、その他の適用倫理規範と、それらの行動分析家の仕事への適用について、精通する義務を負う。行動規範を意識していないことや誤解することは、それ自体、非倫理的行為としての責任が問われることになる。

7.04　資格のない人々による虚偽の陳述を阻止する

　行動分析家は、資格のない実践家が、資格があると虚偽の陳述を行うことを阻止する。

■ 8.0 同僚に対する行動分析家の責任

行動分析家は、同僚による倫理違反に対して注意を喚起し、それを解決する義務を負う。

8.01 行動系と非行動系の仲間による倫理違反

行動分析家が、他の行動分析家や、非行動系の仲間によって、倫理違反がなされている恐れがあることに気付いた場合、非公式の解決が適切であって、その介入がそれに伴う機密性の権利を損なわないように思われるならば、そのことをその個人に注意喚起して、問題を解決しようと努力する。もしも解決が得られない場合、そして行動分析家がクライエントの権利が侵害されていると確信するならば、行動分析家はクライエントを保護するために必要なさらなる措置を講じてもよい。

■ 9.0 社会に対する行動分析家の倫理的責任

行動分析家は、行動の原理の適用を通じて、一般的な社会福祉を発展させる。

9.01 社会の向上

行動分析家は、他の手続きや方法に代わる行動系の代替選択肢を提示することによって、社会における行動原理の応用を促進する。

9.02 科学的問い

行動分析家は、行動の分析を、科学的探究の正当な学問分野として、発展させなければならない。

9.03 公的発言

（a）行動分析家は、自らの専門的サービス、製品、出版物に関係する、または行動分析学の分野に関係する公的発言において、ここに示すガイドラインに従う。

（b）公的発言に含まれるのは、有料または無料の広告、パンフレット、印刷物、

ディレクトリーへの掲載、個人の履歴書、メディアに使われる面接やコメント、訴訟手続きにおける発言、講義と公的な口頭発表、および出版された教材などであるが、それらに限らずその他も含まれる。

9.04　他の人々による発言
（a）行動分析家が、専門的実践や製品や活動を促進するための公的発言を、他の人々に創作させるか掲載させる場合、そのような発言に対する専門家としての責任を保持する。
（b）行動分析家は、自らが制御していない他の人々（例えば、雇用主、出版社、スポンサー、組織体のクライエント、活字や放送メディアの代表）が、行動分析家の実践や、専門的・科学的活動について、人々を惑わせる発言をすることを阻止するため、相応の努力をする。
（c）行動分析家は、他の人々によって彼らの業績について人々を惑わせるような発言が行われていることを聞き及んだ場合、そのような発言を修正するための相応の努力を払う。
（d）行動分析家の活動に関連する有料広告は、すでに文脈から明らかである場合を除いては、有料広告とみなされなければならない。

9.05　虚偽または人を惑わす発言を回避する
　行動分析家は、その研究、実践、その他の作業活動に関して、または自らが関係している人々や組織体の研究や実践やその他の職業活動に関して、自分が述べること、伝えること、あるいは指摘することの理由で、あるいは、自分が削除したことの理由で、虚偽の公的発言、人を惑わす公的発言、誤解を招く恐れがある公的発言、または不正な公的発言は行わない。行動分析家は、自らの行動系の著作について、その内容が主としてまたは独占的に行動分析学である程度においてのみ、資格証明の業績として主張する。

9.06　メディアへのプレゼンテーションと新興メディアベースのサービス
（a）行動分析家が、公的場面における講義や、実演や、ラジオまたはテレビプログラムや、事前に録音録画されたテープや、印刷された論文や、郵送された教材や、その他のメディアなどの手段によって、アドバイスや

コメントを行う場合、(1) その発言が適切な行動分析学の文献や実践に基づくように、(2) その発言はここに示すガイドラインとその他の点で一致するように、そして (3) その情報の受け手が、彼らとの間に個人的な関係が成立していると思われないように、それらを保証するための相応の予防措置を講じる。

(b) 行動分析家が、既存のメディアや新興メディア（例えば、インターネット、eラーニング、インタラクティブ・マルチメディア）を利用してサービスを行い、教育を行い、研究を行うときは、メディアベースの配信によって提示される全ての倫理的問題（例えば、プライバシー、機密性、エビデンスに基づいた介入、継続中のデータ収集とプログラム修正）を考慮し、ここに示す倫理基準を忠実に守るために可能な限りあらゆる努力を払う。

9.07 証言広告

行動分析家は、現在のクライエントや、患者や、その他の人々に対して、証言広告[12]を求めてはならない。彼らがおかれた特殊な状況[13]ゆえに、不当威圧[14]を受けやすいからである。

9.08 対面による勧誘

行動分析家は、現下のまたは将来のサービス・ユーザーに対して、直接的にまたは仲介者を通じて、対面による自分のビジネスの勧誘をしてはならない。彼らがおかれた特殊な状況ゆえに、不当威圧を受けやすいからである。ただし、組織行動マネジメント・サービス、ないしパフォーマンス・マネジメント・サービスを、財政見積情況を度外視して、企業体に売り込む場合は例外である。

■ 10.0 行動分析家と研究

行動分析家が研究を設計し遂行し報告する場合は、科学的能力と倫理的研究

訳註12　第三者にその商品の特性・便益などを説明させることで信頼性の獲得を狙った広告。
訳註13　例えば、積極的な発言をしなければ、治療の継続が危ぶまれる状況。
訳註14　密接な信頼関係などを利用し、多大な影響力を行使して、弱い立場にある者の意志や判断を圧倒し、その影響がなかったならばしなかったであろう選択をさせること。

についての承認された基準に従う。行動分析家が、人間と動物を対象にして研究を行う場合は、地元の人間対象研究審査委員会（local human research committee）、およびまたは施設内研究審査委員会（IRB）[15]に提出し承認された研究提案通りに行う。

（a）行動分析家は研究の結果が誤解を招く恐れを最小限にするように、研究を設計する。
（b）行動分析家が研究する場合は、一定水準の研究遂行能力を持つとともに、参加者の尊厳と福祉に対して十分配慮する。研究者と補助者に許される研究課題は、それに対して適切に訓練され、準備ができている課題のみとする。
（c）行動分析家は、自らが行う研究や、管理監督している人々が行う研究に対して、倫理的に行動する責任がある。
（d）応用研究を行っている行動分析家が、同時に臨床か福祉サービスを提供することがある。その場合は、提案した臨床研究に要求される外部のレビューを受け、クライエントとして、かつ参加者として介入と研究の双方に参加する人々の必要条件について注意を払う。
（e）行動分析家は研究を計画するにあたって、ここに示すガイドラインに従って、その計画が倫理的に容認できるものになるよう検討する。もしも倫理の問題がはっきりしないときは、行動分析家は施設内研究審査委員会（IRB）や、動物保護活用委員会（animal care and use committee）や、同領域専門家のコンサルテーションや、その他の適切な機構とのコンサルテーションを通して、その問題を解決する方法を模索する。

10.01　学問と研究

（a）調査と研究に携わる行動分析家は、個々の行動の分析を大事にすることを含む行動の科学の慣例によって導かれ、そして職業生活において適切な応用の模範となるよう努力する。
（b）行動分析家は、クライエントや、研究参加者や、学生や、そのほか彼が影響を与える人々を傷つける（危害を加える）ことを回避し、そして予

訳註15　IRBは、日本では「機関内倫理審査委員会」と訳される。

測できる不可避の害悪を最小にとどめるために、合理的な措置を講ずる。傷つける（危害を加える）こととは、ここでは、特定の事例において行動分析学が与える肯定的影響を上回る否定的影響ないし副作用のことであり、それは行動的ないし物理的影響であって直接観察できるものとして定義される。

（c）行動分析家の科学的・専門的判断と行動は、人々の生活に影響を与える。そのため、その影響の乱用につながる恐れのある個人的、財政的、社会的、組織的、または政治的要因に注意を払い、乱用を防ぐようにする。

（d）行動分析家は、人々が自分のスキルやデータを乱用する恐れのある活動には参加しない。ただし、同業専門家による評価や、外部の専門家による審査や、独立した審査など、何らかの是正措置を講じることができる場合は、その限りではない。

（e）行動分析家は、特定の手続きや、行動分析学一般が有効であるという主張を強調しない。

（f）行動分析家が個人的な研究の所産を悪用されたり、誤って伝えられたりしていることを知ったならば、その悪用や誤伝を正すか最小にするため、合理的で実行可能な措置を講ずる。

10.02　教育や啓蒙の目的のために秘密情報を使用する

（a）行動分析家は、自らがサービスを提供する個人や団体のクライエントや、学生や、研究参加者や、その他の受け手について、業務上知りえた秘密の個人情報を、著作や講義やその他の公共媒体に開示することはしない。ただし、個人または団体が文書で同意するか、そのようにすることに対するその他の倫理的、法的承認を得ている場合はその限りではない。

（b）通常、科学的、専門的プレゼンテーションにおいては、行動分析家は個人や団体が人々から個別的に同定されないように、そして身元確認できる参加者が議論によって傷つけられないように、彼らに関する秘密情報は秘匿するようにする。

10.03　法律と規制に従う

行動分析家は、全ての適用法令と規定、および研究行為を規定する専門的基

準、そしてとりわけ人間の参加者と動物の被験体を用いた研究を規定する基準と矛盾しないように研究を設計し実行する。行動分析家はまた、義務づけられた報告要件に関係するその他の適用法令と規定に従う。

10.04　インフォームド・コンセント
（a）行動分析家は、よく理解できる言葉を使って、参加者に研究の特徴を説明し、また参加することも、参加を断ることも、研究から退くことも、自由に行えることを伝え、さらに断ったり退いたりした場合に予測できる結果を説明し、そして参加への意欲に影響を与えることが予測される重要な要因（例えば、危険、不快、不都合な影響、機密性の限界、ただし以下の基準10.05に規定されるものは除く）について参加者に説明し、かつ参加予定者が尋ねるその他の事柄について説明する。
（b）法的にインフォームド・コンセントを与えることができない人々に対しては、行動分析家はそれでもなお、（1）適切な説明を行い、（2）もし本人が参加を継続することに対して明らかに不本意であることを示すサインを出した場合は研究を中断する、（3）法的権限を持つ人物の代理同意が法律によって許されている場合は、その人物から適切な許可を受ける。

10.05　研究におけるだまし
（a）行動分析家は、だましのテクニックを使うことが、その研究のもつ将来の科学的、教育的、応用的価値によって正当化され、そして、だましを使わなくてよく、有効性の等しい代替手続きは実行できないことが確認されない限り、だましを必要とする研究をしてはならない。
（b）行動分析家は、例えば、身体の危険や、不快や、不愉快な情緒的経験など、研究参加者の研究への参加意欲に影響する重要な側面に関して、参加者を絶対にだまさない。
（c）実験を設計し遂行するうえで欠かせないそのほかのだましについては、参加者にできるだけ早く、できれば参加が終了した時点で、説明するようにしなければならない。遅くとも研究が完了するまでには説明するようにする。

10.06 将来の使用を伝える

行動分析家は、個人を識別できる研究データについての今後予想される共有利用や、将来の予期せぬ使用について、研究参加者に知らせなければならない。

10.07 干渉を最小限に抑える

行動分析家は、研究を行う場合、参加者や環境に干渉する。そのデータ収集は、適切な研究計画によって、正当と認められている範囲内で、科学的な研究者としての行動分析家の役割と矛盾しないように、行わなければならない。

10.08 研究参加者への誓約

行動分析家は、研究参加者と約束したことの全てを守るため、合理的な対策を講じる。

10.09 参加者の匿名性を保証する

行動分析家は、研究発表において、参加者か代理人が匿名性の権利をはっきり限定して放棄しない限り、参加者の匿名性を保証する。

10.10 参加取り止めを伝える

行動分析家は参加者に対して、いつでもペナルティなしに参加を取り止めてよいことを伝える。ただし、例えばプロジェクトの完了を条件とする支払いを前金で行うことを約束している場合は例外とする。

10.11 デブリーフィング(任務終了後の事後説明と意見交換)

行動分析家は、参加者に対して、参加者の研究への関わりが終了したときデブリーフィング(任務終了後の事後説明と意見交換)が行われることを、知らせておかなければならない。

10.12 研究の課題について答える

行動分析家は、研究についての参加者からの全ての質問に、研究を遂行しうることと矛盾しないように、答える。

10.13　文書による同意
　行動分析家は、研究を始める前に、参加者か代理人から、文書による同意を得ておかなければならない。

10.14　特別な単位
　もし行動分析家が教室で参加者を募集して、参加者がその研究に参加すれば特別な単位を取れる場合は、参加しない学生にも、同程度の単位が取れる代替活動を与えるようにしなければならない。

10.15　参加者に謝礼を払う
　参加者が研究に参加してくれたことに対して行動分析家が謝礼を払うか、強化子としてお金を使う場合は、そうすることに関して、施設内研究検討委員会（Institutional Review Board）か、人権委員会（Human Rights Committee）から承認を得なければならない。そして承認の過程で特別な要件が作られれば、それに従わなければならない。

10.16　謝礼を保留する
　参加者が獲得した謝礼の一部の支払いを、研究への参加が完了するまで、行動分析家が保留する場合は、実験を始める前にそういう条件を参加者に知らせなければならない。

10.17　研究助成金審査
　研究助成金審査委員会の委員になる行動分析家は、彼が審査した助成金申請書に説明されている研究を行うことは避ける。ただし先行研究者の業績として全面的に認められた研究を再現する研究は、その限りではない。

10.18　動物研究
　動物に関わる研究を行う行動分析家は、動物を人道的に、そして、適用可能な動物福祉法に則って処遇する。

10.19　データの正確さ

行動分析家は論文発表においてデータをねつ造したり、結果を改ざんしたりしない。もし行動分析家が、発表したデータに重大な誤りを発見した場合は、訂正、撤回、正誤表、その他の適切な出版方法によって、そうした誤りを訂正するための合理的な措置を講ずる。

10.20　原著者と研究成果

行動分析家は、たとえ他人の業績やデータ・ソースをときに引用することはあっても、他人の業績の一部や要素ないしはデータを、自分のものとして発表することはしない。また行動分析家は、彼らの業績や行動分析学一般についての他の人々による解釈を変えかねない研究成果を省略することはしない。

10.21　貢献に謝意を表する

行動分析家は、研究発表するときは、研究の遂行に協力した他の人々を共著者に加えるか、彼らの貢献を脚注に記すかして、彼らの貢献に謝意を表する。

10.22　主著者と他の著者の表示

主著者と他の著者の表示には、彼らの相対的な地位とは無関係に、参加した個人の相対的な科学的、専門的貢献を正しく反映させる。学科長のような機関の地位を単に所有することは、著者としての表示に正当性を与えない。研究や、出版のための著作に対してなされたマイナーな貢献については、脚注やはしがきなどにおいて、謝意を表するようにすることが望ましい。さらに、ここに示すBACBガイドラインは、アメリカ心理学会の倫理規定に含まれる著者表示と出版慣習に関する倫理的要件を受け容れ、それを支持する。

10.23　データを発表する

行動分析家は、すでに発表したデータを、オリジナルなデータとして発表することはしない。ただし、すでに発表した事実があることを認めた文章を添えて、そのデータを再発表することは排除されない。

10.24　データを使わせない

　行動分析家は、研究結果を公表した後は、参加者の機密性が保護されることを条件とし、特許データに関する法的権利がその公表を排除する場合以外は、彼らの結論のもとになったデータを、他の優秀な専門家が再分析してその重要な主張を検証する目的のためだけに使おうとするとき、彼らにそのデータを留保してはならない。

付録B

行動分析家の責任ある行動のための
行動分析士資格認定協会（BACB）ガイドラインの索引

ジョン・ベイリー作成

使い方

　本索引は、行動分析家の倫理についてシナリオに出てきたキーワードを、読者がきちんと参照できるようにデザインされたものである。また、読者が遭遇することになるかもしれない、あらゆる他の倫理的状況を調べるための索引である。まず、倫理についてのシナリオの中のキーワードやフレーズを確認する。それから、それぞれのキーワードを調べて、それに関連する原理を行動分析士資格認定協会（BACB）のガイドラインの10個のセクションの中から引き出す。もしこのガイドラインの中に読者が取り扱いたい倫理的問題が含まれていないなら、クーチャーとキース・シュピーゲル（1998）の「9つの核となる倫理的原理」に立ち戻る必要があるだろう。

● あ行

ABA の価値感の支持　7.01
医師への相談　3.0
一般の人々　7.02
インフォームド・コンセント　10.04
インフォームド・コンセントを与えることができない　10.04(b)
親、法的な指定代理人　2.01, 3.01, 3.04, 3.05, 4.0, 4.01, 4.04, 4.07, 4.09, 4.11, 10.09, 10.13　ガイドラインでは親の代わりに代理人という言葉が用いられる

● か行

ガイドラインに精通する　7.03
ガイドラインを優先させる　6.06
介入の選択　2.10(d)
介入前の行動　3.0(a-d)
介入目標の達成　4.12
外部のレビュー(外部評価)　10.0(d)
科学的分析　9.02
科学的関係と報酬　1.05(a), 2.13(a)
学生の評価　5.05
学生へのフィードバック、学生へのフィードバックの提供　5.06, 5.07
確立操作(動機づけ操作)　3.02(b)
家族(クライエント代理人)　3.04, 3.05, 4.04, 4.07, 4.09, 4.11, 10.13
価値観が組織体と対立する　6.06
環境の操作、干渉の低減　10.07
関係者(全ての)への責任　2.03
関係における客観性　1.06(b)
関係の終了　4.11, 4.12
観察可能な危害　10.01(b)
完全性　1.04
管理のみならず従業員にも役立つ介入　6.04
危害を加えない　10.01(b)
危害からのクライエントの保護　10.01(b)
機能査定　3.02(a-b)
機能査定結果の説明　3.03
機能査定の種類と実施　3.02(a-b)
機密情報　2.07(d)
機密情報の開示　2.09(a-b)
機密情報の共有　2.07(d), 2.09(b)
強化子としての金銭　10.15
強化子に対する選好　4.06
虚偽と、その対応　9.04(b-c), 9.05
虚偽、人を惑わす発言、公的発言　9.05
教育における行動の原理の使用　5.09
強化手続き　4.05, 5.08
共著者　10.21, 10.22
記録開示への同意　3.04
記録開示への文書による同意　3.04
記録とデータ　2.12
記録の保持　2.08
記録の保持と処分　2.08
クライエント代理人　3.05
クライエント代理人と記録の開示　3.04
クライエントの記録の開示　3.04
クライエントの権利　2.06(a-d), 2.07(a-d)
クライエントの好ましからざる行為　2.16(d)
クライエントの後見人、代理人　3.03, 3.04, 3.05
クライエントの財政的制約　2.16(a)
クライエントの定義　2.01
クライエントの福祉　2.16(a-b)
クライエントの不服申し立ての権利　2.06
クライエントの妨害行為　2.16(d)
クライエントの利益、行動的支援の中断または終結　2.16
クライエントへの差別　1.05(c-e)
クライエントを受け入れる、その時期　2.02
クライエントを終結させる基準　4.12
クライエントを見捨てる　2.16(c)
訓練　5.11
訓練(適切な)　1.02(b)
訓練についての制約　5.02, 5.11
訓練の継続　1.03
研究　10.01(a-f)
研究からの離脱　10.04(a)
研究・業務の不当陳述や不当表示　10.01(f)
研究参加取り止め　10.10
研究参加者　1.06, 1.07, 2.07(d), 2.11(b),

付録B　BACBガイドラインの索引

10.01(b), 10.02(a), 10.05(b), 10.06, 10.08
研究参加者への説明　10.04(a)
研究参加者へのだまし　10.05(a-b)
研究参加者へのデブリーフィング　10.05(c), 10.11
研究参加に対する単位の提供　10.14
研究参加への辞退　10.04(a)
研究参加への謝礼の保留　10.16
研究参加への同意　10.13
研究所産の悪用・誤用の修正　10.01(f)
研究助成金審査委員の倫理　10.17
研究成果の省略　10.20
研究データの共有　10.06
研究データの使用　10.06
研究に関わる約束を守る　10.08
研究についての説明　10.04(a)
研究における危害　10.01(b)
研究におけるだまし　10.05(a-c)
研究に参加しない学生への代替活動　10.14
研究の影響力　10.01(c)
研究の規定　10.03
研究の結果　10.0(a)
研究発表　10.09, 10.21
研究方法の誤用に対する対抗制御　10.01(f)
研究を行う　10.0(a-e)
現在の科学的情報と専門職情報の水準の維持　1.03
原著者　10.20
公共の場での情報　10.02
公共の場での講義　9.03, 9.06, 10.06
講座の要件を明確に説明する　5.04
講座の目標　5.03
講座の明確な目標　5.03
公的発言　9.03
行動規範への意識、非倫理的行為としての責任が問われる　7.03
行動系の代替選択肢　9.01
行動査定　3.0(a-d)
行動査定の同意　3.01
行動査定の実施　3.0(a-b)
行動的介入が不可能な環境条件　4.02, 4.03
行動的研究　10.0(a-e)
行動的研究の慣例　10.01(a)
行動的助手　3.0(d)

行動と環境の相互の関わり　6.02
行動プログラム設計の前分析　6.02
行動プログラムの基準と条件　4.0
行動プログラムの制約　3.0
行動の科学の慣例　10.01(a)
行動の原理を用いる　5.09
行動分析の価値感を高める　7.01
行動分析学一般の有効性の主張を強調する　10.01(e)
行動分析学が与える否定的影響　10.01(b)
行動分析学についてのコメント　9.06
行動分析学の発展　9.01, 9.02
行動分析学の普及　7.02
行動分析家としての信用　9.05
行動分析家の経験レベル　2.02
行動分析家の私的問題　1.05(f)
行動分析家の準備　6.03
行動分析家のスキルレベル　1.02, 1.03, 2.02, 3.0(d)
行動分析家の病気　2.16(a)
行動分析家の必要条件　7.0
行動分析家への不服・苦情申し立て　2.06(d)
行動分析家への料金支払い　2.13, 2.14, 2.15
行動レパートリー、研修者　5.10
広報(公的発言)　9.03
個々人についての予測　3.0(c)
ここに示すガイドラインの遵守　6.06
個々の行動　10.01(a)
コンサルテーション　2.04

● さ行

最小制約手続き　4.10
サービス提供の財政的制約　2.13(b), 2.16(a)
サービスの一時中断　2.16(a)
サービスの一時中断または終結前　2.16

(c-d)
サービスの終結　2.16
搾取　1.07
査定からの勧告　3.0(a-b)
査定技法の制約　3.0
査定結果の説明　3.03
査定についての文書による同意　3.01
参加者に対する研究代替活動　10.14
参加者の権利　10.09
参加者への支払い　10.15
参加者へのデブリーフィング　10.11,10.12
資格試験でごまかす　懲戒処分手順を参照
資格証明書　2.02, 2.06(b), 9.05
資格のない人々　7.04
資格のない人による虚偽の陳述　7.04
資格を持たない実践家　7.04
仕事に関連する行動分析学　1.05(b)
実験的分析と機能査定　3.02
実行、実践を不可能にする環境条件　4.02, 4.03
施設内研究審査委員会(Institutional Review Board)　10.0(e), 10.17
謝意　10.21
社会福祉の発展　9.0
弱化　4.05
従業員にとって利益となる介入　6.04
従業員の健康　6.05
従業員の健康と福祉の増進　6.05
従業員の福祉　6.05
従業員の利益　6.04, 6.05
従業員や被訓練者の訓練　5.0, 5.11
終結基準の達成　4.12
重大な過失、著しい怠慢　懲戒手順を参照のこと
州や全米レベルの会合に出席する　7.01
主著者　10.22
出版、出版のための貢献　10.22
守秘義務　2.07
守秘義務の保持　2.07(a-d)
照会、それがなされる時　1.05(c), 2.04(a), 2.15, 5.10
証言広告　9.07

証言広告を求める　9.07
情報の不正使用　3.0(b)
処遇の制約条件　4.01
処遇の有効性　2.10(a-d)
処遇への妨げ　4.03
食物強化子　4.06
職務上の義務　6.01
書面で説明されるプログラムの目的　3.05
事例の負担　2.16(d), 6.06
審査委員の倫理　10.17
人権委員会　10.15
身体的危害　10.01(b)
スタッフとの関係における制約条件　2.06(c), 3.01
スーパーバイジーの訓練レパートリー　5.10, 5.11
スーパーバイジーの要件　5.10
(必須の)スーパービジョン 1.02(a-b), 1.05(c), 3.0(d)
スーパービジョンが必要な場合1.02(b), 1.05(a-c), 3.0(d)
制約の訓練　5.0
性的関係　1.07(b)
正の強化の使用　5.08
制約、制約のある手続き　4.10
セッティング事象と機能査定　3.02(b)
セッティングは適切でなければならない　3.01, 3.02, 4.01
説明責任　2.11(a-b)
説明のために使われる言葉　3.03
責任の委任　5.0
専門家としての責任　9.04(a)
専門家(他の)への照会　2.15
専門職活動　1.03
専門的、科学的業績を文書にする　2.11(a-c)
専門的なサービスの宣言　2.14
訴訟手続き　2.11(b)
組織行動マネジメント(パフォーマンス・マネジメント)　9.08
組織体との対立の解決　6.06
組織体の要求　6.06
測定可能な基準　4.11

付録B　BACB ガイドラインの索引

● た行

代替行動　4.05
代替処遇　2.10(c)
代替処遇の再検討　2.10(c)
第三者からのサービスの依頼　2.05(a-b)
怠慢　懲戒手順を参照のこと
対面による勧誘　9.08
多重関係　1.06(a-c)
他の介入方法の評価　2.10(c), 4.0
他の専門家への礼儀　1.0, 2.04(b)
他の専門家との協力　2.04(b), 4.02
他の手続きや方法に代わる代替選択肢　9.01, 9.02
食べ物強化子　4.06
単一参加者実験計画の研究　10.01(a)
チームのおける作業の制約条件　2.06(c), 3.01
懲戒手順　BACB.com Web site の "Disciplinary Standards（懲戒処分手続き）" を参照
直接観察と機能査定　3.02
データ収集、ベースライン　3.02(a), 4.07
データに基づく決定　2.10(a), 4.08
データに基づくプログラムの修正　4.08
データの誤りの修正　10.19
データの共有（他者との）　10.24
データの再発表　10.23
データの説明　2.07(d), 2.12
データのねつ造　10.19
データの発表　10.09
データの発表（すでに発表したデータの発表）　10.23
データの保管　2.12
データの間違いへの対処　10.19
データやスキルの乱用　10.01
データを改ざんする　10.19
データを使わせない　10.24
適切な説明　3.03
手数料の分割　2.15
テレビジョン　9.06
特別な単位、謝礼　10.14, 10.15, 10.16
動物研究　10.18
動物の人道的扱い　10.18
動物を使った研究　10.0, 10.18
同僚への指導　8.0, 8.01, 9.0, 9.01, 9.02
同僚へのフィードバック　8.01

● な行

内部情報　10.19
仲間による倫理違反　8.01
仲間による倫理違反との遭遇　8.01
二重関係　1.06, 1.07, 2.13
二重関係を引き起こす贈り物　1.07(c)
能力　1.02(a-b)
能力の境界内　1.02(a-b)

● は行

パフォーマンス・マネジメント（組織行動マネジメント）　9.08
パフォーマンス・マネジメント・マーケティング　9.08
ハラスメント、嫌がらせ　1.07(b)
パンフレット　9.03(b)
非行動系の仲間　8.01
人を対象にした研究の委員会　10.0(d), 10.01(d)
人を対象にした研究　10.0
秘密情報を使用することへの同意　10.02(a)
秘密情報を使用するときの承認　10.02
秘密情報の公共媒体開示　10.02
評価的言明　3.0(a)
剽窃　10.20
物々交換　1.07(c)
プライバシー　2.07(c)
プログラムが効果的になるのに必要な環境条件　4.01
プログラムの実施　4.04
プログラムの実施の妨げとなる環境条件　4.02, 4.03
プログラム終結基準の設定　4.11
プログラムの修正　4.08, 4.09
プログラムの修正の説明　4.09
プログラムの設計　4.0, 6.02
プログラムの設計前のデータ収集　3.0
プログラムの同意を得る　4.04, 4.09

プログラムの目的の説明　3.05
プログラムの有効性　4.01
プログラムへの同意　4.0, 4.09
文章上での秘密情報の開示　10.02(a)
平易な言葉を使った説明　3.03
ベースライン　3.02(a)
ベースラインをとる　3.02(a), 4.07
報酬　1.05(a)
法的にインフォームドコンセントを与え
　　ることができない人　10.04(b)
法律と規則に従う　10.03
法律に従う　10.03
他の学問分野が提供する処遇、査定　2.10
　　(c), 4.0

● ま行
マーケッティング　9.04(a, b, d), 9.08
招かれざる勧誘　9.08
無資格の個人　3.0(d)
矛盾する役割　2.05(b), 2.15
メディアを介してのアドバイス　9.06
メディアを利用したサービス　9.06(b)
メディアを利用したプレゼンテーション
　　9.06(a)
免許取得　1.03
面接と機能査定　3.02(b)
最も有効な処遇、最も効果的な治療手続
　　き　2.10

● や行
有害な強化子　4.06
有効な処遇　2.10(b)
有効な処遇を受ける権利　2.10(b)
有料の広告　9.03(d)

● ら行
ラジオ　9.06
理解できる基準　4.11
利害の衝突　1.06
リスク便益分析　3.05
料金　2.13, 2.13(a), 2.15
料金支払人への報告　21.4
料金請求明細書　2.14

料金設定　2.13(a-b), 2.14, 2.15
料金体系　2.13, 2.14, 2.15
料金の不当表示　2.14
料金の分割　2.15
臨床研究　10.0(d)
倫理違反　8.01
倫理違反に対する非公式の解決　8.01
倫理的ではない同僚　8.01
倫理的な研究　10.0(c)
連邦動物福祉法　10.18
録音に対する許可　2.06(c)

付録C

行動分析家のための50の倫理シナリオ

使い方

　シナリオをひとつひとつ注意深く読むこと。それぞれのシナリオは臨床場面で活動している行動分析家が経験した実際の場面に基づいている。筆者は、シナリオ中のキーワードやキーとなるフレーズにまず蛍光ペンでマークすることをお薦めする。次に行動分析士資格認定協会（BACB）のガイドラインを参照しながら、マークした個々のキーとなる部分にコード番号を書き入れて「原理」に基づいて自分の言葉でどんな倫理的原理が含まれているかを指摘する。注意してほしいのは、個々のシナリオに3つから4つの原理が含まれていることである。そして最後に、含まれている全ての倫理の原理を見直した上で、どのようなステップを取ればガイドラインに従うことになるかを指摘する。個々のシナリオには複数のコード番号と原理が含まれるかもしれない。個々のシナリオについて、以下に回答すること。

・コード番号
・原理
・対応方法

練習シナリオ

1. 私は応用行動分析（ABA）プログラムのスーパーバイザーである。私は多くの介入を確かに必要とする一人の未就学児童と関わっている。その子の家族はさまざまなアプローチ（例えば、フロアタイム、グルテン除去やその他の食事療法、感覚統合）を組み合わせることにこだわっている。このために ABA に使うことのできる時間が 10 時間になってしまっている。これでは十分な時間と言えないと感じているのだが、これまでのところご両親をうまく説得できないでいる。私はこの子に私たちの ABA プログラムをやめてもらうべきなのだろうか、それとも十分ではないと考えていても介入を行うべきなのだろうか。

2. 証言広告を利用することは常に倫理的でないのだろうか。親がこの情報を、あなたが知らないうちにまた許可なく、クライエントになるかもしれない誰かと共有するとしたらどうだろう。

3. ある行動分析家に、倫理的でないと考えられることを行っていると指摘して、その行動分析家があなたの言うことに同意しなかったり、そこで起こっていることを否定したりしたら、あなたはどうすればよいだろうか。

4. ケヴィンは自分の親や先生からの注目を得ようとしたときに自分の頭を打ち続けている。これまでに以下のようなアプローチが行われてきた。作業療法士によって薦められた感覚統合、圧迫、関節圧縮マッサージ、そしてトランポリンでの跳びはね。ケヴィンはそれでも頭を打ち続けている。手話が言語療法士によって薦められたが、ケヴィンにはいくつかのサインの弁別ができなくて、頭を打ち続けている。理学療法士はヘルメットの着用を薦めてきた。ケヴィンはヘルメットをかぶっても頭を打ち続けて、さらに自分の指を噛み始めてしまった。行動の専門家は、これまでの介入や薬物療法の全てを見直したうえで、ショック療法を薦めた。この時点で嫌悪的なやり方を採用するのは倫理的なのだろうか。薬物療法やショック療法を考えるまでに、どれくらい長く介入を続けるべきなのだろう。

5. 私たちは常に、科学的に効果があると実証された最善の実践を用いる義務が例外なくあるのだろうか。もしチーム（例えば、学校の個別教育計画（IEP）チーム）の一員で、そのチームが、あなたが助言しても研究で支持されていないアプローチを使うことで同意したらどうだろうか。

6. あるABAのコンサルタントはある自閉症児とその家族のコンサルティングを行ってきた。その子どもが3才近くなってきたので、早期介入プログラムの先生と学区との間で移行の話し合いがもたれている。話し合いは、双方が持っている情報を共有することで気持ちよく始まった。しかしながら、ABAのコンサルタントと家族が学区からの参加者に対して実際に敵対的になり、誰からともなく言語な攻撃が始まると、話し合いの中で明らかになっていったのは、コンサルタントがその学区を子どもに細心の関心を払うことにほとんどあるいは全く興味のない敵と見なしていることであった。学区の人がABAのことをここではじめて知ったために、ABAの印象が、はじめから肯定的なものではないといえるのかもしれない。これが、（これから20年くらいの間関わることになる）学区についての親の認識と共に、ABAについての学校側の認識を損なうことはないだろうか。そして実際に、子どもに細心の関心を払うことから注意を逸らすことにならないだろうか。これが学区と関わる際の典型的な手続きなのだろうか。

7. 教育分野の専門家として、私たちは関わっている子どもたちがプライバシーの権利を持っていることを、そして彼らの報告が秘密と考えられることを、しばしば忘れてしまう傾向がある。家族の同意なく子どもの記録について相談することは適切でないと、別の専門家にうまく説明するにはどうすればよいだろうか。

8. 行動介入やあなたの情報提供が彼らの子どもたちに与える望ましい影響を絶えず妨害しようとする人が家族の一人にいたとしたら、あなたならどうするだろう。とりわけ、一方の親がデータを収集することや誠実なフィードバックをあなたに提供することを拒んで、少なくとも頼まれたことを試みようとしているもう一方の親を励まさなかったり支持したりしなかった

としたらどうするだろう。こうした非協力的な親は自分たちの子どもには何も悪いところはない、またこの介入は時間の無駄だと思っている。この子どものためにあなたと協力的な親がしようとしていることを、もう一人の好戦的な親に協力してもらうように説得するために、あなたがこの家族の議論にどの程度まで立ち入ることが、倫理的に許されるのだろう。このケースを終わらせることは可能なオプションのひとつなのだろうか。

9. 訪問型のサービスを提供することは、学校やオフィス状況では生じないような、数多くの倫理的なまたボーダーラインの問題を治療者に引き起こす。ある家庭で働くことは、家族はあなたを家族の「個人的な空間」に連れてくることである。加えて、誰かの子どもと関わっていれば、両親は子どもたちをよくしてくれると信じている治療者に強い愛着を抱くようになる。私はこれまでに何人もの同僚たちが、関わっている子どもの母親と「友だち関係」になったのを目にしてきた。こうした関係は全く無防備なままに始まる。ふつうに食料品店に車で出かけたり、たぶん治療者と母親が買い物について話したりして、わずか2～3回のセッションもしないうちに一緒にランチに出かけてショッピングモールで1日を過ごす計画を立てたりする。こうした計画には子どもが含まれていることもあれば二人だけのこともある。訪問型の治療は非常にきわどいもので、適切なスーパーバイズがなければ、また適切な訓練を受けたスタッフがいなければ、子どもへの介入を危うくしてしまうと共にその親を不適切な態度に引き込んでしまう不適切な関係になってしまう機会は数多い。私が現実に疑問に思うのは、在宅型のサービスにおいて治療者と親の間の境界線をはっきりさせようという要請である。子どもと関わる時と在宅環境で関わる時とで二重の関係のルールに何か安心できるような基準はないのだろうか。

10. 行動コンサルタントである私が要請を受けることが多いのは、支援機関や学校が家族ともめている場合や、行動の問題を抱える子どもを援助するために何をすべきかについて論争している場合である。支援機関や学校は私のサービスにかかる費用を援助し、私がその子どもと新たに関わる場面を準備する組織である。私がその子どもを観察したり自分で集めたデータを

分析したりすると、私にはそれまでの介入が十分に考えられたものではなくまた主として単にそこにあるものに反応しただけのものであると強く考えるようになることがある。実際、それまでの介入によって事態を悪化させていることもある。しばしば、私は家族から率直にその子どもの行動の原因やそれまでの介入についての意見を求められることがあった。自分の信念を共有すれば、支援機関や学校を敢えて遠ざけたり、おそらくは家族に子どもと関わってきた人たちに対する信頼を失う理由を敢えて伝えてしまうことになると知りながら、私はどうすればその問いに倫理的に答えるのだろう。

11. クライエントは19才の女子高校生（軽度の知的障害と診断されている）である。彼女には性的虐待の過去があり、コカインを常用する母親から生まれている。先月には彼女がスクールバスに乗らずに学校に歩いて通っていることが見つかるという出来事があった。問題なのは彼女が男と会って男の家の前庭で性的な行為に及んでいたということである。その時点で彼らは、安全なセックスについて、ある成人女性に彼女に話しをしてもらった。私のスーパーバイザーは彼女にコンドームを準備してモーテルに行くお金を持たせてはどうかと話す。グループホームのマネージャーは彼女には自分のベッドでセックスしてもよいと話していた。しかし、そこには養子もいて、また別の問題を引き起こすかもしれない。私は代替行動として彼女にモーテルに行かせることに賛成できない。彼女に知らない男とセックスするようにと言うべきではないと考える。彼女は過去に家に知らない男を招き入れたことがあった。私は彼女に相応しい代替行動を思いつけずにいる。彼女には十分なコミュニケーションのスキルもあり学校での成績もよいのである。

第2版で加えられたケース

12. ある認定行動分析士（BCBA）は、自閉症の3才男児のABA教育プログラムを半年間にわたってスーパーバイズしている。その子の両親は最近長く辛い離婚を経験した。彼女は子どもの親権と治療の継続を審査するために証人として召喚された。彼女は訪問時にのみ母親と関わりを持ち、母親

の視点からしか家庭の状況を知らない。ペアレントトレーニングを継続しているにも関わらず、母親は子どもをマネジすることに関しては十分なスキルを持っていない。父親と彼の新しい恋人は親権を望んでいるが、在宅でのABAのプログラムも治療者も望んでいない。彼女はABAのプログラムは必須であると考えているが、父親と会ったのは一度きりで、親権についてコメントしたり推薦したりすることは快く感じていない。彼女はどちらの親がその子どもにとってより望ましい家庭を準備できるかについて質問されることになると言われていた。

13. 私の地域に、ことあるごとに自分はよく知られている行動分析家に「訓練」を受けたと主張する認定行動分析士がいる。私は、誰かに「訓練」を受けたというのは一定期間その人の学生であったとかその人の近くで働いていたことを意味すると考えている。その女性は、聴衆の一人として参加した会議に出かければ、よく知られた行動分析家に「訓練」されたと言うのである。研究計画についてその分野の主導的な人物からメールを通じて一度アドバイスを受けただけで、その人のことを自分の「指導の先生」だったと話している。私は本当にこれが嫌で、彼女は家族や他の専門家に自分について誤解を与えていると思う。これらのよく知られた人たちの誰かにメールで彼女が喋っていることを伝えて、彼女にした「訓練」について尋ねるのは倫理的と言えないのだろうか。もしあなたがこのやり方を望まないとしたら、あなたはどのようにこの問題を扱うだろう。

14. 私たちの地域に、自閉症児サービスをすることで学区や他の支援団体に多額のお金を、つまり高額を請求するという意味で、ふっかける認定行動分析士がいる。彼は単なる認定行動分析士でなく「言語行動の行動分析士」として国から認定されている我が国では数少ない行動分析家の一人であると人々に話している。この件について私は何をすべきだろう。私は彼とお近づきになりたくはないし、誰か他の人にお願いできたらと思っている。

15. ある認定行動分析士は子どもを学校に行かせないで家庭で教育している母親と関わっている。その子は6才の自閉症の男の子である。その認定行動

分析士は機能分析を済ませてその子のターゲット行動の制御変数を見つけ出した。認定行動分析士の意見では、ベースラインデータを取るためのデータ収集の最善の方法では母親が毎日参加する必要がある。データ収集のやり方はわかりやすいし、またデータをつけるのも容易である。しかしながら、その母親はいくら認定行動分析士が促しても彼女を強化しようとしても、データを取ってくれない。この子どもには本当に支援が必要なのだが、データがなければ治療を準備することは難しい。この認定行動分析士はサービスを止めてしまうべきだろうか。

16. あなたが何カ月も支払いを受けていないことで行動サービスを終結することに関する倫理とは何だろうか。私の地域ではこのようなことが頻繁に起こっている。あるクライエントとは10月に関わり始めた。今はもう3月なのだが、一度も小切手を受け取ったことはない。サポートコーディネーターに連絡したら、支払いのシステムが遅れることがあると言うだけである。この地域の誰もが考えているのは、私たちにはサービスを提供する倫理的な義務があり、支払いがないからといってクライエントを終結できないということである。どこかの誰かの机に上に、私たちの行動分析の明細書が積み上げられているのではと思っているところである。私たちのクライエントには「治療を受ける権利」がある。私たちには「支払いを受ける権利」があるだろうか。

17. 私は30才になる男性クライエントに関わっている認定行動分析士である。そのクライエントは大きな施設から64床の地域の施設に移ってきた。彼はタバコを欲しがって危険なくらいに攻撃的になる。彼の行動プログラムの一部として、私は割り当てられた本数のタバコを1日の中で比較的短めの喫煙間隔になるようにスケジュールした。スタッフは施設の管理者のところに行き、クライエントのタバコを1日中管理する時間はないと話した。管理者はスタッフの言うことに耳を傾けて、朝の間に全部のタバコを、その人がタバコを吸ってよい時間を示した小さな図と一緒に渡すように指示した。これが彼の攻撃性を高めてしまった。というのは、彼は時間割を無視して受け取るとすぐに全部のタバコを吸ってしまうのである。そして1

日中かんしゃくを起こして、もっとタバコをくれと要求するのである。私はここで働き続けたいのだが、そのオフィスには行かないし彼の予算で働かないと管理者に話してもよいと思っている。つまり、彼は私の行動プログラムを勝手に改ざんすべきではないのである。私は管理者に彼の行いが倫理的でないこと、そして強い行動の問題を増やしてしまったことを理解させるためにどう言えばよいのだろう。

18. 私が認定行動分析士のサービスを提供しているうちのひとつの学校から、教室内でいくつもの行動の問題を抱えている10才の女の子へのサービス提供の要請があった。彼女はいうことを聞かない子で（教師が指示したことをしようとしない）、頻繁に課題とは関係ないことをしたり席を離れたり、また運動場では他の生徒たちに悪態をついたり、そして教室で課題を仕上げないことが続いていた。その子の両親は臨床心理士のところに子どもを連れて行っている。その臨床心理士は教室内での様子を一度も見ていないにも関わらず、教師が使う「ポイントシート」をこしらえた。私はサービスの提供を受け入れた後になって、X博士が考案したポイントシートを使って行動プランを立てるように頼まれたのである。というのは、その臨床心理士は子どもとずいぶん長い時間を過ごしており、両親は彼女のことを信頼して彼女が治療の中心となることを望んでおり、さらに彼女はそのコミュニティーではとても名が通っているからである。実際は、ポイントシートには効果がなく、子どもの行動はますます悪くなっている。私は新任の認定行動分析士であり、訳知りのように自分を見せるのも嫌なのだが、自分で行動プランを立てることができなければならないと考えている。何かアドバイスをもらえないだろうか。

19. 私が想像するに、倫理の疑問を投げかける人はほとんどが認定行動分析士や認定行動分析士補である。私の場合は少しばかり異なっていて、クライエントへの行動サービスを認可する責任を担っている専門家である。時々、相当な量の行動サービスを頼まれることがある。コンサルタントは「サービスの事前承認」を要求してくる。つまり私は仕事が実際になされる前に何時間分かの支払いを頼まれるのである。これが標準的なやり方である。

付録C　50の倫理シナリオ

直近の例では、私はクライエントのことをよく知っていた。そのクライエントは行動の問題を過去に抱えていたことのある成人男性だった。その男性と関わったことのある他の専門家によれば、その行動の問題は現時点ではコントロールできているとのことである。私は、コンサルティング時間を承認するように頼んできたその行動分析家にもう少し情報をもらえるようにお願いした。その結果得られたものは、問題行動が生じたときに従うべきガイドラインが書かれた1ページの書類だった。そこにはデータが示されていなかった。その行動分析家は彼の「ガイドライン」に加えてノートに、このクライエントは何年も過ごしていた施設から地域に出てきたために、移行に関連した問題が生じるかもしれないということと、行動サービスが現時点で必要であるということが記されていた。

20. 私が行動サービスを提供しているメディケイド[16]適用除外機関（ウェイバー）は、クライエントに実施されていなかった行動サービスについて金額を請求していた。これが最初のことではなかったことから、残念ながら、たぶんこれは単なるミスではない。私の倫理的な葛藤は、家族が絶対に必要としていた別のサービスは実際に提供されており、そしてその家族は機関に報告していなかったのである。家族としてみれば、これまでには得られなかった最善の個人的なケアを提供する人を失いたくはなかった。これは帳尻があっているのだろうか。その家族と子どもは実際にその個人的なケアを提供する人を必要としていたのである。私がこのことを報告しなかったからといって問題とされることがあり得るのだろうか。そして私はこのことを誰にそしてどのように報告するかについてもわからないのである。

21. 時に、失敗しそうなことがとてもはっきりしていることがある。正しいことを行いたいのだけれども、気が進まない。これまでに全く言語を持たない重度の自閉児のケースを持つように頼まれたことがあった。彼女はそれまで一度もサービスを受けたことがなかった。その子は6才。パンツを濡らしてはかんしゃくを起こしている。嫌いな食べ物は投げつける。両親が夜にベッドに寝かせようとすると金切り声を上げて泣く。保険会社は週に

訳註16　連邦と州が負担し、州が運営する低所得者向け医療費補助制度。

２時間の行動サービスに必要な保険金を支払うと言っている。私はそれでは何も変化は起こらないだろうと感じている。両親は、どんなレベルのサービスでも欲していると文字通り泣きながら望んでいる状態である。このところ、このケースと関わっているサービスコーディネーターは、両親と同意した。彼女は「それが何であっても何もないよりはマシ」と話している。

22. 私の住んでいるところでは、自閉症の分野で仕事をしている多くの認定行動分析士が、効果的ではない、あるいは研究に基づいていない介入方法を奨励している。例をあげるなら、カゼイン[17]除去食事療法、必須脂肪酸療法、ファシリテイティッド・コミュニケーション、聴覚統合訓練、感覚統合訓練、セクレチン療法[18]、ビタミンＡ、Ｂ６、Ｃ多投与、キレート療法[19]など。これらの認定行動分析士が言うには、「ただ、子どもの親たちと言い争いたくない、彼らはこうしたことを試したがるし、これらと行動的なサービスの両方にお金も喜んで払うし。何も害が無くて自分のプログラムがちゃんと走っている限りは、倫理的な問題があるとは思わない」というのである。

23. 地域の行動分析士のグループは、季節ごとに、継続した教育発表会とその後に仲間内での夕食会を開いている。私たちのグループの一人は大きなコンサルティング会社の経営者である。最近の食事会で、彼は新しいホームページに載せるための写真を撮るために土曜日の午前中にクライエントの親に会社にきてもらうと言った。「自分たちが子どもたちにしているすばらしいことについて、親御さん一人ひとりに話してもらうことになっている」と話した。食事会の席にいた一人が、行動分析家は証言広告を求めないはずだと彼に言った。彼の反応は、医者も、歯医者も、みんなそうしているし、親が参加しないことを選べるようにしていれば何も問題はないというものだった。彼は間違っているのだろうか。証言広告を求めても構わないような状況があるのだろうか。彼は、自分がしていることは、ガイド

訳註17 ミルクに多量に含まれるタンパク質。
訳註18 十二指腸粘膜の細胞が分泌する消化管ホルモンであるセクレチンを投与することによる療法。
訳註19 キレート試薬（体内の有害な重金属を除去するのに用いられる金属と化合してキレート環を形成する化合物）を用いることによる療法。

ラインが証言広告について指摘しているようなものではないと言うのだけれど。

24. 私が新たな認定行動分析士として着任したある学校に行動のさまざまな問題を抱えている子どもがいる。私は行動のコントロールのための薬物療法が彼には必要であると思っている。私はその子の査定をするように頼まれた。校長に、機能分析から始めて医療の精密検査をお薦めします、と話した。校長が言うには、「私たちはただ、あの子にここから出て行ってもらうことだけが必要なの。あなたにはあの子がうちの学校のようなところだとマネジできなくて特別支援プログラムが必要であるという報告を書いてもらいたいの」。校長は心を決めていて、彼女のやり方を本当はどう思っているか話したら私はこの学校でもう働けなくなるのではないかと思った。

25. 私たちの学区に、重度の発達障害を持つ、養子にもらわれた12才の男の子がいる。このクライエントは歩くことができて、夜間の徘徊がある。台所に入っていって夜食を作ろうとしてナイフを手にしたり、時には外に出ていって夜中に道まで歩いて行ったりしたこともあった。養母の隣の人がある日、夜中の3時に電話をかけてきて、その男の子が下着のままで通りを歩いていたと知らせてくれた。隣の人は犬が吠えたので目が覚めて、窓からどうしたのかと外を覗いてみたのである。そして、今のところ、その子の安全のために、彼の「治療」は眠るときの「檻」である。それは施設で使うような古いベビーベッドのようなもので、鍵がかけられるので彼が出て行くことができないようになっている。ある認定行動分析士がこの介入に関わることになった。クライエントの安全のために使われる限り、このようなものは構わないのだろうか。

26. 私は、ガイドラインにクライエントからの贈り物やもてなしを受けてはならない、そしてクライエントに贈り物（例えば食事）をあげてはならないと書かれていることを知っている。私は、これが長い目で見たときに、そうすることで望ましくない状況を招きかねないためだと理解している。しかし、ときにはそうしても大丈夫と考えられるような場合もごくわずかに

ある。ガイドラインは本当に「ガイドライン」であってルールではないのだろうか。取り上げてみると、私のケースのひとつでは、就学前の子どものいる家庭で仕事をしている。この家庭は貧しくて母親は車いすで生活している。時々だが、夕食の前後に訪問するときに、私がハンバーガー、ピザやサンドイッチといったものを持参してあげると、母親は夕食の準備をする必要がなくなる。私はそのことが母親と私とのつながりを強めるのに役立っていると感じている。加えて、彼女が料理をする必要なく夕食に取りかかれるとすると、セラピーセッション中に私や子どもとより長い時間を過ごせる。私はそうすべきでないと、誰かから聞いた。結果をきちんと見るべきで、もし食べ物や贈り物が高価なものでなく、誰一人として誰かに恩義を感じるようなものでなければ、私は許されるだろうと考えている。もし母親が「今度はステーキか何か持って来てくれる」とか言い出したなら、思っていることとずいぶん違ったことになるだろうけれど。

27. 私の行動分析家としてのカウンセリングの仕事で、メディケイド適用除外サービスを受けている利用者に関わってきた。最近、そのサービスの承認過程にちょっとした問題があった。というのは、私のカウンセリングの時間が書面で承認されなかったのである。書面での承認が得られなくても、私はそれでも行動分析を提供して見過ごすべきなのだろうか。その答えは明らかなイエスであろうことはわかっているが、法律的にはルールとして私がカウンセリングをしても前もって承認を受けていなければ、その機関は私に支払いの義務は生じないのである。

28. サービス料金の支払いを行う第三者は、行動分析家を雇って別の行動分析家が提供している行動プログラムのチェックをし始めた。これは行動プログラムのチェックに心理学者や会計士を雇うよりはましだが、行動プログラムのチェックをするために雇われた行動分析家は倫理的ではないのではなかろうか。なぜなら彼らはクライエントを観察したり、データを見たりといったことをしないままに意思決定をするのだから。

29. 私は家庭でも学校でも発達的な問題を抱えているクライエントと関わって

いる。私たちの地域には、クライエントに直接会いもしないで罰手続きの導入を頻繁に薦めてくる行動コンサルタントがいる。この専門家はクライエントが行動的な問題を持っていると認定行動分析士補である学校のスタッフから聞いているのであるが、彼自身はその子どもに関わったことも観察したこともなかった。私ははっきりとこれが倫理的ではないと確信しているのだが、私は彼のスーパーバイザーでもないし、彼と同じ組織で働いているわけでもなく、また私は単なる認定行動分析士補にすぎない。私がこのことで何かすべきなのだろうか。

30. ある認定行動分析士は、方法論的に重大な問題があるとわかっている研究の主導的な著者である別領域の人と仕事をしている。その論文の別の著者はその発見を撤回している。この著者は、論文が発表されたときには明らかにされていなかった論点に重大な矛盾を指摘されて、科学的な不正行為のために取り調べを受けている。にもかかわらず、その認定行動分析士は自閉症と治療の科学的に検証されていない因果論についてのその著者の実体のない理論を推進し続けている。

31. 私は州の予算でまかなわれているプログラムで働いている認定行動分析士である。問題は、一緒に働いている認定行動分析士補のこと、そして彼女とあるクライエントとの関係である。クライエントは依存的な性格で介護の仕事をしている。二人の関係は性的ではないが、一番の友だちになっている。この認定行動分析士補はクライエントを毎週のように自宅に招いている。私は同僚から、彼女がこのプログラムの仕事から離れた後、このクライエントとの個人的な関係を続けるのは適当なのかどうかと尋ねられた。私は彼女が仕事を辞めた時点で彼女は関係を断って、かつての自分のクライエントを友人として扱わないようにすべきだろうと答えた。私がはっきりさせたいのは、そのクライエントが無理して彼女との関係に入っているのではないということである。私はそうなるかどうかクライエントを追跡すべきだろうか、それとも二人の女性が仕事上でのつながりがなくなってしまえば友人でありつづけてもよいものなのだろうか。

32. 私たちは８才になる注意欠陥多動性障害と診断されたクライアントと関わっている。彼女の両親によれば、この少女には「嘘つき」だった過去があるという。私たちの治療センターではそのような行動をまだ見かけていない。きのう、彼女がスタッフの二人に、ちょっと前にお父さんと家で馬鹿騒ぎをしていて、お父さんに強く手首を握られて気を失ってしまったと話した。彼女が言うには、その後夕食も取らないでベッドに入れさせられたとのことである。このクライアントは、父親が手首を「マジで強く」握るのは前にもあったというのである。私たちがその痕を見たことはないのだけれど。私はこれら全てを臨床ファイルの記録に残した。私はこの出来事をフロリダ虐待ホットラインに報告する必要があるのだろうか、それともまず両親に話して彼らからも話を聞くべきなのだろうか。これがお話をでっち上げた一人の女の子のひとつの出来事に過ぎないのなら、私はホットラインを煩わせたくないのである。

33. 学部生だったときに私は自閉症の子どもの教室で実習する機会を与えられた。基本的に、私は先生を助けるボランティアだったが、行動プログラムのどの側面に対しても責任はなかった。私は治療チームのミーティングを観察することを許された。この経験の全体に触発されて私は応用行動分析で修士の学位を取得しようと思ったのである。極めて多動な一人の生徒はうまく自分の目標を達成できずにいた。別の分野のセラピストが治療チームのミーティングにやってきて、その生徒には重しをつけたベストを着させることを薦めてきた。彼女は、そうすれば、彼が「集中、つまり、課題を学習し、行動の問題を低減し、そしてより早い学習をもたらす力」を促すことになるというのである。この治療家は弁舌巧みでユーモアのある人だった。全ての人が彼女に好意を抱いていた。私は彼女だったらエスキモーに雪玉だって売ることができるだろうと考えたのだが、その日にはこの考えをチーム全体に売ってしまったのである。私はこのやり方には全く賛成でなかった。私は学部のスーパーバイザーに後で報告したが、彼が言ったのは、「君は口をつぐんでいる必要があるね」であった。こうしたミーティングで私は一言も口にせず、そして件の重しをつけたベストはそれから少し後になって「治療」として導入された。それ以来、私はその子の効

果的な治療のために何も喋ろうとしなかったことに罪悪感を覚えてきた。私のスーパーバイザーが警告した後で、私にできることはなかったのだろうか。

34. 私の新しい仕事のひとつはクライエントの進歩の記録をつけることである。私はこれらの記録と自分のデータを、私がクライエントとどの地点にいるかを辿るために用いている。私のスーパーバイザーもこのノートを私が十分に効果的にケースを扱っているかどうかを判断するために用いている。あるクライエントが目標を達成すると、私はそれを自分のノートに書き留める。私は最近になってこのノートがクライエントの予算を継続する必要性を示すためにも使われていることに気付いた。私が誰かの助けになったことに興奮していると、経営陣は、私が「目標達成」「ケース終結」と書いたためにこのクライエントのための予算の流れが干上がってしまったと困っている。私のスーパーバイザーとの話し合いはとても困惑するものだった。というのは、私が指摘されたことは遠回しのようなやり方とでも言えるもので、クライエントが目標を達成したというのではなく、継続して取り組む新たな目標があることを示すとか、さらなる訓練が示唆されるといったことを私が示さなければならなかったからである。私はこれについて考えてからその翌日にはっきりさせるために戻った。自分がきちんと理解したいというそれだけの理由で。すなわち、その答えは「了解、その通りです」だった。私はここ2〜3カ月はこのやり方でやってきたが、私には正しいとは思えない。もしクライエントが目標に到達したなら、私にはそれはお祝いの種になるべきと思うし、私たちの援助を必要としている新たなクライエントと関わる機会となるべきと思う。私はここで何かを失おうとしているのだろうか。私がクライエントを終結させると予算が削減されて、組織に害が及ぶことになるのだろうか。

35. 私は子どもたちの家庭で行動サービスを提供している行動分析家のチームのスーパーバイザーである。あまり普通でない倫理問題が持ち上がっている。新しく資格を取得した認定行動分析士補の一人が、ある未就学児の家での仕事に割り振られた。その子どもは、荒れた地域に住んでいる。2回

目の訪問の後で、そのコンサルタントが私のオフィスにやってきて、あの家ではドラッグが使われているに違いないと言うのである。その子の母親は独り者で、報告によれば彼氏が頻繁に家にやってくるという。そのコンサルタントは、家の中でドラッグが使われているという証拠（ドラッグ使用や取引）を見て、その家に出かけるのは気が進まないと言うのである。私にはどうすればよいのかわからない。私は認定行動分析士協会のガイドラインをとても注意深く調べてみた。私の常識から得られるものと、ガイドラインから読めるものとがうまくかみ合わないのである。例えば、ガイドラインによればクライエントには効果的な治療を受ける権利があり、行動分析家はクライエントに何も残さないままにサービスを終結しないとある。私にどうすればよいかアドバイスをもらえないだろうか。

36. 私は認定行動分析士で、地域のピアレヴュー委員会（LRC）の一員でもある。LRCは私の地域のクライエントの行動プランをチェックしている。私は委員会のみんなとうまくいっている。ここで問題が生じた。委員会の長はこの地域の行動分析の会長でもある。私は彼女の計画をチェックして、コメントし、委員会が定めた日に私のレヴューを発表しなければならないのである。私には彼女の仕事が忙しすぎるか何かわからないが、彼女の立てたプログラムはとても効果が期待できるようなものではない。彼女が提案しているプロトコルは行動的なものではない。彼女はうまくやっているのだから、管理者の仕事をやっていればよいと思う。私の立場は些かやっかいなものである。なぜならこの人が私にケースを回してくれるのだし基本的に私が月にいくら稼げるかもコントロールしているのだから。私の彼はまだ法曹大学院生。彼は彼女にプログラムの質について強い調子で手紙を書けばと言う。委員会のまた別の人はプログラムをよくするために必要なちょっとしたヒントをそれとなく知らせたのだけれど、彼女はそれを無視してしまった。委員長は私たちの誰よりも素晴らしいプログラムを持っていると思う人がいるかもしれないが、彼女が訓練を受けたのは1980年代初期でもう今では通用しない。倫理的でそつのない解決をするために何かアイディアがないだろうか。

付録C　50の倫理シナリオ

37. 私は行動分析課程の学生である。まだ協会認定のレベルには届かないが認定行動分析士になりたいと思っている。学会にもいくつか出かけて、まだ十分に通じているわけではないが、ガイドラインについても知っている。子どもとの経験を得るために、私はクライエントと何人かの障害を抱えている子どもたちのいる私立のデイケアセンターで仕事をしている。センターに非常に多動な男の子がいる。彼はうまく話せないし、私たちも彼が何を言っているかがわからない。彼は自分の思い通りにならないと、唾をかけたり、かみつこうとしたり、蹴飛ばしたりする。時々は、スタッフのメンバーが彼によくしていても、どこかにいなくなったりすることもある。彼がよい子でいると先生が、ご褒美をあげたり、図表に星をつけたり、そしてタイムアウトも使うプログラムがある。私の気がかりというのは、先生の補助員の一人が、その子が彼女に唾をかけたり噛みつこうとしたりすると、その子をひっぱたくのを見たことである。ひっぱたかれたときに彼はちゃんとし始めてきちんと振る舞うのである。私は行動分析家が子どもを叩くのを許されていないことを知っている。しかしながら、ここは私立のデイケア施設であり、親たちも「必要ならお尻を叩いてください」と言っている。私がこの補助員のことを報告していないのはあるときこの子が私に唾を吐いたときに、耳をひっつかんでタイムアウトに連れて行ったことがあるから。その補助員は私にむかってちょっと笑い、彼女も私のことを報告しなかった。私はこれらのこと全てに神経質になり始めている。

38. 私はアシスタント行動分析家である。私は心理学の大学院に在籍しており、パートタイムで発達障害者のための施設で働いている。私は恵まれた状況にいて、一緒に大学院にいる何人かも同じコンサルティング会社で、同じ学校や施設で働いているのである。その一人は大学院の研究で私たちよりもずっと先に進んでいる。彼女は研究プロジェクトの仕事を続けていてもう何カ月もそのことについて私たちにも話してくれている。一人の教授がこの研究がうまくいってデータも十分ならば、簡単に雑誌に掲載されるような研究だと話していた。その人が私たちに彼女の研究の観察者になるようにと言ってきた。その研究が終わって、一緒にピザを食べビールを飲んでいたら、彼女は自慢げに教授が論文掲載の手伝いをしてくれると教えて

くれた。彼女は、自分の作った治療が研究に参加したクライエント全てに行動の劇的な改善をもたらしたことに教授が感心したのだと話した。「参加者3はどう」と私は尋ねた。私たちみんながこの参加者の行動が研究の間ずっと悪くなっていることを知っていたし、もう一人の参加者も同じだった。彼女はたまらないという表情になって、うまく行かなかった二人分のデータを破棄したことを認めた。「こんなことは研究では始終やられている。私は本当に論文を公表したいの。あんたたちもそれを傍観してきたじゃない。私は修了する必要があるの」

39. 私は行動分析家で、小学校の特別支援の3年生クラスに通う8才のジェイソンと関わっている。彼の家族はどこかの州からここに引っ越ししてきて、ジェイソンが私たちのクラスに通うのは今年がはじめである。公的な注意欠陥多動性障害（ADHD）の診断はないのだが、ジェイソンの1年目2年目の学校の記録には、彼は「多動」であると記されていた。この半年間、先生たちはジェイソンがしょっちゅう疲れていたりイライラしたりしているように見えることに気付いていた。体重が減っているにも関わらず、ジェイソンは食べ物をとてもほしがっているように見え、給食の列の先頭になろうとして他の子どもたちを突き飛ばしたり押しのけたりすることもしばしばである。学校は年度はじめに健康診断を要求してきた。私たちがジェイソンの母親に身体検査の結果を見せてくれるかどうか、ジェイソンの主治医と話すことを許可してくれるかどうかと尋ねたところ、彼女はダメだと言う。彼女はジェイソンの医療情報を共有しないし、ジェイソンはただ行動の問題があるだけで身体検査の必要はないと話すのである。ジェイソンが多動なのは医学的な理由があると私は強く感じているのだけれど、母親にそうしたことを要求し続けても倫理的なのだろうか。母親に「記録がなければ、ジェイソンは何もサービスを受けられなくなる」とは言えないのだろうか。あるいは、ジェイソンには「行動」の問題はないと考えて、私はこのケースから全面的に降りるべきなのだろうか。

40. 私は、成人の発達障害者のための施設で、パートタイムで働いている大学院生である。重度の行動問題について、クライエントは認定行動分析士の

サービスと行動プログラムが受けられる。行動サービスを受けていないクライエント全員には、しかしながら施設の介助員が彼ら独自の行動介入をしばしば施している。彼らはクライエントがあたかも自分の子どものようにそして自分たちが親のように振る舞っている。例えば、「(どんなことであれ) 望ましくないことをしたから、(予定されていた特別行事に) 行っちゃダメ」と言ったりする。しばしば、罰はそのよくない行動がどんなことであれ厳しすぎることもある。もし私が不満を言おうものなら、スタッフから無視されるリスクを冒すことになることがわかっている。もっと悪いことには、スタッフは私を嫌うようになるだろうし、私はここで働くことができなくなってしまうだろう。私はすでに少し仲間はずれにされていて、よそ者のように見られている。理由はと言えばスタッフは全員がここで20年以上働いているから。一度私がちょっと違うやり方でやろうとしたことがあって、そのときにはあるスタッフが私のことを誰かに話したのである。「あのちっこい女の子は自分の子どももいない、ここのクライエントを週に5日も見もしない、それで卒業すればすぐにいなくなってしまう」と。

41. 行動的にトレーニングされている特別支援巡回教師 (Special Education Itinerant Teacher; SEIT)[20] から。父親は、私のセッションが終わる頃に閉まる銀行に行かなくてはならなかった。彼は出かけている間、私に子どもと一緒にいるように望んだ。私は「できません、これは許されていないのです」と彼に言った。彼は懇願して「頼りにしているから。すぐ戻りますから」と言って出かけようとした。私はもう一度、「いいえ、そうすると規則に反してしまうのです。もし出かけなければならないなら私たちは早めにセッションを終わるようにします」。彼は「けっこう」と言い、私は自分の持ち物を持ってそこを離れた。その翌日、昨日の状況について話し合ったところ、彼は私を不愉快な状況に立たせてしまって申し訳ないと謝った。

42. 言語療法士から。お金は支払うので休日や学校が休みの日に追加セッショ

原註20　行動的介入を実施するための訓練を受けている特殊教育の教師。

ンをしてくれという親が沢山いた。また、休日や学校が休みの日をつけにしてセッションに使う親もいた。

43. ジェーンはSEITの教員で３才の女の子メアリー・Pに在宅行動サービスを提供している。学校の個別教育計画（IEP）の目標には他の子どもたちとメアリーが適切にやりとりすることの増加が含まれていた。P夫人は、ジェーンには３才の子どもがいることを知って、メアリーと遊ばせるために連れてきてほしいとジェーンに繰り返し頼んでいた。ジェーンはP夫人にそれはプロとしての仕事ではありませんと答えた。しかしながら、P夫人はメアリーが本当に他の子どもは誰も知らないこと、そしてメアリーには社会的スキルを練習する必要があることを話した。ジェーンがメアリーを未就学施設に入れてはどうかと指摘したところ、P夫人はうちにはそんな経済的余裕がないと答えた。ジェーンはしだいに、この家でプレイを頼まれることに居心地の悪さを感じるようになっていった。先週ジェーンはP夫人に、ベビーシッターがぎりぎりになって来られなくなったと、セッションのキャンセルの電話をかけた。P夫人はジェーンにそれならキャンセルしないで子どもを連れてくればいいと主張した。ジェーンはどうすればよいかわからなくなってしまった。

44. 同僚の一人は土曜日にはメーキャップをすればと家族からプレッシャーを受けていると話した。

45. 私たちのセラピストのもう一人、言語療法士は「おしゃべりキャシー」との評判である。それは彼女の性格であり、彼女が人と繋がるときのやり方なのだが、自分の私生活のことをクライエントにまくし立てるのである。これがジレンマなのだが、彼女はとっても面白くて、クライエントは彼女のばかばかしい生活のすごい話が本当に大好きなのである。私たちは止めさせた方がよいのだろうか。

46. ある親は、自分の子どもを早期介入から就学前特別支援委員会（Committee

on Preschool Special Education; CPSE)[21] に移行させようとしていて、移行にあたっては、CPSE の委員会が承認すると彼女が考えているものとは違うサービスを受けたいと望んでいる。その子は自閉症と診断されており、応用行動分析とそれに関連したサービスを家庭で長時間にわたって受けている。その親は早期介入の下で家庭でのサービス提供者の雇用について相当なコントロールをしてきた。彼女と家庭サービスチームの主導的なメンバーはスピーチ／言語療法士に連絡を取って、子どもの弱いところを強調する一方で子どもが示してきた進歩については強調しない進捗報告を書く必要があることを伝える。彼らはこのレポートを次の会合の直前に委員会の代表にファックスしたいと思っている。委員会はこの提供者からの進捗報告を要求していなかった。セラピストはその親の何かしら操作的な要求を心地よく感じていない。その治療者は、しかしながら、過去にあったことから、彼女が親と家庭サービスチームの主導的なメンバーを喜ばせなければ、彼女をケースから外してしまうだろうと気付いている。

47. 自閉症と診断されたある子どもは、就学前特別支援委員会から、重度自閉症の子どもたちのためにデザインされた丸一日のセンターでのプログラムに参加するように薦められてきた。その子の親はプログラムを訪ねて参加に同意をした。最初の会合の時に決められていたのだが、移行に先立ってもう一度 CPSE を開いて、以前に行われた推薦が現時点でもまだ適切であることを確認しようとしている。親は、センターでのプログラムではなくて、CPSE の下での集中的な在宅型の ABA サービスを、通常の幼稚園に子どもを連れて行ってくれる先生に継続してもらえたらと感じている。親は、在宅型チームの主導的な先生に、センターでのプログラムのスタッフの人に連絡して彼女が本当はセンターでのプログラムを望んでいないということを伝えてほしいとお願いしている。在宅型の先生は、そのようにしても、薦められる内容が変わるだけで、センターでのプログラムは CPSE の会合の代表者には伝えられないことがわかっている。私たちがその子が必要としていると考えるものと親が望んでいるものとの間に葛藤がある。

原註21　これはニューヨーク州の特別な資金源である。

48. 行動的なトレーニングを受けて在宅でのサービスを提供しているある先生は、自分が担当している家庭が経済的に逼迫していて簡単な誕生日のパーティーすら子どもに開いてやることができないことに気付いている。その先生は、その子が可哀想で、ちょっとしたパーティーのための費用を払いたいと思っている。彼女は、家族がこの贈り物を受け取ると思っている。

49. 以下の3つの状況でガイダンスが必要である。(1) 現在、子どもたちの誕生日のパーティーや家庭パーティーに参加するセラピストと先生がいる。(2) その人たちはまた金銭的な贈り物や高価な贈り物を受け取るかもしれない（私たちの地域ではときどきの贈り物は50ドル未満のものであれば許されている）。このルールをかいくぐって、50ドル以下の贈り物を頻繁にする親がいる。合計すると50ドルを超えてしまう。(3) 時折、すこしばかりの余分なお金を儲けるために、セラピストと先生はベビーシッターをしてあげると言って家族から直接お金を受け取る。

50. 私たちのコンサルティング会社はテレビ広告をしたいと思っている。私たちのクライエントの親たちの何人かが、このサービスで生活が変わったと他の人たちに話していた。私たちに頼まれて口にしたのではないからといって、私たちは彼らにテレビ広告や印刷広告にほんの一言二言言ってもらうために出てもらうことを頼むことができるのだろうか。

付録D

参考文献

Bersoff, D. N. (2003). *Ethical Conflicts in Psychology*. Washington, DC: American Psychological Association.

　このベルソッフの著作の第3版は、倫理コード、倫理の適用、守秘義務、多元的な関係、査定、コンピュータによる検査、治療、そして研究についての内容を含んでいる。それらに加えて、スーパービジョン、動物研究のガイドライン、法廷場面、倫理的な実践のためのガイドラインが、マネジドケア（総合的健康管理）、アメリカ心理学会（APA）2002倫理コード、そして2002年8月のAPAの倫理委員会によって採択されたAPA会員の非倫理的な実践への裁定された苦情のルールと手続きの改訂版の枠内で言及されている。

Canter, M. B., Bennett, B. E., Jones, S. E., & Nagy, T. F. (1999). *Ethics for Psychologists: A Commentary on the APA Ethics Code*. Washington, DC: American Psychological Association.

　この本は、基礎、倫理規定の解釈および結論の3つの部分から構成されている。その大部分は解釈の部分に充てられており、ひとつひとつの倫理基準が分析されてコメントが加えられている。

Danforth, S., & Boyle, J. R. (2000). *Cases in Behavior Management*. Upper Saddle River, NJ: Prentice Hall.

　社会システム理論の呈示から始まり、行動、精神力動、環境、構成を含むいくつかのモデルが扱われ、いくつかのケースの分析についての情報が提供されている。後半では教師、親や介護従事者などが行動マネジメントの問題として直面する38のケースが描かれている。紹介されている多くの例は学校場面（保育園・幼稚園から高校まで）に

関わっている。それぞれは詳細に記述されており3〜4ページが費やされている。

Fischer, C. B. (2003). *Decoding the Ethics Code: A Practical Guide for Psychologists*. Thousand Oaks, CA: Sage.
　2002年のAPAによる心理学者の倫理規定と行動規範が紹介されている。こうした基準がどのように作られていったかについての説明がはじめになされて、個々の倫理規定の基礎と適用が基準の執行とあわせて議論されている。他にも専門家の責任問題、倫理的な意志決定、さらに倫理と法律との関係などのトピックが論じられている。

Hayes, L. J., Hayes, G. J., Moore, S. C., & Ghezzi、P. M. (1994). *Ethical Issues in Developmental Disabilities*. Reno, NV: Context Press.
　さまざまな著者の論説を集めている。選択と価値、モラルの発達、道義性、発達障害を抱える人たちに関する倫理的な問題、法律的権限、治療の権利、倫理と成人サービス、そして行動的な問題に対する薬物療法などのトピックが含まれている。

Jacob, S., & Hartshorne, T. S. (2003). *Ethics and the Law for School Psychologists*. New York: Wiley.
　この本では学校での心理学的サービスを行う際の専門的な基準や法律的な要件についての情報が提供されている。トピックに含まれるのは、プライバシーとインフォームドコンセントに対する生徒と親の権利、守秘義務、査定、障害者教育法（Individuals with Disabilities Education Act）や障害者差別禁止法（Americans with Disabilities Act）に関する倫理的な問題、特別支援を必要とする子どもたちの教育、教師へのコンサルテーション、学校の規律、校内暴力の予防、そしてスーパービジョンにおける倫理的な問題である。この本は2002年のAPAによる心理学者の倫理規定と行動規範の改訂版に対応している。

Jacobson, J. W., Foxx, R. M., & Mulick, J. A. (Eds.). (2005). *Controversial Therapies for Developmental Disabilities: Fad, Fashion, and Science in Professional Practice*. Mahwah, NJ: Lawrence Earlbaum Associates, Inc.
　ジョン・ジェイコブソン（この本が捧げられている）、リチャード・フォックスとジェームズ・マリックは、我々の分野に偉大な功績を残してくれた。発達障害の治療における一時のブームに乗っているだけの治療法、誤謬、いわゆる偽物の治療（faux fixes）、さらに思い違い

の一覧表を作成してくれたのである。この必携の参考書は、全ての行動分析家に読まれるべきである。全28章のうちいくつかのみをあげると、30人近いエキスパートが採用しているアプローチについてのイメージがつかめるだろう。「当てにならない話からきちんとした実践をふるいにかける」、「真の統合教育（full inclusion）の幻想」、「ファシリテーテッド・コミュニケーション：究極の一時的流行治療」

Koocher, G. P., & Keith-Spiegel, P. C. (1990). *Children, Ethics, and the Law: Professional Issues and Cases*. Lincoln, NE: University of Nebraska Press.

　本書は子どもたち、青年、あるいはその家族に関わるメンタルヘルスの仕事をしている人たちが巡り会う倫理や法律の問題を概観したものである。子どもたちへの心理療法、査定、守秘義務と記録の保管、治療と研究への同意、そして法的諸問題が扱われている。ケースの紹介では倫理と法律の間での板挟みが論じられている。

Lattal, A. D., & Clark, R. W. (2005). *Ethics at Work*. Atlanta, GA: Aubrey Daniles International, Inc.

　ビジネス分野で働いている行動分析家に、本書は判断基準として使ってほしいものである。ラッタルとクラークは、高いモラルを身に付け、倫理的な営業を行い、倫理的に行動する、そして倫理を習慣とするといったあらゆる重要な問題を論じている。実例も数多く、教室での活発な議論にも使えそうである。

Nagy, T. F. (2000). *An Illustrative Casebook for Psychologists*. Washington, DC: American Psychological Association.

　本書は、アメリカ心理学会倫理委員会による心理学者の倫理原理の102の基準と行動規範の副読本として書かれた。一貫して仮想ケースがAPAコードの基本概念の説明に使われており、一般基準である、評価、査定、あるいは介入、広告やその他の公的な記述、治療、プライバシーと守秘義務、教育、スーパービジョンの訓練、研究、そして出版、法廷での活動、さらに倫理問題の解決などが含まれている。

Offit, P. A. (2008). *Autism's False Prophets: Bad Science, Risky Medicine, and the Search for a Care*. New York: Columbia University Press.

　「ワクチンについてはアメリカ国内で権威であるポール・オフィットが、現代の偽教祖とでも呼ぶべき、一般の人々を極めて誤った方向に誘導する者に異議申し立てを行い、法律家、ジャーナリスト、有名人、

また政治家など自分たちをサポートする人たちの日和見主義を白日の下に晒している。オフィットは自閉症の研究史と主導者や熱狂者によるこの悲劇的な状況の開拓を見直している。また一般メディアや法廷において科学が操作されていることについても考察を加えて、社会がなぜ、多くの反ワクチンの活動家によって進められた悪しき科学やリスクの高い治療法に嫌疑をかけているのかを調べている」（本のカバーから引用）。

Pope, K. S., & Vasquez, M. J. T. (1998). *Ethics in Psychotherapy and Counselling.* San Francisco, CA: Jossey-Bass.

　このテキストはメンタルヘルスの実践家が活動する際に生じる倫理的なジレンマを扱っている。含まれている問題には、インフォームドコンセント、クライエントとの性的・非性的関係、文化差・個人差、スーパーバイザーとの関係、そして守秘義務がある。また行動規範と心理学者のための倫理原理の付録、およびマネジドケア場面における倫理的なカウンセリングのガイドラインが含まれている。

Stolz, S. B., et al. (1978). *Ethical Issues in Behavior Modification.* San Francisco, CA: Jossey-Bass.

　1974年にアメリカ心理学会は、心理学における社会、法律、そして倫理に関わる問題の調査委員会を立ち上げた。この委員会は行動変容の利用と誤用に関しての勧告も提供した。この古典的な著作は、さまざまな状況での行動変容の倫理を扱っており、その状況には、外来医療、公共施設、学校、刑務所や社会が含まれている。また、介入の倫理についても扱われている。

Van Houten, R., & Axelrod, S. (Eds.). (1993). *Behavior Analysis and Treatment.* New York: Plenum Press.

　バン・ホーテンとアクセルロッドは、30人以上の応用行動分析のエキスパートを集めて、その分野での査定をし、また治療のための最善の環境の作り方や質の高いケアの査定や最高水準の治療を提供する方法を提案するようにと、説得した。この本の第8章「最善の治療手続きを選択するための意志決定モデル」は本書第2版第16章のベースとなっている。

Welfel, E. R., & Ingersoll, R. E. (2001). *The Mental Health Desk Reference.* New York: Wiley.

　この本の第IV部は「倫理的・法的問題」である。ここでは、倫理的

付録D　参考文献

な申し立て、クライエントのプライバシーへの権利、インフォームドコンセント、責任を持った文書作成、幼児虐待の報告、高齢者虐待の認知、スーパービジョン、そしてマネジドケア組織との責任を持ったやりとりのための手続きが扱われている。

引用文献

American Psychological Association. (APA). (2001). *PsychSCAN: Behavior analysis & therapy*. Washington, DC: Author.

Animal Welfare Act. (1990). 7 U.S.C. § 2131 et. seq.

Axelrod, S., Spreat, S., Berry, B., & Moyer, L. (1993). A decision-making model for selecting the optimal treatment procedure. In Van Houten, R., and Axelrod, S., *Behavior analysis and treatment*. New York: Plenum Press.

Ayllon, T., & Michael, J. (1959). The psychiatric nurse as a behavioral engineer. *Journal of the Experimental Analysis of Behavior, 2*, 323-334.

Bailey, J. S., & Burch, M. R. (2002). *Research methods in applied behavior analysis*. Thousand Oaks, CA: Sage.

Bailey, J. S., & Burch, M. R. (2010). 25 Essential skills and strategies for the professional behavior analyst: Expert tips for maximizing consulting effectiveness. New York: Routledge.

BBC Radio. (1999, January 26). *Ten least respected professions* [Radio]. Available from www.bbc.co.uk/pressoffice/pressreleases/stories/2002/05_May/29/respected_professions.html

Behavior Analyst Certification Board (BACB). (1998-2010). Disciplinary standards, procedures for appeal. Retrieved January 2, 2005, from www.bacb.com/redirect_frame.php?page=disciplineapp.html

Beutler, L. E. (2000). Empirically based decision making in clinical practice. *Prevention & treatment,* Volume 3, Article 27. Retrieved from http://psycnet. apa.org.proxy.lib.fsu.edu/journals/pre/3/1/27a/

Binder, R. L. (1992). Sexual harassment: Issues for forensic psychiatrists. *Bulletin of the Academy of Psychiatry Law, 20,* 409-418.

Carnegie, D. (1981). *How to win friends and influence people*. New York: Pocket Books/Simon & Schuster, Inc.

Cooper, J. O., Heron, T. E., & Heward, W. L. (2007). *Applied behavior analysis, 2nd edition*. Upper Saddle River, NJ: Pearson Education.

Crouhy, M., Galai, D., & Mark, R. (2006). *The essentials of risk management*. New York: McGraw Hill.

Daniels, A. C. (2000). *Bringing out the best in people: How to apply the astonishing power of positive reinforcement*. New York: McGraw-Hill.

Daniels, A. C., & Daniels, J. E. (2004). *Performance management: Changing behavior that drives organizational effectiveness*. Atlanta, GA: Aubrey

Daniels International, Inc.

Eliot, C. W. (1910). *Harvard classics volume 38*. New York: P. F. Collier and Son.

Frederiksen, L. W. (Ed.). (1982). *Handbook of organizational behavior management*. New York: Wiley.

Hill, A. (1998). *Speaking truth to power*. New York: Anchor.

Holland, J. G., & Skinner, B. F. (1961). *The analysis of behavior: A program for self-instruction*. New York: McGraw-Hill.

Iwata, B. A., Dorsey, M. F., Slifer, K. J., Bauman, K. E., & Richman, G. S. (1982). Toward a functional analysis of self-injury. *Analysis and Intervention in Developmental Disabilities, 2*, 3-20.

Jacobson, J. W., Foxx, R. M., & Mulick, J. A. (2005). *Controversial therapies for developmental disabilities*. Mahwah, NJ: Lawrence Erlbaum Associates, Inc

Kay, S., & Vyse, S. (2005). Helping parents separate the wheat from the chaff: Putting autism treatments to the test. In J. W. Jacobson, R. M. Foxx, & J.A. Mulick (Eds.), *Controversial therapies for developmental disabilities* (pp. 265-277). Mahwah, NJ: Lawrence Erlbaum Associates, Inc.

Koocher, G. P., & Keith-Spiegel, P. (1998). *Ethics in psychology: Professional standards and cases* (2nd ed.). New York: Oxford University Press.

Krasner, L., & Ullmann, L. P. (Eds.). (1965). *Research in behavior modification*. New York: Holt, Rinehart and Winston, Inc.

McAllister, J. W. (1972). *Report of resident abuse investigating committee*. Tallahassee, FL: Division of Retardation, Department of Health and Rehabilitative Services.

Neuringer, C., & Michael, J. L. (Eds.). (1970). *Behavior modification in clinical psychology*. New York: Apple-Century-Crofts.

O'Brien, R. M., Dickinson, A. M., & Rosow, M. P. (Eds.). (1982). *Industrial behavior modification: A management handbook*. New York: Pergamon.

Ontario Consultants on Religious Tolerance. (2004). Kingston, ON, Canada. Retrieved November 12, 2010 from http//www.religioustolerance.org/mor_dive3.htm

Shermer, M. (2002). Smart people believe in weird things. *Scientific American*, August 12, 2002.

Singer, M. T., & Lalich, J. (1996). *Crazy therapies: What are they? Do they work?* San Francisco: Jossey-Bass.

Skinner, B. F. (1953). *Science and human behavior*. New York: Macmillan.

Skinner, B. F. (1957). *Verbal behavior.* New York Appleton-Century-Crofts.

Spreat, S. (1982). Weighing treatment alternatives: Which is less restrictive? *Woodhaven Center E & R Technical Report* 82-11 (1). Philadelphia: Temple University.

Ullmann, L. P., & Krasner, L. (Eds.). (1965). *Case studies in behavior modification.* New York: Holt, Rinehart and Winston, Inc.

U.S. Department of Health & Human Services. (HHS). (2003). OCR Summary of the HIPAA Privacy Rule. Retrieved January 2, 2005, from www.hhs.gov/ocr/hipaa/privacy.html

U.S. Equal Employment Opportunity Commission. (EEOC). (2004). *Sexual harassment charges: EEOC & FEPA s combined: FY 1997-FY 2009*, p. 288. Retrieved November 12, 2010 from http://www.eeoc.gov/eeoc/statistics/enforcement/sexual_harassment.cfm

Van Houten, R., Axelrod, S., Bailey, J. S., Favell, J. E., Foxx, R. M., Iwata, B. A., et al. (1988). The right to effective behavioral treatment. *Journal of Applied Behavior Analysis, 21,* 381-384.

Wolf, M., Risley, R., & Mees, H. (1964). Application of operant conditioning procedures to the behaviour problems of an autistic child. *Behaviour Research and Therapy, 1,* 305-312.

Wilson, R., & Crouch, E.A.C. (2001). *Risk-benefit analysis, 2nd edition.* Cambridge, MA: Harvard University Center for Risk Analysis.

Wyatt v. Stickney. 325 F. Supp 781 (M.D. Ala. 1971).

索　引

● あ行

アドバイス　42-43, 51, 102, 144, 148, 174, 190, 198, 212, 229, 248, 276, 287, 308, 328, 330, 338
アポイントメント（予約）　162, 256-257, 261-262
意思決定　13, 104, 107, 151, 191, 278, 299
インタビュー（面接）の許可　77, 179, 295
インフォームド・コンセント　183, 195, 197, 312
エビデンスに基づいた治療（処遇）　26, 31, 82-84, 175, 260, 309
エビデンスに基づかない治療　34, 96, 256
エクセレンス　21-22
遠隔コンサルティング　167-168, 175-176, 181
応用行動分析誌 (the Journal of Applied Behavior Analysis)　84, 108
思いやりと同情心　20-21
親、法的な指定代理人　152, 154, 156, 299, 306

● か行

ガイドラインに精通すること　152, 154, 156, 306
介入の同意を得る　118, 301
科学的知識に対する信頼　48, 53, 290
科学的問い　170, 307
科学によって支持された　35, 82, 296
学識経験者による特別会議（Blue Ribbon Panel）　5, 8-9, 11
学生の評価　133, 304
学生へのフィードバック　129, 134-135, 139, 304
確立操作（動機づけ操作）　29, 108, 119, 300, 302
感謝　19, 42, 161, 177, 234, 261, 271
完全性　55, 291

勧誘　177, 309
危害を加えない（傷つけない）　11, 13-14, 30, 58, 60, 96, 183-184, 189-190, 194, 213, 233, 271, 288, 292, 310-311
機能査定　22, 26, 37, 53, 58-59, 103-104, 107-109, 111-112, 235, 268, 270, 274-275, 300
機能分析　28, 71, 81, 118, 234-235, 249-250, 329, 333
機密情報　79, 81, 214, 295-296
機密情報の開示　81, 95, 193, 195, 296
機密性を守る、守秘義務の保持　75, 78, 80, 161, 175, 195, 209-210, 294-296, 307, 316
教育に行動分析学の原理を用いる　128, 135-136, 304
強化　11, 14, 16-17, 29, 38, 44, 63, 84, 94, 114, 118-119, 123-124, 127-128, 135, 144, 165, 178, 187, 225, 227-228, 247, 276, 285-286, 301, 304, 329
強化子　4, 15, 26, 29, 44, 94, 102-103, 108, 114, 116-119, 121, 124, 135, 188, 196, 203-204, 215, 226-227, 232, 244, 276, 281, 285-286, 302, 314
強化スケジュール　26, 29, 119, 121, 141, 146
強化の推奨　118, 301
教化の目標　132
教化の要件　130, 132-133, 139, 303-304
競業避止義務条項（noncompete clause）　142
競合する専門家　35
教師、インストラクター　17, 23, 26, 34, 36, 39, 43, 51, 65, 71, 73, 75, 80-81, 83-85, 88, 94-95, 102-103, 108, 124, 127-129, 132, 134, 136, 153, 156, 159-160, 167, 187
記　録　5, 7, 69, 77, 80-81, 84-87, 94-97, 99, 101, 106, 109, 112-113, 118, 130,

353

133, 142, 144, 163, 175, 180, 189-190, 192, 224, 234, 244, 257, 276-278, 287, 296-297, 300, 325, 336-337, 340, 347
記録の保管（保持）　347
虐待　3-8, 11, 30, 50, 77, 79, 92, 160, 194, 214, 221, 242, 257, 262, 327, 336, 349
虚偽、人を惑わす発言　152, 155, 173, 214, 306, 308
緊急事態　262
クライエント　5-6, 12, 14, 17-22, 25-31, 33, 36-37, 41-44, 49, 51, 55-63, 65, 67-99, 103-105, 107, 109-116, 118-119, 121-127, 131, 142, 144, 151-152, 156, 159-162, 166-168, 172-173, 175-178, 180-181, 187, 189, 193, 196, 198-200, 203, 208, 212, 214-215, 218, 220-221, 223, 228, 230-235, 240-242, 245-248, 250-251, 254-263, 268-269, 272-274, 277-285, 287-288, 292-302, 307-311, 324, 327, 329-342, 344, 348-349
クライエントとの関係を終結させる　126
クライエントの許可　77, 295
クライエントの権利　27-28, 31, 76, 79, 94, 161-162, 283, 295, 307
クライエントの権利と特典　76, 295
クライエントの責任　256, 259
クライエントの定義　71, 293
クライエントの利益　74, 294
訓練　3-4, 7-9, 13-15, 20, 23, 26, 33, 40, 47, 53-54, 57, 61, 63-65, 67, 70, 72, 74-75, 80, 83-84, 90, 94, 98, 101-102, 104, 106-107, 111, 117, 124, 127-131, 137-139, 142-145, 148, 152-153, 155, 167, 176, 178, 181, 184-187, 197, 208, 211, 215-216, 224-225, 228, 241, 254, 270, 272, 274-275, 281-282, 285-286, 290, 292-293, 297, 303, 305, 310, 326, 328, 332, 337-338, 341, 347
嫌悪刺激　56, 114
嫌悪的な結果　3-4, 29
「嫌悪（的な）手続き反対」の運動　48
研究、インフォームド・コンセント　183, 195, 197, 312

研究、干渉を最小限に抑える　199, 313
研究、貢献に謝意を表する　206, 315
研究、参加者の匿名性　184, 201, 313
研究参加者への誓約　200, 313
研究、将来の使用を伝える　199, 313
研究助成金審査（委員）　204, 314
研究、特別な単位　202, 216, 314
研究におけるだまし　197, 312
研究の課題について答える　201, 313
研究の承認　187, 212
健康と福祉　146, 149, 305
原著者と研究成果　206, 315
原理を支持する　152, 306
攻撃、攻撃行動　15, 20, 23, 71-72, 93, 116, 120-121, 125, 137, 169, 191, 198, 215, 224-225, 227-228, 232-233, 260, 325, 329
公的発言　170-173, 179, 307-308
行動規範への意識、非倫理的行為としての責任が問われる　154, 306
行動査定　69, 101, 103-107, 116, 299
行動査定、同意　107, 299
行動修正　3-5, 7-9, 11, 29
行動と環境の相互作用　143, 148, 305
行動の結果　3, 7, 29
行動プログラム　9, 14, 73, 76, 98, 106-107, 110, 113, 117, 119, 121-122, 124-125, 131-132, 142, 144, 147, 167, 191, 224, 227-228, 230, 246, 249-250, 270, 275-276, 329-330, 334, 336, 341
行動プログラム、修正　120-121, 125, 302
行動分析家ではない同僚、非行動系の同僚、行動分析学の専門家ではない同僚　161-162, 282
行動分析家と職場　141, 143, 243
行動分析家の責任ある行動　3, 47, 52, 289-290, 317
行動変容プログラム　96, 113-115, 118
ゴールデン・ルール　18
ゴシップ　40-41, 253

● さ行

最小制約（制限）手続き　121, 302
搾取的な関係、搾取する関係　52, 60-62,

索　引

278, 293
参加者への謝礼の支払い　183, 200, 203-204, 314
参加者の安全　186, 211
サンランド訓練センター　4
自己刺激行動　14, 223, 242-243
自己破滅的行動（self-destructive behavior）・自傷行動（self injurious behavior; SIB）　3-4, 6, 18, 20, 28-29, 115, 227, 254, 263
施設内研究審査委員会（Institutional Review Board; IRB）　85, 183-185, 188, 199, 297, 310
実践を妨げる環境条件　38, 103, 117, 301
社会に対する行動分析の促進　165, 169, 307
社会に対する行動分析家の倫理的責任　165, 169, 307
弱化　4, 7, 9, 28, 38, 48, 114, 118, 276, 285-286, 301
謝礼を保留する　204, 314
従業員の相互作用　143, 305
従業員の福祉　141, 146, 305
従業員の利益　143, 145, 305
主著者　207, 315
守秘義務　53, 56, 69, 75, 78-80, 176, 257, 262, 295
消去　14, 128, 240, 285-286
証言広告　176, 309, 324, 332-333
条件性強化子　15, 29
消費者　25, 30, 48-49, 114, 183, 222, 224, 290
処遇（治療）の有効性　82, 151, 296
職責を果たす義務　142
職場　4, 27, 33, 39, 50-51, 110, 141, 143, 193, 275, 280, 305
職務上の義務　124, 260
人権委員会　143, 305
親切な行為　40
スーパーバイザー　57, 64, 72, 78, 87, 93, 108-110, 116, 120, 123, 127, 129-131, 134-140, 163, 178, 229, 237, 239-240, 245, 252, 260, 269, 271-272, 278, 280, 283, 287, 300, 303, 324, 327, 335-337, 348
スーパーバイザーとの協力　269
スーパーバイジー　59, 61, 79, 129, 131, 133-137, 139, 292-293, 295, 303-305
スーパーバイジーの行動を強化する　135, 304
スーパーバイジーの要件　136, 304
スーパービジョン　53-58, 72, 106-107, 110-111, 128, 130-135, 137-139, 227, 275, 277-278, 290-292, 299, 303-305, 345-347, 349
性的関係　61, 65, 278, 293, 348
正の強化　29, 84, 135, 165, 225-226, 228, 276, 304
責任　3, 5, 8, 11-12, 17, 22-23, 26, 30, 35, 38, 43-45, 47-49, 51-52, 55-57, 64, 67-68, 70, 73, 76-78, 80, 82, 84-85, 89, 91-94, 96, 103-104, 113, 128-131, 137, 139-140, 151-154, 156, 159-160, 163, 165, 169, 172, 178-179, 186-187, 189, 199, 212, 221, 225, 227, 231-234, 237-238, 251-252, 256, 259, 261, 266, 269, 274-276, 278-279, 288-291, 293-294, 296-299, 305-308, 310, 317, 330, 336, 346, 349
責任ある行動　3, 12, 23, 30, 38, 43-45, 47, 49, 52, 159, 221, 237-238, 256, 261, 266, 289-290, 317
責任ある行動のための行動分析士資格認定協会ガイドライン　12
選択　19-21, 34-35, 64, 83-84, 92, 96, 99, 118, 121-122, 129, 135, 139, 166, 169-170, 175, 180, 184, 211, 214-215, 222, 224, 232, 286, 297, 302, 307, 309, 346, 348
専門的、科学的関係　56-57, 87, 291, 297
専門的知識　130, 173, 180, 272, 279, 303
専門家としての行動　170
専門的なサービスの宣言　89, 253
相談治療（talk therapy）　28-29
組織行動マネジメント　141, 177, 309
組織体との対立　147, 306

355

尊厳　19-21, 28, 151, 186, 288, 310

● た行

第三者からのサービスの依頼　75, 294
代替行動　29, 118, 124, 255, 301, 327
代替治療、代替処遇　34-35, 38, 82, 96, 296
対面による勧誘　177, 309
他行動分化強化（DRO）　14, 18, 114, 285
多重関係　61, 292
他の専門家への照会　74
他の人々による発言　172, 308
食べ物（食物）強化子　124
単一参加者実験計画研究法　25
仲介者　15, 177, 225-228, 233, 240, 260, 309
直接観察　106, 108, 189, 300, 311
ちょっとした嘘　41
データ収集　14, 27, 34, 104, 106, 114, 119-120, 123, 125, 156, 175, 199, 202, 207-208, 212, 249-250, 272, 274, 302, 309, 313, 329
データ収集（継続的な）　119, 303
データに基づく決定、決定のためのデータ使用　272
データの正確さ　205, 315
データを使わせない　209, 316
デブリーフィング　140, 183-184, 198-199, 201-202, 313
動物研究　205, 314, 345
同僚、信頼できる同僚　51, 159, 239, 279-280
同僚による倫理違反　160, 307
トークン・エコノミー　15, 23, 84, 226

● な行

二重関係　37, 59-61, 292
能力　14, 53, 58, 60, 71, 74, 77, 80, 111, 137, 165, 184, 186, 189, 196, 230-231, 234, 237, 255, 261, 270-272, 287, 290-292, 305, 309-310

● は行

パフォーマンス・マネジメント、組織行動マネジメント　17, 141, 148, 156, 177, 185, 197, 275, 309
非随伴的な強化　63
人に触れる　281
ヒポクラテスの誓い　13-14
評価の要件　133, 304
剽窃　206, 217
物々交換　62, 65, 293
不服従　14, 92
プライバシーへの権利　349
プログラムの修正　120-121, 302
プログラムの承認（同意）　118
プログラムの設計　106, 115, 301
プログラムの目的　110, 300
フロリダ行動分析学会　10, 272
文書による同意　107, 109, 202, 299-300, 314
ベースライン　14, 19, 25-26, 71, 85, 96, 101-102, 104, 111, 129, 186, 188, 197, 211, 256, 273-274, 329
弁別刺激　29
報告の正確さ　89, 298

● ま行

無償奉仕活動　57
メディア　171-172, 174-175, 180, 192, 308-309, 348
最も有効（効果的）な処遇、治療（ベストプラクティス）　35, 69、82, 296

● や行

有害な刺激や苦痛をもたらす刺激　63
有効な処遇　33, 35, 82, 296
有効な処遇（効果的な治療）を受ける権利　28-29, 33-35, 338

● ら行

ラジオ　21, 174, 308
理解できる平易な言葉　109, 301
利害の衝突（対立）　37, 59, 292
リスク便益分析　84, 110, 220-225, 227, 229, 231-235, 300
リスク便益ワークシート　226, 235
リスク要因　222-225, 227, 231, 235

料　金　87-90, 97, 203, 256-257, 262-263, 297-298, 334
臨床的な判断　115
倫理違反　159-161, 307
倫理、効果的に倫理メッセージを伝える　38, 237
倫理的責任　56, 151-152, 159, 165, 169, 291, 306-307
倫理的責任、原理を支持する　152, 306
連邦動物福祉法　184, 205

● **わ行**
ワイアット 対 スティクニー　67, 113

訳者あとがき

　本書は、ベイリー教授とバーチ教授が著した『Ethics for Behavior Analysts』の翻訳書である。著者たちが述べているように、倫理についての理論的な本でもなければ道徳的な本でもない。行動分析士資格認定協会（The Behavior Analysts Certification Board, BACB）のガイドラインを解説するために、ベイリー教授とバーチ教授は、行動分析家が研究と実践を行うときに遭遇する実際的な倫理上の問題をエピソードとし、上記ガイドラインに即して、それらの倫理的な問題への具体的な対処法を、行動分析学の研究の成果を踏まえながら提案している。つまり、アメリカの認定行動分析士（BCBA）あるいはそれに準じる人向けに書かれた実用書である。

　我が国でも、心理学における倫理的問題への取り組みは、日本行動分析学会によって比較的早くから検討された。実際、米国のBACBのガイドラインに劣らない、具体的で適切な倫理綱領が、日本行動分析学会で早い時期に制定されている。にもかかわらず、このたび私たちが、ベイリー教授とバーチ教授の本を訳した理由は何であるのか、それについて以下に述べたい。

　彼らの本を私たちが訳した契機は、2000〜2002年の日本行動分析学会の倫理委員会のメンバー（委員長は中野良顯先生）による研究会活動にある。研究会のメンバーは、倫理が人の行動の営みである以上、倫理に関わる問題は、行動分析学が取り組むべき重要な課題のひとつであると考え、科学的な研究と実践活動における倫理上の問題に行動分析学がどのようにアプローチできるのか、それについて中野研究室で文献を読みながら議論した。この研究会の成果は、日本行動分析学会の2002年の第20回年次大会のシンポジウム、そして機関誌『行動分析学研究』の2004年19巻第1号の特集号の論文として掲載されている。その後、本書の訳者5名が倫理委員（2009〜2011年、委員長は森山）であったとき、米国と異なる事情はあるものの、本邦の行動分析家に行動倫理に関心を持っていただければということで、『Ethics for Behavior Analysts』の翻訳を私から提案させていただいた。しかし、その主な理由は、行動分析学が、生活体の行動の制御を志向する学問と実践であるなら、行動分析家にとって、倫理に関わる問題は避けることができない重要な問題であると考えたからである。

訳者あとがき

　また、私たちの倫理綱領を、行動分析家の研究と実践活動を妨げるルールとしてではなく、それらの活動を適切な方向に促すプロンプトとして機能させるためにも、我が国の行動分析家は、行動の倫理に関心を持ち続ける必要があるのではないかと考えたからである。以上の理由から、本書の訳者名は「日本行動分析学会　行動倫理研究会」というクラス名にした。読者におかれては、その意を汲んで、我が国の行動分析学の発展に関わる行動倫理を模索していただければ幸いである。

　私たちの取り組みに対して、日本行動分析学会の藤健一前理事長ならびに園山繁樹現理事長をはじめ多くの学会員の方々からご理解を賜り、その出版に当たっては学会創立三十年記念の出版事業としてご支援をいただくことになった。ここに訳者を代表して厚くお礼を申し上げる。さらに、本訳書出版に際して、二瓶社の宇佐美嘉崇氏には、多大なご迷惑をおかけした。この場を借りてお詫び申し上げるとともに、根気よく私たちのわがままを受け入れてくださったことに感謝申し上げる。

　著者の一人であるベイリー教授に2014年の国際行動分析学会（シカゴ大会）でお会いした。彼からは、私たちの翻訳活動に温かい励ましの言葉をいただいた。その際、BACBのガイドラインが近く改訂されるとうかがった。本書は、その改訂を待たずに出版されたものである。改訂がなされた場合、彼から直接連絡を受けることになっているので、改訂内容については、なんらかの方法ですみやかにお伝え申し上げる予定である。

　本書における誤訳などの不備は、私たち訳者の行動上の問題に帰する。誤訳は、読者の行動に望ましからざる効果をもたらす弁別刺激である。それが見つかった場合、私たちはすみやかに修正したいと考えている。甘えになるが、読者の皆様からのご指摘をいただければ幸いである。

訳者を代表して　　森山　哲美

原著者

■ジョン・S・ベイリー
哲学博士
博士号レベルの認定行動分析士（BCBA-D）

　ベイリー博士は、1970年にカンサス大学で博士の学位を取得し、現在は、フロリダ州立大学心理学科の名誉教授である。彼は、フロリダ州立大学で38年間にわたって大学院生の指導を行い、63名というこれまでにもっとも多い博士を輩出させた。彼は、現在、応用行動分析学専攻のあるフロリダ州立大学パナマシティ心理学修士課程の研究科長である。

　ベイリー教授は、認定行動分析士で、行動分析学会、国際心理学会ならびにアメリカ心理学会の会員である。また、彼が1980年に創設したフロリダ行動分析学会の会計書記、プログラム議長、メディアコーディネーターの職にある。

　ベイリー博士は、100を超える査読付きの研究論文を発表しており、過去に応用行動分析誌（the Journal of Applied Behavior Analysis）の編集委員長であった。共著者として7冊の書籍を出版している。『応用行動分析学における研究方法（Research Methods in Applied Behavior Analysis）』『イヌはどのように学習するか（How Dogs Learn）』『行動分析家の倫理（Ethics for Behavior Analysts）』『行動分析家の考え方（How to Think Like a Behavior Analyst）』『行動分析の専門家のための25の重要なスキルと戦略（25 Essential Skills and Strategies for Professional Behavior Analysts）』『行動分析家の倫理—第2拡大版（Ethics for Behavior Analysts, 2nd Expanded Edition）』。以上の6冊はいずれもメアリー・バーチ博士との共著である。ベイリー教授が、2014年のごく最近に著した本は、オーブリー・ダニエル博士との共著である『パフォーマンス・マネジメント—組織の効率を高める行動変容（Performance Management: Changing Behavior that Drives Organizational Effectiveness）』である。

　ベイリー博士は、行動分析学振興協会から行動分析学功労賞を2005年5月に受賞した。他に、2012年には、フレッド・S・ケラー行動教育賞（APA第25部局）、カンサス大学応用行動科学功労同窓会賞を受賞した。2012年の合衆国地方裁判所のK.G. 対 ドゥーデックの訴訟事件で鑑定人になった。その裁判で、裁判所判事は、『フロリダ行政

法ならびに連邦法のもとで明らかにされたように、応用行動分析学は、「医学的に必要」であって、「試行的」ではない』と判決した。ベイリー教授は、過去5年間にわたって、不用品の販売利益を慈善事業に当てるリサイクル店ビッグ・ベンド社の役員になっている。2014年の8月には、アメリカ心理学会から、応用行動分析学への多大な貢献に対して、名誉あるネイサン・H・アズリン賞を受けた。

■メアリー・バーチ
博士号レベルの認定行動分析士（BCBA-D）
認定応用動物行動士（a Certified Applied Animal Behaviorist）

　バーチ博士は、受賞作家であり、アメリカ・ジャーナリスト協会の会員でもある。著書（書籍）の数は15冊、論文の数は200件を超える。彼女は応用行動分析誌（*the Journal of Applied Behavior Analysis*）の審査委員であり、彼女が行った行動研究は、アメリカ教育省によって発表されている。さらに、ケンブリッジ行動研究センター（the Cambridge Center for Behavioral Studies）の理事であり、フロリダ行動分析学会の季刊誌「*the FABA Observer*」の編集委員でもある。

訳　者
■日本行動分析学会　行動倫理研究会
◎中野良顯　　なかのよしあき
（担当章：第2章、第8章、第10章、第15章、付録A）

1940年　茨城県生まれ
1969年　東京教育大学大学院教育学研究科教育学専攻博士課程単位取得修了
1966年　修士（教育学）（東京教育大学）
現在、NPO法人教育臨床研究機構理事長、日本行動分析学会理事（元理事長）、
　　　公益財団法人松尾育英会理事

主要論文著訳書
「応用行動分析とサイエンティスト・プラクティショナー・モデル」（日本行動分析学会編『行動分析学研究アンソロジー2010』80-95頁、星和書店、2011年）「行動倫理学の確立に向けて：EST時代の行動分析の倫理」（日本行動分析学会『行動分析学研究』19巻1号、18-51頁、2005年、学会論文賞）「心理学実践における倫理」（日本心理学会編『心理学ワールド』22号、17-20頁、2003年）「罰、科学、ヒューマニズム」（上智大学『ソフィア』44（4）、49-62頁、1996年）『応用行動分析学』（クーパー、ヘロン、ヒューワード著、翻訳、明石書店、2013年）『自閉症児の教育マニュアル』（ロヴァス著、翻訳、ダイヤモンド社、2011年）『ピアサポート』（図書文化社、2006年）

◎鎌倉やよい　　かまくらやよい
（担当章：第11章、第12章、第13章）

1951年　名古屋生まれ
1972年　愛知県立看護短期大学　卒業
1994年　慶應義塾大学文学部　卒業
2003年　愛知淑徳大学大学院コミュニケーション研究科博士後期課程修了，
　　　　博士（学術）
現在、愛知県立大学副学長、看護学部教授、日本摂食嚥下リハビリテーション学会理事、日本行動分析学会理事、日本看護科学学会評議員、日本老年看護学会評議員、日本看護研究学会評議員、日本がん看護学会評議員

主要著書
『嚥下障害ナーシング』（編著、医学書院、2000年）『対人援助の心理学』（共著、朝倉書店、2007年）『周術期の臨床判断を磨く』（共著、医学書院、

2008年)『看護学生のためのケース・スタディ』(編著、メヂカルフレンド社、2011年)『脳からわかる摂食・嚥下障害』(共著、学研メディカル秀潤社、2013年)

◎森山哲美　もりやまてつみ
(担当章：序文、謝辞、お断り、第2版の変更点、第1章、第3章、第4章、第5章、第6章、第7章、第19章、付録B)

1952年　東京生まれ
1982年　慶應義塾大学大学院社会学研究科心理学専攻博士課程満期退学
1998年　博士（心理学）（慶應義塾大学）
現在、常磐大学教授、常磐大学大学院人間科学研究科長（併任）、常磐大学心理臨床センター長（併任）、日本行動分析学会常任理事

主要著訳書
『行動心理ハンドブック』(共著、培風館、1989年)『心理学に必要なコンピュータ技術』(共著、北樹出版、1990年)『比較心理学を知る』(ヘイズ著、共訳、ブレーン出版、2000年)『刻印づけと嗜癖症のアヒルの子――社会的愛着の原因をもとめて』(ハワード・S・ホフマン著、翻訳、二瓶社、2007年)

◎吉野俊彦　よしのとしひこ
(担当章：第9章、第14章、第16章、第17章、第18章、付録C、付録D)

1959年　岡山県生まれ
1989年　早稲田大学大学院文学研究科心理学専攻単位取得満期退学
1998年　ユニバーシティ・カレッジ・ロンドン　PhDコース修了
1999年　PhD in Psychology　（ロンドン大学）
2003年　臨床心理士（日本臨床心理士資格認定協会 10102）
現在、神戸親和女子大学教授、神戸親和女子大学情報処理教育センター長、神戸親和女子大学学生相談室長、日本行動分析学会理事、関西心理学会理事

主要著訳書
『行動分析（心理療法プリマーズ）』(共著、ミネルヴァ書房、2007年)『機能分析心理療法――徹底的行動主義の果て、精神分析と行動療法の架け橋』(ロバート・J・コーレンバーグ、メイヴィス・サイ著、共訳、金剛出版、2007年)『コーレイ教授の統合的カウンセリングの技術――理論と実践［第

2版]』(ジェラルド・コーレイ著、共訳、金子書房、2011年)

◎**大石幸二**　おおいしこうじ
(担当章:第5章、第7章、第8章、第9章、第16章、付録C)
1967年　東京生まれ
1996年　筑波大学大学院心身障害学研究科心身障害学専攻博士課程単位取得満期退学
1993年　修士(教育学)(東京学芸大学)
現在、立教大学教授、日本行動分析学会編集委員

主要著訳書
『学校支援に活かす行動コンサルテーション実践ハンドブック』(編著、学苑社、2011年)『対人援助専門職のための発達障害者支援ハンドブック』(編著、金剛出版、2012年)『通常学級における特別支援教育の視点に立った学級経営』(編著、学苑社、2013年)『親子でできる引っ込み思案な子どもの支援』(クリストファー・A・カーニー著、監訳、学苑社、2014年)

行動分析家の倫理

責任ある実践へのガイドライン

2015年3月20日 初版 第1刷

著 者	ジョン・ベイリー
	メアリー・バーチ
訳 者	日本行動分析学会 行動倫理研究会
発行者	宇佐美嘉崇
発行所	㈲二瓶社

〒125-0054 東京都葛飾区高砂5-38-8 岩井ビル3F
TEL 03-5648-5377
FAX 03-5648-5376
郵便振替 00990-6-110314

装 幀	株式会社クリエイティブ・コンセプト(松田晴夫)
印刷製本	株式会社シナノ

万一、乱丁・落丁のある場合は購入された書店名を明記のうえ小社までお送りください。送料小社負担にてお取り替え致します。但し、古書店で購入したものについてはお取り替えできません。なお、本書の一部あるいは全部を無断で複写複製することは、法律で認められた場合を除き、著作権の侵害となります。定価はカバーに表示してあります。

ISBN 978-4-86108-072-2 C3011
Printed in Japan

二瓶社　好評既刊

障害児の問題行動
その成り立ちと指導方法
高田博行　著
ISBN 978-4-931199-10-1
定価（本体価格 1,360 円+税）　11刷

自閉症、発達障害者の社会参加をめざして
応用行動分析学からのアプローチ
R・ホーナー／G・ダンラップ／
R・ケーゲル　編
小林重雄／加藤哲文　監訳
ISBN 978-4-931199-16-3
定価（本体価格 2,913 円+税）　3刷

一事例の実験デザイン
ケーススタディの基本と応用
D・H・バーロー／M・ハーセン　著
高木俊一郎／佐久間徹　監訳
ISBN 978-4-931199-37-8
定価（本体価格 3,000 円+税）　7刷

うまくやるための強化の原理
飼いネコから配偶者まで
カレン・プライア　著
河嶋孝／杉山尚子　訳
ISBN 978-4-931199-55-2
定価（本体価格 1,400 円+税）　6刷

行動分析学から見た子どもの発達
ヘンリー・D・シュリンガーＪｒ．著
園山繁樹／根ヶ山俊介／
山根正夫／大野裕史　訳
ISBN 978-4-931199-57-6
定価（本体価格 4,800 円+税）　2刷

発達障害児を育てる人のための親訓練プログラム
お母さんの学習室
山上敏子　監修
ISBN 978-4-931199-62-0
定価（本体価格 2,800 円+税）　7刷

重度知的障害への挑戦
ボブ・レミントン　編
小林重雄　監訳
藤原義博／平澤紀子　共訳
ISBN 978-4-931199-63-7
定価（本体価格 6,000 円+税）

強迫性障害の治療ガイド
飯倉康郎　著
ISBN 978-4-931199-67-5
定価（本体価格 800 円+税）　5刷

学習性無力感
パーソナル・コントロールの時代をひらく理論
C・ピーターソン／S・F・マイヤー／
M・E・P・セリグマン　著
津田彰　監訳
ISBN 978-4-931199-69-9
定価（本体価格 5,200 円+税）　2刷

臨床心理学の源流
ロバーツ・D・ナイ　著
河合伊六　訳
ISBN 978-4-931199-74-3
定価（本体価格 1,900 円+税）　3刷

行動分析学からの発達アプローチ
シドニー・W・ビジュー／
エミリオ・リベス　編
山口薫／清水直治　監訳
ISBN 978-4-931199-80-4
定価（本体価格 3,400 円+税）

挑戦的行動の先行子操作
問題行動への新しい援助アプローチ
ジェームズ・K・ルイセリー／
マイケル・J・キャメロン　編
園山繁樹／野口幸弘／山根正夫／
平澤紀子／北原佶　訳
ISBN 978-4-931199-82-8

二瓶社　好評既刊

定価（本体価格 6,000 円＋税）

入門　問題行動の機能的アセスメントと介入
ジェームズ・E・カー／
デイビッド・A・ワイルダー　著
園山繁樹　訳
ISBN 978-4-931199-87-3
定価（本体価格 1,000 円＋税）　2刷

入門　精神遅滞と発達障害
W・ラリー・ウィリアムズ　著
野呂文行　訳
ISBN 978-4-931199-88-0
定価（本体価格 1,000 円＋税）

自閉症児の発達と教育
積極的な相互交渉をうながし、学習機会を改善する方略
ロバート・L・ケーゲル／
リン・カーン・ケーゲル　編
氏森英亞／清水直治　監訳
ISBN 978-4-931199-90-3
定価（本体価格 4,800 円＋税）

入門　発達障害と人権
スティーブ・ベーカー／
エイミー・テーバー　著
渡部匡隆／園山繁樹　訳
ISBN 978-4-931199-92-7
定価（本体価格 1,000 円＋税）　2刷

科学と人間行動
B・F・スキナー　著
河合伊六　他訳
ISBN 978-4-931199-93-4
定価（本体価格 4,200 円＋税）　2刷

親と教師のための AD/HD の手引き
ヘンリック・ホロエンコ　著
宮田敬一　監訳
ISBN 978-4-931199-97-2

定価（本体価格 1,200 円＋税）　2刷

肥前方式親訓練プログラム
AD/HD をもつ子どものお母さんの学習室
肥前精神医療センター情動行動障害センター　編
大隈紘子／伊藤啓介　監修
ISBN 978-4-86108-004-3
定価（本体価格 2,600 円＋税）　2刷

子どもの発達の行動分析　新訂訳
シドニー・W・ビジュー　著
園山繁樹／根ヶ山俊介／山口薫　訳
ISBN 978-4-86108-007-4
定価（本体価格 2,200 円＋税）　2刷

はじめての応用行動分析　日本語版第2版
P. A. アルバート／A. C. トルートマン　著
佐久間徹／谷晋二／大野裕史　訳
ISBN 978-4-86108-015-9
定価（本体価格 3,200 円＋税）　4刷

スキナーの心理学
応用行動分析学（ABA）の誕生
ウィリアム・T・オドノヒュー／
カイル・E・ファーガソン　著
佐久間徹　監訳
ISBN 978-4-86108-016-6
定価（本体価格 2,300 円＋税）　2刷

自閉症、発達障害児のための
トイレットトレーニング
マリア・ウィーラー　著
谷晋二　監訳
ISBN 978-4-86108-022-7
定価（本体価格 1,400 円＋税）　3刷

行動変容法入門
レイモンド・G・ミルテンバーガー　著
園山繁樹／野呂文行／渡部匡隆／大石幸二　訳
ISBN 978-4-86108-025-8

二瓶社　好評既刊

定価（本体価格 3,600 円＋税）　4刷

自閉症児の親を療育者にする教育
応用行動分析学による英国の実践と成果
ミッキー・キーナン／ケン・P・カー／
カローラ・ディレンバーガー　編
清水直治　監訳
ISBN　978-4-86108-027-2
定価（本体価格 2,400 円＋税）　2刷

自閉症児と絵カードでコミュニケーション
PECS と AAC
アンディ・ボンディ／ロリ・フロスト　著
園山繁樹／竹内康二　訳
ISBN　978-4-86108-034-0
定価（本体価格 2,000 円＋税）　4刷

人間コミュニケーションの語用論
相互作用パターン、病理とパラドックスの研究
ポール・ワツラヴィック／
ジャネット・ベヴン・バヴェラス／
ドン・D・ジャクソン　著
山本和郎　監訳
尾川丈一　訳
ISBN　978-4-86108-044-9
定価（本体価格 2,600 円＋税）

メイザーの学習と行動　日本語版第3版
ジェームズ・E・メイザー　著
磯博行／坂上貴之／川合伸幸　訳
ISBN　978-4-86108-045-6
定価（本体価格 4,000 円＋税）　2刷

機軸行動発達支援法
ロバート・L・ケーゲル／
リン・カーン・ケーゲル　著
氏森英亞／小笠原恵　監訳
ISBN　978-4-86108-053-1
定価（本体価格 5,200 円＋税）

発達障害のある人と楽しく学習
好みを生かした指導
デニス・レイド／キャロライン・グリーン　著
園山繁樹　監訳
ISBN　978-4-86108-055-5
定価（本体価格 1,800 円＋税）

子どものニーズに応じた保育
活動に根ざした介入
クリスティ・プリティフロンザック／
ダイアン・ブリッカー　著
七木田敦／山根正夫　監訳
ISBN　978-4-86108-058-6
定価（本体価格 2,200 円＋税）

広汎性発達障害児への応用行動分析
（フリーオペラント法）
佐久間徹　著
ISBN　978-4-86108-062-3
定価（本体価格 800 円＋税）　2刷

スクールワイド PBS
学校全体で取り組むポジティブな行動支援
ディアンヌ・A・クローン／
ロバート・H・ホーナー　著
野呂文行／大久保賢一／
佐藤美幸／三田地真実　訳
ISBN　978-4-86108-064-7
定価（本体価格 2,600 円＋税）

自閉症児のための活動スケジュール
リン・E・マクラナハン／
パトリシア・J・クランツ　著
園山繁樹　監訳
ISBN　978-4-86108-070-8
定価（本体価格 2,200 円＋税）